社科文库　市情研究论丛（第二辑）

世界级城市群与京津冀协同发展

唐　鑫　主编
陆小成　副主编

中国经济出版社
CHINA ECONOMIC PUBLISHING HOUSE
·北 京·

图书在版编目（CIP）数据

世界级城市群与京津冀协同发展 / 唐鑫主编.
—北京：中国经济出版社，2018.8（2024.1 重印）
ISBN 978－7－5136－5328－2

Ⅰ.①世… Ⅱ.①唐… Ⅲ.①区域经济发展—协调发展—研究—华北地区 Ⅳ.①F127.2

中国版本图书馆 CIP 数据核字（2018）第 197407 号

责任编辑　邓媛媛
责任印制　巢新强
封面设计　任燕飞工作室

出版发行　中国经济出版社
印 刷 者　大连图腾彩色印刷有限公司
经 销 者　各地新华书店
开　　本　710mm×1000mm　1/16
印　　张　20
字　　数　290 千字
版　　次　2018 年 8 月第 1 版
印　　次　2024 年 1 月第 2 次
定　　价　58.00 元
广告经营许可证　京西工商广字第 8179 号

中国经济出版社 **网址** www.economyph.com **社址** 北京市东城区安定门外大街 58 号 **邮编** 100011
本版图书如存在印装质量问题，请与本社销售中心联系调换（联系电话：010－57512564）

内容简介

本书以习近平新时代中国特色社会主义思想和视察北京重要讲话精神为指引，研究如何深刻把握首都发展要义，深入推进京津冀协同发展，发挥北京的辐射带动作用，打造以首都为核心的世界级城市群，从经济建设、社会治理、文化发展、生态文明等维度深入研判世界级城市群与京津冀协同发展的主要工作与成就、主要问题，以京津冀协同发展为主题探讨世界级城市群演化特征及其未来趋势，聚焦首都发展问题，提出加快京津冀协同发展与构建以首都为核心的世界级城市群的对策建议。

北京市社会科学院
市情研究论丛（第2辑）编委会

序　言

世界级城市群与京津冀协同发展

本书课题组[①]

世界级城市群具有极强的影响力，以一个或多个世界城市为龙头利用发达的交通网络、信息网络，协同周边若干个大中小城市将经济、政治、文化、历史等紧密地联系在一起，形成紧密关联的具有全球影响力和世界竞争力的巨型城市群落。从当前世界城市发展的历史进程来看，其发展演进具有自身的经济主线：当城市化发展到一定阶段时，便会涌现出一批经济实力发达的地区，这些地区以一个或少数几个大型城市为强核心，以区域内若干个不同等级、不同规模的城市为次中心，进而辐射带动周边区域城市协同发展，并且这种影响力跨越了国界范围。

在党中央和习近平总书记的正确指导下，京津冀协同发展已经成为国家战略，将建设以首都为核心的世界级城市群作为未来的发展目标。《北京城市总体规划（2016—2035年）》明确提出，充分发挥首都辐射带动作用，推动京津冀协同发展，打造以首都为核心的世界级城市群。在京津冀协同发展规划中，京、津、冀三地有着合理的分工与联系紧密的功能定位。今后一段时期内，京津冀协同发展的政策红利还将进一步释放，伴随着雄安新区的建设其战略地位还将进一步提高，这个区域的经济发展指导原则重新依靠“看不见的手”，全力打破行政僵局。在三地政府推动下，京津冀新局面已经进入了新阶段。

① 本书课题组组长，唐鑫。课题组成员：陆小成、何仁伟、李茂、刘小敏、田蕾、任超。

以习近平新时代中国特色社会主义思想和视察北京重要讲话精神为指引，更加奋发有为地推进京津冀协同发展，加快构建以首都为核心的世界级城市群，本书深入研究世界级城市群与京津冀协同发展问题，总括和研判世界级城市群与京津冀协同发展的主要工作与成就、主要问题及发展展望。本书是以北京市社会科学院市情调查研究中心、北京世界城市研究基地的全体研究人员为核心团队成员，由科研机构、高等院校、政府部门等多家单位领导专家、学者共同撰写的关于世界级城市群与京津冀协同发展的系列研究成果，该成果为我院市情研究论丛（第2辑）。

本书共分为经济建设篇、社会治理篇、文化发展篇、生态环境篇等四个板块。每个板块按所涉及领域进行专门研究，注重以京津冀协同发展为主题深入系统地研究世界级城市群演化特征及其未来趋势，聚焦首都发展问题，提出加快京津冀协同发展与构建以首都为核心的世界级城市群的对策建议。核心观点及其主要内容表现为以下几个方面：

（一）发挥“一核两翼”的拓展空间、提高辐射力和示范引领等作用，加强协同互动，推进产业升级转移，加快市场一体化进程，打造现代化新型首都圈，努力形成目标同向、措施一体、优势互补、互利共赢的协同发展新格局。

第一，在北京建设世界级城市群的空间战略中，需要突出发挥“一核两翼”的三大现实作用：拓展空间、提高经济辐射力和示范引领。“一核”释放其首都功能空间载体，通过打造成为市域内和市域外两大非首都功能集中承载地而服务于“一核”更好地发挥作用。“一核两翼”是一个整体，因此应加强协同互动，形成差别化定位与分工合作错位发展的新格局，共同着力提升优化首都功能，并以此为基础，加速将北京建设成为“国际一流的和谐宜居之都”。

第二，在北京建设世界城市战略建设的路径上，明确提出区域协同化、城市生态化、产业高端化发展策略。从纽约、伦敦、东京等世界高影响力城市的发展模式与演变经验来看，北京具有文化底蕴深厚、经济快速发展、人才禀赋优厚等特点，但在综合城市经济实力、国际集散能力等方面还有较大差距。北京需要正视自身差距和不足，在优势上做加法，通过区域协同化提高自身经济辐射力和影响力，通过产业高端化占据全球创新链和价值链的高端；在劣势上做减法，通过城市生态化，有效提高承载力，降低城市污染水平，全面提升环境亲和力。通过这一增一减实现北京建设世界城市的跨越式发展。

第三，“他山之石，可以攻玉”，世界级城市群发展的成功经验是北京世界城市发展进程中不可缺少的支持。从现有的世界级城市群发展经验来看，以下经验和成果值得北京学习与借鉴：在竞争格局上，形成差别化的竞合发展格局，实现差异化发展，在差异化发展的同时突出发挥城市群中核心城市功能；在空间布局上，全面构建多层次空间网络布局，实现城市群中的多维、立体、高效连接，不断完善交通基础设施体系建设；在生态环境上，提倡共治共享，治理主体由过去的单一政府型转向现在的多元治理型，充分发挥企业、组织和个人在环境治理中的作用。

京津冀协同发展是一个长期的国家宏观战略，需要各方面积极推进产业升级转移，推动公共服务共建共享，加快市场一体化进程，打造现代化新型首都圈，努力形成目标同向、措施一体、优势互补、互利共赢的协同发展新格局。产业协同是京津冀协同发展的“题眼”，也是推动三地协调发展的重要抓手。本部分针对以下问题展开了深入研究：

首先，产业转移需要充分发挥三地比较优势，有序引导产业转移和承接，形成空间布局合理、产业链有机衔接、各类生产要素优化配置的空间格局。北京要发挥科技和人才资源优势，打造具有全球影响力的科技创新中心和战略性新兴产业策源地。部分高新技术产业、生产性服务业和高端装备制造业要向天津、廊坊转移；电子信息、新能源、生物医药、装备制造、新材料等产业要以保定、石家庄、邢台、邯郸等城市为中心节点展开。衡水、邢台、邯郸、沧州等地区着力发挥本地区交通、土地、劳动力、农产品资源等优势，承担农副产品和轻工业用品供给功能，重点发展农副产品深加工、现代轻工业等。

其次，京津冀产业协同已经取得了明显的成效，现阶段需要通过以下路径，继续加快协同步伐，形成空间布局合理、产业链有机衔接、各类生产要素优化配置的产业发展格局。加快区域产业分工和产业升级，形成产业链条的有机合理配套，建立明确的产业分工体系来增强京津冀经济圈整体的综合竞争力；培育具有较强竞争力的高端产业，结合产业基础、优势等重点发展和培育一些战略性新兴产业、文化创意产业等具有自身特色的高端产业，使之在国际上具有强竞争力；雄安新区应在产业协同上发挥重要作用，要通过创新资源的再集聚，成为世界级创新中心，发挥培育京津冀世界城市群的作用，加快推动京津冀一体化发展。

最后，京津冀产业关联体系需要进一步完善，构建京津冀产业中间产品和产出的高效网络，提升产业效率和劳动生产率。北京在产业关联体系中的优势是技术辐射力强，创新力度大，应重点扶持知识密集型、技术密集型产业和业态，提高首都经济的创新型中间产品的供给力度；天津在产业关联体系较为齐备，有着一定的中间产品产出规模优势，应推动传统制造业朝着分工精细化、合作开放化方向发展，并构建现代服务经济新体系，坚持生活型服务业和生产型服务业共同发展；河北产业关联体系较为完善，但中间产品的后向带动能力有待提高。因此，河北需要以集群化、智能化发展为基本路径，积极承接京津产业转移，并壮大现有产业，培育新兴产业体系，打造以高端制造业为代表的战略性新兴产业集群，提高河北在京津冀产业关联体系中的应有地位。

（二）正视区域社会发展差距，以信息化协同、贫困协同治理、旅游公共服务提升以及城中村治理，由宏观及微观，由点及面促进区域社会发展的协同。

第一，发挥信息化协同在京津冀社会协同发展中的重要作用。信息化是20世纪后期以来发生的影响人类社会发展的革命浪潮。近年来，以物联网、云计算、大数据和移动互联网等为代表的新一代信息技术为经济社会发展提供新动能，也为京津冀区域协同发展创造新的发展契机，该文对京津冀城市群发展信息产业的基础进行分析，并就如何通过信息化提升京津冀城市群的协同发展提出具体意见。结果表明，京津冀地区总体信息化水平较高，具备良好的发展基础，应优化发展外部环境，统一行政框架、创新的政策体系、共同的市场规则，进一步弱化行政区划的影响，调整政策落差，克服部门、行业和体制性障碍，推动建立统一开放、竞争有序的市场体系，刺激各企业相互竞争，提供研发支持、资金保障以及成果转化等支撑服务。借鉴国内外先进经验，推动数据开放。统筹建设系统架构，基础设施方面，构建京津冀世界级城市群云平台，按照京津冀地区—京津冀城市—城镇等多级联动的方式充分整合现有软硬件资源，实现资源动态共享，提高资源利用效率，在数据资源方面，建设兼容多种数据格式的新型数据库；对现存数据库，开发接口，实现共通共享。

第二，将贫困治理的协同作为京津冀社会协同的重要抓手。全面建成小康社会是我国现阶段的重要目标，也是京津冀区域协同发展的重要内容，然而，在北京和天津以及由位于河北张家口、承德、保定等地区的25个贫困县组成的环绕京津的“C”贫困区域，该贫困区域成为影响京津冀社会治理协同的重要方面，其形成原因比较复杂，受区域总体社会经济发展、农村社会经济发展、农村剩余劳动力转移与城镇化等因素的影响，其有效的治理将对京津冀区域社会发展协同产生重要的影响，具体措施有：帮助建立环首都绿色食品生产供应基地，促进贫困带乡村产业振兴；探索北京与贫困带的长效扶贫机制；支持贫困带优先承接首都产业转移和发挥通州副中心在治贫中的辐射作用；扶持立足京津冀农村发展研究的新型智库等多方面，实现北京与环京津贫困带的互促双赢。

第三，从政策层面看，区域社会发展差距的判断与分析是制定区域协调政策的理论基础。为此，建立一个简要的社会发展差距评估指标体系，并利用塞尔熵指数对各指标项的差距值进行测算，通过专家评分法对各项差距设置权重，得到1990年以来京津冀社会发展差距的综合得分以及变化情况，并分析差距形成重点，可以发现，津冀区域的综合发展差距从1990年以来，中期阶段有所缩少外，总体趋势是差距在不断扩大，这种扩大趋势在最近几年有所加速，这说明，京津冀区域协同的压力在不断增大。从差距的绝对值看，指标如发展潜力以及农村居民收入、公共服务之间的发展差距相地较少，差异明显的是城市发展水平、经济发展水平、社会消费水平。同时，建议以绿色产业为纽带共同促进河北城镇化发展，深化公共服务重点项目共建，促进公共服务资源共享，加强京津冀之间的标准化建设，统一标准、统一政策，减少阻碍区域间经济协同发展的一切不一致政策、条文与法规等。

第四，以旅游为视角，探索如何通过北京公共服务的完善来实现区域公共服务资源协同发展，以旅游的发展带动以首都为核心的世界级城市群以及京津冀协同发展。目前，北京市旅游公共服务仍面临着供给不充分、分布不均衡、运营效率不高、科技支撑不足等发展困境，面对日益增长的游客需求相比，北京应在旅游服务上，通过创新供给方式，增加有效供给，优化空间布局，强化科技支撑等路径提高旅游公共服务效能和水平，提升旅游者的满意度和获得感。

第五，重视京津冀社会发展过程中的城中村的文化保护问题。京津冀协同发展，必将促进城市化进程，然而，在城市化进程中出现的“城中村”，将破坏当地历史文化。如何避免城市化过程中的文化破坏，将成为城市发过程中的重要课题，为此，我们对廊坊市三河市燕郊开发区的燕郊行宫村进行改造设计的探讨，结合廊坊市燕郊开 发区“城中村”改造实践，意图将地域特色和历史记忆引入“城中村”的规划改造中来，为此，我们分别从宏观与微观两个方面给出建议，从宏观方面，整体考虑京津冀地区的历史文化记忆，即燕赵文化记忆与现代文化发展问题，把整个设计放在燕赵文化区域进行考察，从微观方面讲，在把握改造地区的实用性同时，原增加审美体验外，还要深入挖掘代表京津冀地区的燕赵文化的象征符号，通过象征符号在景观中的嵌入，突出三地的发展与融合。

（三）借鉴世界级城市群发展经验，提炼城市文化传播与再生产规律，比较美国东北部世界级城市群的文化产业结构与布局，加快首都北京城市文化建设与京津冀文化协同发展。

文化不仅是沟通物质世界和社会世界的手段，更是维持城市间交流与认同的重要工具。随着现代社会城市文化的发展，城市群间的文化传播与生产活动日益密切。具体可以从文化传播媒介、传播过程与市民如何建构想象这一传播结果三个层面阐释世界级城市群间的城市文化传播规律。当前国际国内城市群的文化传播主要受到城市传播媒介、信息流动与媒介素养因素影响，并依靠这些因素使市民完成对城市共同体的想象。城市群内部的中心城市生产文化内容与样式，流动到边缘城市。沿着中心城市的生产文化逻辑，边缘城市对中心城市文化进行融合、加工、创造，生产出相应的城市文化内容与样式，再返流回中心城市，由此形成了城市群内部的生产与流动机制，形成了一个相似的城市群文化，进一步强化了市民对自身身份的认同。基于社会学研究视角，城市群的文化传播与生产规律可以为京津冀城市群的文化认同提供一定依据。

从文化经济的角度看，世界级城市群通常也是世界文化中心。以六大世界级城市群之一的美国东北部沿岸城市群为例，通过研究分析纽约、华盛顿、波士顿、费城、巴尔的摩这五大都市区之间的艺术与文化产业聚集状况，发现该城市群经济发展与人口分布高度匹配，为文化经济的发展奠定了良好的基础，文化经济在空间上表现为“一核两翼”发展格局，形成了分工明确的城市群文化协作生产模式，并受到政府的鼎力支持。这一布局对京津冀城市群的文化发展而言，首先，要促进地区发展平衡，为培育区域文化经济奠定发展基础，其次，要提升北京作为核心区的文化产业集聚水平，强化文化内容生产环节，优化文化产业结构；再次，推动京津冀文化资源整合，强化文化分工协作与定位；最后，创新政府资助文化的模式，灵活确定资助形式和资助对象，通过社会中介组织，激发区域文化创造活力。

后三篇文章则将研究视角聚焦北京，分析了北京在京津冀协同发展战略下的文化建设理念更新和历史文化名城保护思路。

第一个方面，京津冀协同发展与北京城市文化建设理念。京、津、冀三地的文化具有深厚的关联性，又呈现出各自的特点，在协同发展中尚未形成统一的城市群文化符号，文化发展相互脱节，缺乏合理的整体布局。北京作为首都，又是京津冀城市群的核心，其城市文化建设对京津冀协同发展起着引领、示范作用。在京津冀协同发展战略下，北京城市文化建设还存在缺乏支撑城市群发展的文化理念、文化产品和服务尚不能充分满足城市群发展的多层次文化需要、市民的文化素养有待进一步提高、公共文化资源布局不合理等一系列问题。这要求北京秉承首善意识、人文意识、生态意识和协同意识，主动创新文化建设理念，服务京津冀协同发展目标。

第二个方面，京津冀协同发展与大运河文化带保护建设。大运河是世界上里程最长、工程最大的古代运河，是在世界范围内具有广泛影响力的中国文化符号。大运河文化带的保护建设是北京加强全国文化中心建设、落实新版北京城市总体规划的重要任务之一。京津冀地区是大运河重要的河段和节点，承担着保护建设大运河文化带的历史与现实的文化责任感和使命感。做好大运河文化带保护建设，京津冀三地应从以下几方面入手：一是加强区域统筹，建立文化带保护建设的制度框架；二是强化空间管控，确定文化带保护建设的区域范围；三是守住绿色底线，建设区域性生态长廊；四是注重系统保护传承，凸显文化的整体价值；五是深入挖掘文化内涵，打造世界级品牌符号。

第三个方面，世界城市建设与“三山五园”地区保护。“三山五园”地区历史文化悠久，有丰富的文化底蕴和区域特色，根据北京新版城市总体规划，将建设成为国家历史文化传承的典范地区和国际交往活动的重要载体。但同时，“三山五园”区域属于典型的城乡接合部，与皇家园林景区的地位极不适应，迫切需要进行整治改造。根据“三山五园”的区域特点与建设情况，深入分析在区域开发建设中面临的困难和问题，并提出注重科技和文化融合，布局重大高端文化旅游项目等对策建议。

（四）加强京津冀世界级城市群生态文明建设，以新理念为指引加强京津冀城市群低碳发展，加强地热资源合理开发利用，推动首都国家公园建设，提升耕地资源利用效率，实现京津冀区域生态空间拓展与协同发展。

第一，破解京津冀高碳排放、大气污染等突出问题，必须以习近平新时代中国特色社会主义思想为指导，以新发展理念推进京津冀世界级城市群低碳发展。针对京津冀环境污染、生态恶化、资源环境超载严重等诸多难题，习近平总书记提出要实现京津冀协同发展，必须大力推进生态文明建设和低碳发展，加快构建以首都为核心的绿色低碳的世界级城市群。京津冀地区低碳发展存在的诸多问题主要表现为创新能力不足、协调机制缺失、绿色空间不足、区域开放不够、共享不够充分等。推进京津冀世界级城市群低碳发展，全面贯彻新发展理念，就是要尊重生态发展规律，加快构建创新驱动、统筹协调、绿色发展、开放融合、共建共享等新路径，切实推动京津冀协同发展，加快构建国际一流的和谐宜居之都和绿色低碳的世界级城市群。

第二，京津冀地区地热资源丰富，但目前开发规模有限。建设京津冀世界级城市群，需要对地热资源进行科学合理开发利用，以从根本上解除京津冀地区的减排压力，扭转当前京津冀地区的雾霾困局，充分发挥出地热资源在生态文明建设中的作用。为达到此目的，应该尽快制定政府优惠扶持和市场鼓励政策，加快立法并完善地热开发利用标准体系，建立多元化投资机制，通过地热能的碳市场交易充分挖掘地热能自身的价值。同时，加强地热资源基础理论研究，特别是深部地热资源开发基础研究；加强地热资源开发的一系列新产品新技术研发；加强地热开发规划，探索“地热+”多能互补开发模式，实现地热能的综合梯级利用等。

第三，构建以首都为核心的世界级城市群，必须加快生态文明建设，推进环首都国家公园建设。首都国家公园建设存在的主要问题，主要包括重数量轻质量，资源没有得到合理化利用、区划不合理，体制不够完善，公园建设资金投入不够等。打好污染防治攻坚战，扩大首都生态空间，推进首都生态文明建设，迫切需要加快首都国家公园建设，要强化公益性原则，促进资源综合利用，避免过度开发；整合现有公园管理体制，避免部门利益化，实现权责对等；创新国家公园建设投入机制，充分引入 PPP 模式鼓励社会资本参与；拓展城市生态空间，规划更多的环首都国家公园；制订国家公园建设行动计划，构建首都国家公园体系，推进首都生态文明建设，打造世界级城市群的生态典范。

第四，提升耕地资源利用效率，促进耕地可持续利用，是京津冀区域生态文明建设的应用之义。基于京津冀地区 147 个区县的面板数据，将其划分为优化开发区（I）、重点开发区（II）、农产品主产区（III）与生态保护区（IV）四大地域类型区，探讨了京津冀地区乡村就业非农化对耕地利用效率的影响。研究结果表明：（1）2000—2015 年，京津冀地区乡村就业非农化率由 0.385 增至 0.559，四大地域类型区乡村就业非农化率依次为 II > I > III > IV；耕地利用效率由 0.144 增长至 0.476，四大地域类型区耕地利用效率呈线性增长趋势，不同时期耕地利用效率值及其增速各异；（2）京津冀地区乡村就业非农化与耕地利用效率之间存在显著的正向关系，乡村就业非农化率每增加 1%，耕地利用效率提升0.0026%，优化开发区（I）、重点开发区（II）与农产品主产区（III）耕地利用效率对乡村就业非农化率的弹性系数分别为0.0111、-0.0061、0.0032，生态保护区（IV）乡村就业非农化率与耕地利用效率之间的关系不显著；（3）京津冀地区农村人口持续非农化促使农业劳动力采取更为高效的农业生产方式，提升了耕地利用效率，资源禀赋与经济社会环境导致乡村就业非农化对耕地利用效率的影响具有显著的地域差异性；（4）可从培育农村新产业、新业态与新模式，建立健全土地流转机制，实施差异化的耕地可持续利用路径等方面来提升耕地利用效率的对策建议。

本书课题组

2018 年 5 月

目录

生态环境篇

经济建设篇

论“一核两翼”在建设世界级城市群中的作用

唐　鑫[①]

摘　要： 规划建设“一核两翼”是从京津冀协同发展的战略高度作出的区域性城市功能空间布局，它的原点是为了解决首都的“大城市病”问题，目标是贯彻新发展理念为建设以首都为核心的世界级城市群拓展空间、提供辐射核和重要支点、发挥示范作用。本文从首都城市功能结构调整入手，借鉴国外的相关研究成果和成功经验，深入分析了“一核两翼”和世界级城市群的内涵及其关系，论证了“一核两翼”在建设世界级城市群中的三大作用，对贯彻落实党中央推进京津冀协同发展战略、积极稳妥有序疏解北京非首都功能等一系列重大决策部署具有积极意义。

关键词： 首都　城市功能　空间布局　城市群

一、引言

在习近平新时代中国特色社会主义思想的指引下，首都建设与发展进入了发展理念更新、发展动力转换、发展质量提升的新阶段。京津冀协同发展为解决制约首都建设与发展的难点问题开辟了新空间、提供了新路径，“有利于完善城市群形态，优化生产力布局和空间结构，打造具有较强竞争力的世界级城市群”。[②] 规划建设“一核两翼”作为京津冀协同发展

---

① 唐鑫，北京市社会科学院市情调查研究中心主任、研究员，北京世界城市研究基地秘书长。

② 京津冀协同发展领导小组办公室负责人就京津冀协同发展有关问题答记者问［N］. 人民日报，2015－08－24 日.

战略的重要组成部分，遵循首都城市功能空间布局的一般规律，着眼疏解北京非首都功能、优化首都城市功能结构、提升首都功能、推进京津冀协同发展，必将为建设以首都为核心的世界级城市群提供辐射核、支撑点并发挥示范引领作用。

二、“一核两翼”为首都城市功能结构调整拓展更大的空间

“一核两翼”是城市功能空间概念，“一核”是指包括首都功能核心区在内的北京中心城区，“两翼”是指北京城市副中心、河北雄安新区。建设以首都为核心的世界级城市群，首先要解决制约首都发展的瓶颈问题——疏解非首都功能。不解决这个问题，首都功能难以突出，首都的核心作用难以很好地发挥。北京作为新中国首都已近70年，建设与发展取得了举世瞩目的成绩，也出现了人口膨胀、交通拥堵、空气污染、住房紧张等“大城市病”。“大城市病”的一个突出特征是城市聚集的人口大量增加，已经超出了城市基础设施和资源、环境所能承载的限度，从而引发了一系列“病症”，加剧了人口资源环境的矛盾，给市政服务与管理带来困难，给人民群众的生产、生活造成不便，甚至影响到社会的稳定和首都功能的发挥。

导致“大城市病”的重要原因是首都城市功能结构失衡。首都城市功能结构失衡主要是指非首都功能过多，与城市的承载能力不相匹配，影响了首都功能的发挥。所谓非首都功能，是指不应在首都城市配置的功能，不符合首都城市战略定位要求的功能。北京有作为首都的政治中心、文化中心的功能，又有经济中心、金融中心、科研中心、教育中心、医疗中心等诸多功能。非首都功能过多，大量的企业总部乃至生产环节和国家级的金融机构、科研单位、大专院校、医院等在北京，必然吸纳大量人口。在经济领域，北京既有不少高技术产业，也有许多一般性产业，特别是一些高消耗、高污染、高安全风险的劳动密集型产业，还有不少区域性物流基地、区域性专业市场等，加剧了人口膨胀。

非首都功能吸纳了大量的生产要素，占据着大量城市空间，不利于首

都城市功能建设。只有将非首都功能疏解出去，才能腾出空间配置新的功能、强化首都功能。由于非首都功能是在漫长的城市发展历史中形成的，牵涉到多方面复杂的利益关系，仅依靠北京自身的力量无法完成疏解任务，需要京津冀协同，在更大的空间尺度上进行城市功能结构调整，将疏解与整治、提升、承接、协同相结合才能达到预期目标。“一核两翼”不仅能够为此做出贡献，而且能够照顾各方利益形成跨行政区域梯度配置的城市功能，产生“一加一大于二”的效应，从而为解决长期难以解决的京津冀利益矛盾奠定基础。

在空间结构上突出“一核”，能够进一步明确政治功能区与其他功能区的划分，把首都功能中最重要的政治功能放在首位，加强首都核心功能区建设；同时，优化首都功能中其他功能配置的空间结构，使北京中心城区的功能得到提升，更好地发挥辐射核的作用。在空间结构上设置“两翼”，能够将部分首都功能分解到北京城市副中心，将非首都功能疏解到河北雄安新区，既为优化北京中心城区的功能腾出了空间，又为北京边缘城区和河北雄安地区的更好发展开辟了空间；同时使首都的发展与其周边地区的发展联系得更加紧密，更有力彰显北京的优势，更广泛地激发周边地区的要素资源，实现共同发展。

三、“一核两翼”为建设世界级城市群提供辐射核和重要支点

在世界级城市群研究领域具有代表性的研究成果有：英国城市规划师格迪斯提出的城市群区域理论、法国地理学家戈特曼提出的大城市带理论和世界六大城市群、法国经济学家佩鲁提出的增长极理论、美国学者罗伯特·朗提出的新型跨都市地理模式等。① 综合这些研究成果，可以将世界级城市群概括为围绕核心城市并通过其辐射作用所形成的大规模城市集合。世界级城市群是世界经济增长极，有些还是国家的政治中心，对地区

① 盛蓉，刘士林．当代世界城市群理论的主要形态与评价［J］．上海师范大学学报（哲学社会科学版），2015（2）．

的发展起到引领作用。目前，世界上已形成六大城市群，它们是以纽约为中心的美国东北部大西洋沿岸城市群、以芝加哥为中心的北美五大湖城市群、以东京为中心的日本太平洋沿岸城市群、以伦敦为中心的英伦城市群、以巴黎为中心的欧洲西北部城市群、以上海为中心的中国长江三角洲城市群。为了便于首都型城市群的研究，本文选择东京城市群和伦敦城市群作为参照。

东京和伦敦属于综合功能型、多层次功能空间布局的首都城市。从功能内容看，它们既是国家的政治中心——中央政府、国会和国家司法机构所在地，又是国家的经济中心——国家乃至全球的金融、贸易、信息中心，还是国家的文化中心——聚集了国家级的文化设施、全国性的文化团体和重要的文化活动。此类城市人口规模较大，功能较多，但是都将城市的国家政治中心功能放在十分重要的地位，在最好的区域以最佳的资源加强“中央政务区”建设，从而为中央提供最优质的服务。在这个前提下，再考虑城市其他方面的建设与发展，提升与政治功能相协调的一般城市功能。

从空间结构看，东京在城市功能空间布局上可以划分为东京都、东京都区部、东京核心区三个层次。东京都是由23个特别行政区和26个市、5个町、8个村所组成的自治体，23个特别行政区也称东京都区部，区部内又将千代田区、中央区、港区归为核心区，称作“都心3区”。其中，千代田区是日本皇宫、国会、首相官邸、政府各部门、最高裁判所与自民党本部、民主党本部等所在地，主要承担政治功能；中央区、港区是金融、贸易、信息中心，它们和其他地区主要承担经济、文化功能。伦敦在城市功能空间布局上可以划分为大伦敦市和城市中心区两个层次，大伦敦市包括32个市区和伦敦城，城市中心区是指威斯敏斯特市和伦敦城。威斯敏斯特市是英国王宫、议会、首相官邸和政府各部门所在地，主要承担政治功能；伦敦城是金融、贸易、信息中心，它和其他地区主要承担经济、文化功能。

东京和伦敦城市功能空间布局的一个重要特点是其周边错落有致地分

布着许多大小不一、层次不同的“卫星城”，也称城市群；主城对“卫星城”既有生产要素的吸纳作用，也有生产要素的辐射作用，相互之间不断地进行生产要素的流动，按照城市功能定位共同发展，从而形成世界经济增长极和世界级城市群。北京类似东京和伦敦，属于综合功能型、多层次功能空间布局的首都城市，未来依托“一核两翼”也能产生这种极化效应，在其周边形成世界级城市群。

为什么能作出这种预期？先看“一核两翼”中的“一核”。它是指包括首都功能核心区在内的北京中心城区，空间资源较丰富。按规划，除核心区外，其未来将建设成为具有全球影响力的全国科技创新中心核心区、国家级产业转型发展示范区、国际一流的商务中心区、国际科技文化体育交流区、各类国际化社区的承载地、首都高品质生活服务供给的重要保障区、科技创新和金融服务的融合发展区等。北京经济发展水平一直处在全国前列，正在打造“高精尖”的经济结构，中心城区将是新经济结构的集大成者，加之在京津冀协同发展这一国家战略背景下许多壁垒正在破解，其对周边城市的辐射带动作用将逐步增强，必将为建设世界级城市群做出突出贡献。

再看“两翼”。北京城市副中心的功能定位是“着力打造国际一流的和谐宜居之都示范区、新型城镇化示范区和京津冀区域协同发展示范区。”它将对接中心城区功能，以行政办公、商务服务、文化旅游为主导功能，形成配套完善的城市综合功能。建设北京城市副中心，不仅是调整北京城市功能空间格局、治理大城市病、拓展北京发展新空间的需要，也是推动京津冀协同发展、探索人口经济密集地区优化开发模式的需要。它的建成必将为建设世界级城市群提供重要的空间支点。河北雄安新区的功能定位是“打造北京非首都功能疏解集中承载地”，具体定位包括打造创新驱动引领区、协调发展示范区、绿色生态宜居新城区、开放发展先行区。它将承接北京非首都功能、形成人口密集地区优化开发模式、促进京津冀地区城市功能空间结构优化、培育推动高质量发展和建设现代化经济体系的新引擎，最终成为高水平的社会主义现代化城市。它的建成也必将为建设世界级城市群提供重要的空间支点。

四、"一核两翼"将在建设世界级城市群中发挥示范作用

"创新、协调、绿色、开放、共享"的新发展理念是中国特色社会主义发展理论的创新成果，是我们推进发展事业的基本遵循。"一核两翼"的规划建设始终贯穿新发展理念，是新发展理念具体的、生动的、丰富的实践。随着实践的发展，"一核两翼"将在贯彻落实新发展理念、建设世界级城市群中起到显著的示范作用。

规划建设"一核两翼"本身就是创新之举，是为形成继长江三角州、珠江三角州都市圈之后的我国第三大都市圈——京津冀都市圈开辟空间、提供重要支点。"一核两翼"的规划建设不是传统的城市规划建设，而是要探索建立现代城市建设发展的新模式，是科技创新、制度创新、理论创新、文化创新的集中体现。"一核"是全国政治中心、文化中心、国际交往中心、科技创新中心的集中承载地，"两翼"是宜居宜业、产城融合的现代化城市示范区，创新要素在这里高度聚集、"发酵"，是创新发展的策源地，必将带动其他城市的创新发展。

规划建设"一核两翼"是为了进行跨行政区域的城市功能结构调整，而且是在发展差距较大的两个行政区域进行调整，其难度非常之大。如何协调好各方利益、科学配置城市功能，需要正确处理城市发展中的重大关系，统筹考虑发挥各地优势实现综合平衡、效率提高和长远发展。北京城市副中心承接首都功能核心区疏解的部分功能、河北雄安新区承接北京非首都功能，如何疏解、如何承接，不是简单的一纸行政命令所能解决的问题，既要考虑区域经济协调发展，也要考虑经济社会、人与自然乃至城乡等全面协调发展。随着"一核两翼"建设实践的深入，必将产生成功的范例而被其他城市学习、借鉴。

规划建设"一核两翼"是为了探索建立解决生态环境问题的新模式，通过优化城市功能空间布局，集约高效使用自然资源，实现绿色发展，创造优良人居环境。"一核"的非首都功能疏解后，腾出的空间主要用于绿

地建设。“两翼”从规划开始就把“构建蓝绿交织、清新明亮、水城共融、多组团集约紧凑发展的生态城市”作为主要目标，坚持生态优先、绿色发展，不建高楼林立的城市。这些动向必将对其他城市的建设产生深远影响。

规划建设“一核两翼”是为了打造扩大开放新高地和对外合作新平台，以区域联动发展更高层次的开放型经济，提升京津冀地区的开放型经济水平。“一核两翼”作为国家的国际交往中心承载地和国际经济技术合作、国际文化交流的高地，不仅要与国家对外开放相衔接、服务于国家对外开放新战略，而且要走在全国对外开放的前列。当它以更加开放的姿态，在更大范围、更宽领域、更深层次上开展国际交流与合作，必将对其他城市的对外开放起到引领作用。

规划建设“一核两翼”是为了推动京津冀协同发展，在一个更高更新的平台上实现发展成果共享，使协同发展惠及广大人民群众。规划建设“一核两翼”是京津冀协同发展迈出的关键步伐，不仅在缩小发展差距上进行探索，而且在改革收入分配、社会保障和公共服务制度等方面进行探索。目前，这些探索取得了实质性进展和宝贵的经验，这些经验、包括一些制度安排，对在协同发展中实现公平与效率的平衡、提高发展的整体效能、最终实现人民群众共享发展成果具有重要意义。

五、结语

“一核两翼”的规划建设在新中国首都建设史上是第一次，它既遵循首都城市功能空间布局的一般规律，又不照搬外国的经验，而是紧密联系京津冀发展实际，进行跨行政区的城市功能空间结构优化，充分发挥首都的辐射带动作用，树立现代城市建设的标杆，促进京津冀地区的城市快速高质量发展，必将为建设以首都为核心的世界级城市群做出突出贡献。正确认识“一核两翼”在建设世界级城市群中的作用，有利于我们切实把握、贯彻落实以习近平为核心的党中央深入推进实施京津冀协同发展战略、积极稳妥有序疏解北京非首都功能等一系列重大决策部署，在市委市政府领导下把北京建设成为国际一流的和谐宜居之都。

参考文献

城市规划通信编辑部．中共中央国务院关于对《北京城市总体规划（2016—2035 年）》的批复[J]．城市规划通信，2017(19)：5－7.

宋文新．打造京津冀世界级城市群若干重大问题的思考[J]．经济与管理，2015，29；246(5)：11－14.

朱晓青．京津冀建设世界级城市群面临的突出问题与对策[J]．领导之友，2016(5)：56－61.

安树伟，闫程莉．京津冀与世界级城市群的差距及发展策略[J]．河北学刊，2016(6)：143－149.

盛蓉，刘士林．当代世界城市群理论的主要形态与评价[J]．上海师范大学学报（哲学社会科学版），2015(2)：37－44.

李震，刘品安．珠三角世界级城市群建设路径创新[J]．开放导报，2016(2)：55－58.

世界高影响力城市的演化特征及北京的发展对策

龙晓柏　刘治彦[1]

摘　要： 世界城市是城市化发展的高端形态，聚集全球资源，影响全球发展。纽约、伦敦、东京等世界高影响力城市的发展模式与演变经验，为北京建设中国特色世界城市提供了有益借鉴。北京的文化底蕴深厚，经济快速发展，但在综合城市经济实力、国际集散能力等方面还有较大差距。北京要加快实施世界城市战略，推进区域协同化、城市生态化、产业高端化发展。

关键词： 世界城市　演化经验　发展策略

一、世界城市的基本内涵

英国城市规划专家帕特里克·格迪斯（Patrick Geddesd）1915 年在《演化中的城市》一书中首次明确提出“世界城市（Worlc city）”的概念，将其定义为“世界最重要的商务活动的绝大部分都须在其中的那些城市”。经济学家弗里德曼（Friedmann，1986）提出世界城市的七个标准：国际化组织聚集地；主要的金融中心；跨国公司总部（包括地区性总部）所在地；高速增长的商业服务部门；重要的制造中心；主要交通枢纽和庞大人口规模。事实上，通常把能聚集全球资源、影响全球发展的顶级城市称为世界高影响力城市，也称全球性城市（Global city）。

---

① 龙晓柏，江西省社会科学院副研究员，博士。刘治彦，中国社会科学院城市发展与环境研究所城市经济研究室主任，研究员，博士。

二、世界城市的发展历程与演变模式

从19世纪末到20世纪末的百年时间里，特别是“战后”半个多世纪来，形成了以伦敦、纽约、东京为代表的首批世界城市。它们都是以大规模工业生产、港口发展、繁荣的国际商贸联系为开端，逐步成为全球金融、知识创新与管理服务中心，通过经济发展、文化渗透和政治决策来高度影响全球的发展动向。

（一）纽约

1. 发展历程

美国在战后成为世界上经济最发达的国家。1946年，联合国总部设于纽约，从此纽约成为世界首位国际化大都市。纽约的制造业一度非常发达，但从1960年开始出现急剧衰落，而同期金融业、服务业等第三产业快速崛起。从1950—1980年纽约就业情况的变化看，金融、信息服务业、商业、保健服务与管理业等行业增加就业最多，不但弥补了制造业和建筑业中失去的50万多万个职位，还增加了众多新的就业机会，成为体现世界中心城市功能的重要产业。

到20世纪80年代，纽约成为全球生产要素配置中心。首先，金融中心的确立。布雷顿森林体系使美元成为与黄金等同的世界硬货币，这是纽约成为全球金融中心之一的重要因素。1981年，美国联邦储备委员会批准建立“国际银行便利”（The International Banking Facility—IBF）后，使纽约成为继伦敦之后世界上又一个新的全球金融中心。同时，纽约外汇市场的发展，商品期货市场的国际化，为跨国公司配置生产要素和资产经营提供了便利条件。其次，航运中心确立。纽约拥有世界上最大的航空枢纽，航班直达全球130个城市。纽约港尽管因美国进出口货物结构的变化，吞吐量有所减弱，但依然保持在世界10大港口之列。最后，信息管理与决策中心的确立。随着联合国的机构日益增多，纽约成为世界的政治城市，及全球规模最大的经营决策管理中心。在20世纪60年代，全球最大500家跨国公司中曾有161家总部设在纽约，由于地价上升，有些企业总部搬迁到郊区或都市圈其他城市，但仍依托于纽约中心城区的服务。纽约还拥有众多世界级博物馆、画廊和演艺比赛场地的所在地，是西方文化及娱乐中心之一。

2. 纽约城市圈：轴线引导的带状大都市带模式

（1）演变背景

纽约市为美国最大、最拥挤的城市，也是世界上最大的大型都会区所在地，因此该市的交通流量十分庞大。每逢尖峰时段或假日，经常会有大量人潮、车潮流动于市中心曼哈顿内或五大区之间，经常导致市区内各重要干道及重要的连外桥梁，出现交通阻塞的情形。

纽约都市圈是伴随着经济自身发展规律逐渐形成的，随着美国经济由工业化走向后工业化，各大城市的建成区都走向成熟，大规模的工业发展和人口增长在纽约过度集中，引发了交通拥挤、住房短缺、郊区扩散、区域蔓延等城市问题。

（2）演变方式

在空间布局上纽约都市圈按照由南向北的顺序排列，包括波士顿、纽约、费城和华盛顿四大城市群，此外还有巴尔的摩等一些中等城市以及其附近的一些卫星城镇，构成带状大都市带，圈内包括40个城市。城市开始沿交通轴线向郊区扩展，并逐渐连接为区域内的城市集群。具体数据详见表1。

表1　纽约市土地与人口密度（2000—2016年）①

行政区域	人口规模（人）		人口变化率（%；2000—2016年）	行政面积（平方英里）	人口密度（人/平方英里；2016年）
	2000年	2016年			
纽约州	19001780	19745289	3.91	47126	419.0
都会区	8017608	8537673	6.49	303	28177.1

① 资料来源：美国经济研究局统计数据（BEA；2017年）。

续表

行政区域	人口规模（人）		人口变化率（%；2000—2016 年）	行政面积（平方英里）	人口密度（人/平方英里；2016 年）
	2000 年	2016 年			
布朗克斯 Bronx	1334319	1455720	9. 10	42	34660. 0
国王区 Kings	2467006	2629150	6. 57	71	37030. 3
曼哈顿区 New York	1540547	1643734	6. 70	23	71466. 7
皇后区 Queens	2230501	2333054	4. 60	109	21404. 2
里士满 Richmond	445235	476015	6. 91	58	8207. 2
卫星城	10984172	11207616	2. 03	46823	239. 4

（3）借鉴之处

- 通过多中心的近郊城市极核，整合无序蔓延的城市化空间；
- 城市集群规划尊重经济社会发展规律，强调城市发展的可持续性；
- 城市绿地空间与都市生活相适应，全市公立公园错落有致；
- 纽约市五大都会区分布如图 1：

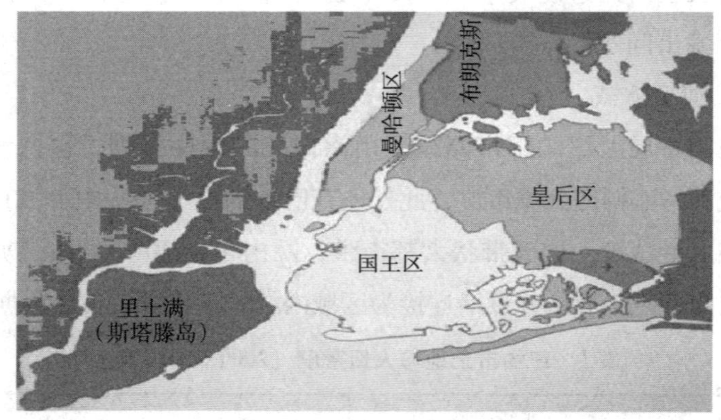

图 1　纽约市五大都会区分布

- 合理进行区域内的产业结构调整，促进区域内产业协调发展；

纽约和周围城市合理的产业分工是纽约都市圈发展的根本动力。建设副中心和新城分布城市功能，为经济进一步发展释放增长空间。

- 突出核心区域的集聚辐射带动发展。

曼哈顿岛是纽约的核心，在五个都会区中面积最小，但这个东西窄、南北长的小岛却是全球性金融中心，美国最大的500家公司中，有1/3以上把总部设在曼哈顿。位于曼哈顿岛南部的华尔街是美国财富和经济实力的象征，这条长度仅540米的狭窄街道两旁有近3000家金融和外贸机构。著名的纽约证券交易所和美国证券交易所均设于此。曼哈顿岛是纽约五个都会区中经济收入最高的核心地带。详见表2。

表2 纽约市地理经济收入的区域变动情况（2000—2016年）①

	个人收入总和（亿美元）			人均个人收入（美元）		
	2000	2016	个人收入增长率（%；2000—2016年）	2000	2016	人均个人收入增长率（%；2000—2016年）
布朗克斯 Bronx	266.39	482.63	81.17	19965	33154	66.06
国王区 Kings	620.10	1170.03	88.68	25136	44502	77.04
曼哈顿区 New York	1365.54	2565.01	87.83	88640	156048	76.04
皇后区 Queens	636.04	1014.10	59.44	28516	43457	52.43
里士满 Richmond	154.39	244.80	58.56	34676	51427	48.31

（二）伦敦

1. 发展历程

伦敦有2000多年的历史，是世界文化名城，拥有许多世界一流的博物馆、美术馆和著名建筑，是世界著名的旅游胜地。作为工业革命发源地英国的首都，伦敦曾为老牌的工业城市。“二战”以后中心区的小工业逐步沦为夕阳产业，1961—1981年，就业人数从145万下降到65万。这一期间也涌现出电子工业等一批现代化工业产业，并且在1975—1981年曾一直以38%的速度增长，但总体来看，制造业的就业人口从1961年的20%左右，下降到1998年的近10%。

与此同时，伦敦的服务业逐渐兴起，从业人员比率从1977年的

① 资料来源：美国经济研究局统计数据（BEA；2017年）。

66.6%上升到1984年的77.1%。其中，增长最快的是金融业，共有277家外国银行在伦敦设立分行或子行，资产管理额占英国银行资产总额的一半以上，保险业也十分发达，伦敦成为全球最大的国际保险市场。伦敦会计师事务所多达2900多家，律师事务所2200多家，绝大部分国际咨询公司将其欧洲总部设在伦敦。

此外，在政府的强力支持下，以广告、建筑、艺术和古玩、工艺品、设计（包括服装设计）、影视与广播、软件和电脑服务、音乐、表演艺术、出版等为主的创意产业得到迅速发展，目前伦敦是欧洲的第一大创意产业中心、世界第三大电影摄制中心，2014年，创意产业的就业岗位占伦敦就业数的11.8%。

伦敦是世界上主要的资本输出地之一，同时也是众多国外资本的流入地。在这些吸引的投资中，前十位产业集中在技术含量高、风险比较大的新兴技术行业，分别是IT、网络、电子商务、软件、医药、生物技术、管理、金融、电子技术、自动化等，这些行业吸收的外资额占伦敦外资总额的一半以上。

2. 伦敦城市圈：单核向多核转变的演变模式

（1）演变背景

起源于“二战”后为缓解伦敦中心区人口骤增、住房短缺的矛盾，英国政府决定合理疏散伦敦市区的人口和产业，政府投资建设新的卫星城市。单核心式城市的规划布局会造成许多环境和社会问题，如汽车大量增加，工厂密集，越来越严重的空气污染和噪声；地皮紧张，地价上涨，各类用地缺乏扩展余地，绿地面积小，车辆拥挤，交通阻塞。

（2）演变方式

严格控制伦敦城的人口密度，在距离伦敦100千米以内的郊外及其附近建设19个新城（称“外伦敦”）。目前伦敦市行政区划主要分为伦敦城、内伦敦（13个城区，包括Camden、Hackney、Tower Hamlets、Wandsworth、Westminster、Hammersmith and Fulham、Haringey、Islington、Kensington and Chelsea、Lambeth、Lewisham、Newham、Southwark）和外伦敦（19个城

区，包括 Brent、Ealing、Hounslow、Richmond、Kingston、Merton、Sutton、Croydon、Bromley、Greenwich、Bexley、Havering、Barking and Dagenham、Redbridge、Waltham Forest、Enfield、Barnet、Harrow、Hillingdon）三大行政区块，沿三条主要交通干线和泰晤士河构建城镇发展带，以解决伦敦地区经济、人口的合理均衡分布问题。详见表3、表4、表5。

（3）借鉴之处

• 使工业在产业空间结构中的分布比较合理，分化了工业对环境的大面积污染；

• 大面积绿化分隔，为空气的过滤、净化及就地更新创造了条件，既使城市环境质量提高了，又改善了城市小气候；

• 城市功能分布趋于综合平衡；

• 劳动力和劳动地点在综合规划片内达到相对平衡，减少不必要的区间流动。

表3　伦敦地区人口分布与密度①

	人口数				人口分布占比(%)				面积	人口密度(km²)			
	1997	2005	2010	2015	1997	2005	2010	2015	km^2	1997	2005	2010	2015
伦敦城	5670	7131	7338	8760	0. 08	0. 09	0. 09	0. 10	1. 6	3543. 8	4456. 9	4586. 3	5475. 0
内伦敦	2666697	2949917	3172090	3463298	38. 02	39. 23	39. 35	39. 93	303	8801. 0	9735. 7	10468. 9	11430. 0
外伦敦	4342471	4561961	4882067	5201655	61. 90	60. 67	60. 56	59. 97	1302	3335. 2	3503. 8	3749. 7	3995. 1

表4　伦敦地区生产增加值与分布占比②

	毛生产增加值(GVA;单位:百万英镑)					毛生产增加值分布占比(GVA;%)				
	1997	2000	2005	2010	2015	1997	2000	2005	2010	2015
伦敦城	13617	15711	26456	37488	46718	8. 57	8. 14	10. 68	12. 59	12. 35
内伦敦	81523	101125	132268	161851	207232	51. 31	52. 39	53. 40	54. 36	54. 76
外伦敦	63731	76172	88968	98405	124474	40. 11	39. 47	35. 92	33. 05	32. 89

① 资料来源:Office for National Statistics,UK(2017年)。
② 资料来源:Office for National Statistics,UK(2017年)。

表 5　伦敦市主要行业地理区域分布构成①(行业毛收入增加值;2015 年)

行业	农业		制造业		建筑业		信息通信业	
行政区域	百万英镑	%	百万英镑	%	百万英镑	%	百万英镑	%
伦敦城	1	1. 64	63	0. 75	539	3. 36	3914	9. 52
内伦敦	15	24. 59	2543	30. 28	6664	41. 60	27218	66. 21
外伦敦	45	73. 77	5791	68. 97	8818	55. 04	9978	24. 27
全市	61	100. 00	8397	100. 00	16021	100. 00	41110	100. 00
行业	金融业		公共事务、教育及医疗领域		商业服务业		房地产	
行政区域	百万英镑	%	百万英镑	%	百万英镑	%	百万英镑	%
伦敦城	27659	44. 83	668	1. 32	10154	15. 47	936	1. 75
内伦敦	30615	49. 62	30113	59. 51	39124	59. 62	29142	54. 36
外伦敦	3427	5. 55	19817	39. 17	16344	24. 91	23527	43. 89
全市	61701	100. 00	50598	100. 00	65622	100. 00	53605	100. 00

① 资料来源:Office for National Statistics,UK(2017 年)。

（三）东京

1. 发展历程

东京是日本的首都，也是日本经济、政治和文化的中心。20 世纪 50 年代，制造业向东京都大规模集聚，特别是 1955—1965 年是高速集聚增长期。此后，由于地价的上升制造业又向东京外围扩散，再向日本国内偏远但交通便利的地方转移，最后向海外转移。东京完成了由劳动密集型向资本密集型制造业中心转变，生产服务业和商业也成为两大重要产业。1970 年以后，随着金融服务业的迅速发展，东京成为日本八大财团下属跨国公司和跨国金融机构的总部所在地，成为全国的生产要素配置中心和经营决策中心，完成了由制造业中心向经济中心的过渡。从 1980 年开始，日本推行金融自由化和日元国际化。1984 年，日元成为继美元和德国马克之后的世界第三国际储备货币。1986 年，东京建立离岸金融市场，使得日本的经济国际化又进入了以国际信贷为主要形式的货币资本国际化，推动了东京国际金融中心的形成。到 80 年代末期，世界 10 大商业银行机构中，日本占有 8 家。全球最大 500 家跨国公司中的 34 家的总部设在东京，全日本 30% 的各类金融机构的总部设在东京，并拥有 2000 多家外国企业的地区本部和办事处。1988 年，东京股票市场的交易额达到 288 兆日元，超过纽约，居世界第一位；东京外汇市场的交易量在 1990 年达到 6 万亿美元，占全球外汇交易总额的 25%，仅次于伦敦居世界第二位。自此，东京完成了由全国性经济中心向世界城市的转型。

此外，东京拥有 190 多所大学，100 多个博物馆，有许多名胜古迹和著名国际活动场所，是太平洋区域重要的教育和文化中心。参见表 6。

2. 东京城市圈：多中心分散型的网络演变模式

（1）演变背景

国土构造形成的“一极（东京都）一轴（太平洋沿岸轴）”结构，导致东京功能过度集中、城市过度拥挤而且无序蔓延，城市竞争力下降，空间规模为了适应经济的发展不得不向外扩张，使经济发展空间严重破坏了城市的生活空间。

表6　东京都行政区划分布情况①

区域	2015		
	区域土地面积		
	面积（k㎡）	千分占比（‰）	行政区划数
全东京都	2190.93	1000.00	63
区部 （千代田区、中央区、港区、新宿区、文京区、台東区、墨田区、江東区、品川区、目黒区、大田区、世田谷区、渋谷区、中野区、杉並区、豊島区、北区、荒川区、板橋区、練馬区、足立区、葛飾区、江戸川区、荒川河口部、中央防波堤埋立地）	626.70	286.04	24
市部 （八王子市、立川市、武蔵野市、三鷹市、青梅市、府中市、昭島市、調布市、町田市、小金井市、小平市、日野市、東村山市、国分寺市、国立市、福生市、狛江市、東大和市、清瀬市、東久留米市、武蔵村山市、多摩市、稲城市、羽村市、あきる野市、西東京市）	784.20	357.93	26
郡部 （瑞穂町、日の出町、檜原村、奥多摩町）	375.86	171.55	4
島部 （大島支庁、大島町、利島村新島村、神津島村、三宅支庁、三宅村、御蔵島村、八丈支庁、八丈町、青ヶ島村、その他、小笠原支庁、小笠原村）	404.16	184.47	9

（2）演变方式

东京是一个偏平的城市，主要由中心区部和卫星市部所组成。构建"区域多中心城市复合体"，强调建设多中心城市，培育综合性副中心，并试图建设绿地带来阻止建成区的无限制蔓延，在绿带外围规划建设13座卫

① 资料来源：东京都统计年鉴（2017年）。

星城以分散首都功能，形成“多核多圈型地域结构”。中心区部可分为5个部分，即东区、西区、北区、南区和都心部分。都心部分从某种意义上来说，可以通过一条JR铁路来划分，即著名的山手线。1960—2015年，东京市人口分布情况，参见表7。东京市主要行业地理区域分布情况，参见表8。

表7　东京市人口分布（1960—2015年）①

	1960		1980		2000		2010		2015	
	人口数	占比%	人口数	占比%	人口数	占比%	人口数	占比%	人口数	占比%
全东京都	9683802	100	11618281	100	12064101	100	13159388	100	13515271	100
区部（都会区）	8310027	85. 81	8351893	71. 89	8134688	67. 43	8945695	67. 98	9272740	68. 61
市部	1295520	13. 38	3182019	27. 39	3841419	31. 84	4127128	31. 36	4157706	30. 76
郡部	39574	0. 41	50695	0. 44	60354	0. 50	58750	0. 45	58334	0. 43
岛部	38681	0. 40	33674	0. 29	27640	0. 23	27815	0. 21	26491	0. 20

（3）借鉴之处

●通过据点开发建设，修建新干线、高速公路等交通通信网络，形成中心—副中心—郊区卫星城—邻县中心构成的多中心网络型的城市空间结构；

●减弱对中心城市的过度依赖，尤其强调东京市部区域对中心区部（都会区）的人口及产业的转移承接作用。各级中心城市发挥自身特色，进行分工，承担不同职能，同时又强调合作，互为补充，有效弥补在建设世界城市中经济空间对生活空间的破坏，共同发挥出整体集聚和联动效应。

表8　东京市主要行业地理区域分布构成②

	制造业（出厂额，2014）		商业（销售额，2014）	
	单位：万日元	单位:%	单位：百万日元	单位:%
全东京都	815935066	100. 00	167859560	100. 00
区部	320963388	39. 34	161407706	96. 16

① 资料来源：东京都统计年鉴（2017年）。

② 资料来源：东京都统计年鉴（2017年）。

续表

	制造业（出厂额，2014）		商业（销售额，2014）	
	单位：万日元	单位:%	单位：百万日元	单位:%
市部	447780650	54.88	6280239	3.74
郡部	46851618	5.74	149215	0.09
島部	339410	0.04	22400	0.01

三、北京与世界高影响力城市的主要差距

（一）综合影响力有待提高

1999年，全球化与世界级城市研究小组与网络（Globalization and World Cities Study Group and Network，GaWC）尝试为世界级城市定义和分类，其认为城市的重要性在于能否扮演全球指挥与控制的职能，各个城市依据其反映全球经济与金融能力及相对重要性的不同，从而形成一种层级（Clarke，1998）。2016年GaWC城市名册确认了世界级城市的3个级别及数个副排名，北京与纽约、伦敦等相比处于劣势。参见表9。

表9　GaWC的世界级城市名册分类排名①

城市	1999年	2010年	2016年
伦敦	Alpha	第1级世界都市＋＋	Alpha＋＋（1）
纽约	Alpha	第1级世界都市＋＋	Alpha＋＋（2）
东京	Alpha	第1级世界都市＋	Alpha＋（7）
北京	Gamma	第1级世界都市	Alpha＋（6）

由日本森大厦株式会社（Mori Building）创立的城市战略研究所（Institute for Urban Strategies）发布了2016年“全球城市实力指数”（Global Power City Index 2016）。2016年选取42个有代表性的世界城市作为研究

① （注：1999年GaWC的名册目录按分Alpha，Beta，Gamma三个等级）。

对象，设定11个大类指标进行评估。The Global Power City Index（GPCI）排行榜是依据经济、研究、文化、环境等6大领域的70个小项目为分值指标进行计算得出的。结果显示：伦敦遥遥领先于其他城市，是世界首位城市。纽约继续排在第二，东京首次超过巴黎来到第三位。中国的北京综合排名在第17位，其中北京的环境问题突出，环境性指标在42个城市中排名第41，其次可居住性指标也仅排在第31。参见表10。

表10 GPCI全球城市的排名（2016年）①

城市	经济指标	研发指标	文化性指标	可居住性指标	环境性指标	便利性指标	6大领域综合排名
伦敦	2	3	1	22	8	1	1
纽约	3	1	2	23	30	8	2
东京	1	2	5	6	12	11	3
北京	4	19	9	31	41	24	17

（2）经济实力差距大

雄厚的经济基础和高级化的产业结构是世界高影响力城市的必要条件。在经济总量方面，2016年北京实现地区生产总值3690.8亿美元；而同期纽约GDP为9006.8亿美元，东京GDP高达9472.7亿美元，北京GDP约为纽约、东京的40.98%和38.96%。在发展水平方面，2016年北京人均GDP 16985.60美元，只有纽约105494.79美元、东京70088.86美元的16.10%、24.23%。参见表11。

① 数据来源：日本全球城市实力指数”（Global Power City Index 2016）报告。

表 11　世界城市综合经济实力比较（2016 年）①

城市	城市特征	GDP（亿美元）	GDP 占全国比重	人均 GDP（美元）
纽约	从纽约金融市场方面看，商业银行、投资银行、证券交易所及保险公司等金融机构云集，许多外国银行也在纽约设有分支机构。纽约在资产管理规模和股票交易量方面位列世界第一	9006. 8	4. 85%	105494. 79
伦敦	伦敦是世界上最重要的经济中心之一，金融业是伦敦最重要的经济支柱，伦敦金融城拥有世界最大的外汇市场、保险市场、黄金市场和碳交易市场。大都会区 GDP 占英国 GDP 的 30%	5187. 8	19. 81%	59810. 60
东京	东京在亚洲金融中心排名第一，超过香港、新加坡和上海	9472. 7	19. 18%	70088. 86
北京	有着 3000 余年的建城史和 850 余年的建都史，2016 年北京人均地区生产总值 16985. 60 美元，已经接近发达国家水平。第三产业规模居中国大陆第一	3690. 8	3. 29%	16985. 60

在产业结构方面，北京第三产业在 GDP 中的比重虽然已经达到 80%，但与纽约、伦敦等的差距明显。参见表 12。

表 12　世界城市产业结构比较（100%；2014 年）②

单位:%

City	第一产业	第二产业	第三产业
北京	0. 83	18. 93	80. 24
东京	0. 28	18. 66	81. 06
纽约	0. 22	10. 67	89. 10
伦敦	0. 03	9. 00	90. 97

① 数据来源：世界银行（2016）。

② 数据来源：相关城市统计年鉴。

（三）人口增长压力对北京发展影响大

北京市人口增长压力与纽约、伦敦、东京等相比，根据联合国公布的2020—2025年世界城市人口预测报告分析，纽约、伦敦、东京等城市人口增长率趋弱，东京甚至为负，而北京将保持1%左右的人口增长率。参见表13。

表13　世界城市人口发展情况比较（2015年）①

	城市人口（千人）				年均变动率（%）		
	1995	2005	2015	2025	1995—2005	2005—2015	1995—2015
北京	8305	12813	20384	26494	4.34	4.64	4.49
东京	33587	35622	38001	37876	0.59	0.65	0.62
伦敦	8323	9119	10313	11207	0.91	1.23	1.07
纽约	16943	18087	18593	19314	0.65	0.28	0.46

（四）城市基础设施建设滞后

在道路交通方面，北京近年来虽有较大发展，但与现代化国际大都市的差距仍十分明显。现代化世界城市的人均道路面积目前已达15—25米，网络密度一般在14千米/平方千米左右，东京早在1992年就分别达到了10.75平方米和18.7千米/平方千米，北京目前只有当时东京的1/3。

在轨道交通方面，也存在较大差距。以地铁为例，纽约地铁线总长度更高达1179千米，承担了全纽约65%的客运任务。虽然奥运会后，到2017年底，北京市轨道交通运营里程达608.2千米，但交通拥挤和堵塞还是市民日常出行的最大问题，严重影响了城市的正常运行和市民的社会经济活动。

世界高影响力城市都是国际交通和通信中心，国际航线的旅客吞吐量通常在1000万人次以上，货邮吞吐量也在100多万吨以上。许多城市还拥有2～3个国际机场。如纽约都会区拥有三大世界上最繁忙的机场，包括约

① 数据来源：世界城市报告（2016）［联合国报告数据］。

翰·菲茨杰拉德·肯尼迪国际机场、纽瓦克国际机场、拉瓜地亚机场；伦敦除了有欧洲最大的西斯罗国际机场，还有盖威克机场、斯坦斯特德机场、卢顿机场及伦敦城市机场；东京有东京国际机场（羽田机场）、东京成田国際空港。目前，北京只有一个国际机场。

（五）国际对外开发度不够强

北京作为我国的国际交往中心，在国际集散能力特别是对国际经济的控制力和影响力方面，仍然存在着较大差距。纽约、伦敦、东京等世界城市都是当今跨国公司和跨国银行总部集聚地。在亚洲，吸引跨国公司设立地区总部最成功的是香港和新加坡，早在 2002 年就分别有 948 家和 200 多家。

当代世界高影响力城市都很看重其在国际政治生活中的控制力和影响力，它们通过设立外交机构，吸引一些重要的国际组织在那里建立总部与地区分部，以便产生更好的规模效应和集聚效应。举办大型国际会议和国际旅游也是国际交流的重要渠道和高级形式。按照举办大型国际会议的国际标准（即参与国家在 5 个以上，与会人员 500 人以上），国际大会与会议协会（ICCA）发布的在 2015 年全球城市接待国际会议数量中，北京接待国际会议总量为 97 个，世界排名第 19 位。世界城市一般也是国际旅游胜地，每年吸引的国际游客超过 1000 万人次，而且常住外国人口占相当的比重，纽约、伦敦常驻外籍居民比例超过 20%。在上述各方面，北京与世界高影响力城市相比还有很大的距离。参见表 14。

（六）国际金融集聚效应弱

世界高影响力城市作为规模巨大、密度极高的国际社会经济聚集体，对全球的资金、技术流动具有极强的吸引力。

纽约、伦敦、东京等城市成为著名的国际金融市场和国际资产运作中心历史久远。北京尽管已经成为中国资金清算中心，各大银行总部和多数股份商业银行总部设在北京，控制着全国约 80% 以上的银行资金，全国

100%的银行资金通过在北京的央行进行清算。中国国债登记结算中心、中国证券期货登记结算中心也设在北京。但是，北京的资本构成的国际化程度不高，在短期内成为世界或东亚区域内资本运作中心有很大难度。

表14　世界城市国际金融中心发展指数①

城市	指数	综合排名	一级指标衡量体系				
			金融市场要素	成长发展要素	产业支撑要素	服务水平要素	国家环境要素
纽约	87. 72	1	1	4	1	1	2
伦敦	86. 64	2	2	5	2	2	1
东京	84. 57	3	3	2	3	4	3
北京	59. 98	9	11	7	8	16	19

（七）城市空间布局需要科学调整

目前，北京的主城区（首都功能核心区、城市功能拓展区）人口密度要远高于郊区卫星城（城市发展新区、生态涵养发展区），主城区处于挤压状态，而郊区卫星城的经济密度、公共服务水平要落后于主城区。参见表15、表16。

表15　北京常住人口与经济空间分布密度（2016年）②

地区	土地面积（平方千米）	常住人口（万人）	常住人口密度（人/平方千米）	人口占全市比例（%）	人口占全市比例（%）	GDP占全市比例（%）
全市	16410. 54	2172. 9	1324	100	100	100
首都功能核心区（东城区、西城区）	92. 39	213. 7	23130	0. 56	9. 83	22. 07
城市功能拓展区（朝阳区、丰台区、石景山区、海淀区）	1033. 80	986. 4	8102	6. 30	45. 40	48. 09

① 资料来源：新华－道琼斯国际金融中心发展指数2014。

② 资料来源：北京市统计年鉴2017（注：地区生产总值各区合计数不等于全市是由于各区中扣除了划归市一级核算的部分。）。

续表

地区	土地面积（平方千米）	常住人口（万人）	常住人口密度（人/平方千米）	人口占全市比例（%）	人口占全市比例（%）	GDP 占全市比例（%）
城市发展新区（房山区、通州区、顺义区、昌平区、大兴区）	6295.57	730.3	1160	38.36	33.61	21.13
生态涵养发展区（门头沟区、怀柔区、平谷区、密云县、延庆县）	8746.65	195.1	223	53.30	8.98	3.93

表 16　北京产业与公共服务空间分布密度比较（2016 年）①

地区	三次产业基本构成情况（2016 年）			平均每千人口拥有注册护士（人）	平均每千人口拥有医院床位（张）	公共图书馆总藏数（万册、万件）
	第一产业占 GDP 比例（%）	第二产业占 GDP 比例（%）	第三产业占 GDP 比例（%）	2016	2016	2016
全市	0.51	19.26	80.23	5.42	5.06	6229
首都功能核心区（东城区、西城区）	0.00	6.80	93.20	12.11	12.44	343
城市功能拓展区（朝阳区、丰台区、石景山区、海淀区）	0.03	11.14	88.84	4.31	4.59	5067
城市发展新区（房山区、通州区、顺义区、昌平区、大兴区）	1.42	47.69	50.89	2.93	3.88	444
生态涵养发展区（门头沟区、怀柔区、平谷区、密云县、延庆县）	4.81	45.4	49.79	3.18	3.95	375

① 资料来源：《北京市统计年鉴 2017》，中国年鉴出版社，2017 年，第 253 页。

四、面向世界高影响力城市目标的北京发展策略

（一）继续推进总部经济，建立全球关注的资讯决策中心

在商务中心区、金融街、中关村科技园区海淀园，以及望京电子城功能区、顺义临空经济区、北京经济技术开发区、东二环交通商务区和丰台总部基地，在这些“三大五小”总部聚集区的基础上，进一步拓展通州、怀柔等区的总部基地建设，继续大力推进总部经济，提升北京经济实力，加快首都国际化进程。

以总部经济为基础，进一步发挥北京作为大国政治、经济、文化中心的作用。世界高影响力城市主要通过资讯决策来影响全球经济社会发展。北京本身在经济信息方面具有优势，可利用经济信息的聚集不断提升北京自身在国际经济中的影响力，逐步成为“全球关注的国际资讯中心”。

（二）加快高标准建设雄安新区，推进京津冀区域一体化

北京要向世界高影响力城市迈进，必须有一个广阔的腹地。尤其是许多资源环境问题必须从区域角度来解决，京津冀区域联合是北京建设世界城市的必由之路。为建设世界高影响力城市，应激励京津冀一体化区域发展，加快推进雄安新区建设，充分发挥北京服务业、产业技术优势和天津滨海新区制造业优势，逐步实现产业互补、信息共享、交通同环、金融同城、电力同网、环境同治、区域同策。

（三）发展绿色城市经济，建设国际性金融服务中心

后危机时代，全球普遍致力于发展绿色产业，特别是文化创意产业、旅游休闲娱乐业、医疗保健业、养生养老业、教育研发业、高新技术产业等新兴战略产业。同时，作为世界城市要大力发展虚拟经济。北京要建设世界城市必须毫不动摇、一以贯之的建设国际金融中心。此外，还要积极参与国际技术标准制定、培育和输出产品品牌。

（四）吸取卫星城建设的经验，在更大尺度上寻求均衡布局和协调发展

目前北京城乡二元结构明显，郊区尚未成为休闲度假与商务办公的新空间，潜力巨大，亟待开发。无论是国土规划还是平衡性大都市区，都是从宏观上分散经济和人口，通过培育区域性卫星城市，形成反磁力中心，以达到控制中心大城市过度膨胀的目的。

（五）坚持立体公交，建立完善的城市综合交通体系

建立以轨道交通为核心的公交体系，建立综合的换乘枢纽，将郊区铁路、城市铁路、地铁、航空、地面公交线路以及停车场、主要的人流集散地有机地联系在一起。控制小汽车的过度发展，提高道路运行速度和效率。改善首都城市道路系统，适当增加路网密度，增加次干、支路的数量，应用新技术建立智慧型交通网络，提高交通效率。

（六）坚持郊区新城化，促进京城高质量发展

在大多大都市圈的空间扩展过程中，都采用建设新城为缓解中心城市的高成本发展提供增长空间。一些土地密集型产业从中心城市向新城转移，而将高级服务功能集中在中心城市，这有利于中心城市在参与国际新的分工中提高效率。新城建设可从空间上有效抑制城市“摊大饼”式的无序蔓延，促进中心城区的功能有机疏散，形成对中心城市功能的延伸，而不仅成为“卧城”。

参考文献

Harrison, David, and John Kain, Cumulative Urban Growth and Urban Density Functions[J]. Journal of Urban Economics, 1974(1).

[美]丝奇雅·沙森，周振华等译，全球城市：纽约、伦敦、东京[M]，上海，上海社会科学院出版社，2001.

金元浦．北京:走向世界城市[M],北京,北京科学技术出版社,2010.

吴良镛,等．京津冀地区城乡空间发展规划研究[M],北京,清华大学出版社,2002.

彼得·尼茨坎普．区域和城市经济学手册[M]．北京:经济科学出版社,2001.

K. J. 巴顿[英]城市经济学[M]．北京:商务印书馆,1986.

亚当·斯密[英]国富论[M]．北京:华夏出版社,2005.

世界级城市群发展模式比较及对京津冀的启示

王　双[①]

摘　要： 近年来，世界级城市群在区域经济中的功能不断扩展、地位迅速提升，对国家及地区经济增长和世界经济发展的作用越来越显著。遵循功能集成聚合型、要素聚集驱动型以及枢纽网络密集型等不同发展模式的城市群在发展过程中都呈现出显著的发展特征。建设具有竞争力的世界级城市群，将完善京津冀区域城市群形态，破解首都发展长期积累的深层次矛盾和问题，是京津冀协同发展的必然选择。借鉴世界级城市群有益经验，加快京津冀世界级城市群建设应着力发挥规划引领作用、形成差别化的竞合发展格局、发挥城市群核心城市功能、构建多层次空间网络布局、建设现代化交通基础设施体系、实现生态环境共治共享等。

关键词： 世界级城市群　发展模式　京津冀

一、引言

城市群作为一个国家经济社会综合实力在空间形式上的集中呈现，日益成为国家参与国际分工和体现国家竞争能力的重要标志。近年来，世界级城市群在区域经济中的功能不断扩展、地位迅速提升，对国家及地区经济增长和世界经济发展的作用越来越显著，世界级城市群之间的竞合格局直接决定了全球经济乃至政治发展走向。[②]

---

① 王双，天津社会科学院副研究员，博士，天津社会科学院城市经济研究所所长。

② 毛艳华，李敬子，蔡敏容．大珠三角城市群发展：特征、问题和策略［J］．华南师范大学学报（社会科学版），2014（5）．

目前，公认的世界级城市群主要包括：美国东北部大西洋沿岸城市群、北美五大湖城市群、日本太平洋沿岸城市群、欧洲西北部城市群、英国以伦敦为核心的城市群等。18 世纪后期，依托以伦敦至利物浦为轴线城市群的兴起，大不列颠成为当时世界经济增长的中心。19 世纪，以巴黎、布鲁塞尔、阿姆斯特丹、波恩等大城市为中心的不同规模城市群共同组成了“人”字形发展轴，使西欧成为世界经济新增长极。20 世纪以来，波士顿、旧金山——洛杉矶、达拉斯——休斯敦三大城市群前呼后拥托起美国成为世界经济领头羊。依靠东京、大阪、京都三大城市群的复苏和兴起，使日本从战争的废墟中迅速崛起。近年来，中国长三角城市群日益成熟，成为继上述五大城市群之后的第六大世界级城市群。

二、世界级城市群的发展模式及基本特征

城市群是在特定的地域范围内，相当数量的不同性质、类型和等级规模的城市，依托一定的自然环境条件，以巨型城市为中心，通过借助现代化的交通和信息通达性，密切城市之间的内在联系，从而构成的一个相对完整的城市集合体，其是城市化高度发展的产物。参见表 1。

表 1　典型世界级城市群主要特征①

城市群	美国大西洋沿岸城市群	英国伦敦城市群	日本东海岸城市群
区位	北起波士顿，南至华盛顿	以伦敦——利物浦为轴线的地区	沿东京湾的日本关东地区
国际城市	纽约	伦敦	东京
主要城市	波士顿、斯普林菲尔德、纽约、纽瓦克、费城、巴尔的摩、华盛顿等 30 个城市	大伦敦地区、伯明翰、谢菲尔德，利物浦，曼彻斯特等大城市及众多小城市	一都七县，即东京都和神奈川、千叶、茨城、山梨等七县
人口	约 6500 万人，占全美 20%	约 3650 万人，占英国 50%	约 4348 万人，占日本 34%

① 资料来源：毛艳华，李敬子，蔡敏容．大珠三角城市群发展：特征、问题和策略［J］．华南师范大学学报（社会科学版），2014（5）：108－115.

续表

城市群	美国大西洋沿岸城市群	英国伦敦城市群	日本东海岸城市群
面积	13.8 万平方千米，占全美 1.4%	2.72 万平方千米，占英国 18.6%	3.69 万平方千米，占日本 9.8%
生产总值	2.4 万亿美元，占全美 24.0%	约 6410 亿美元，占英国 28.8%	1.28 万亿美元，占日本 30.0%

注：各城市群生产总值年份为：美国 2006 年，英国 2005 年，日本 2010 年。

从地理学角度看，城市群是指一定地域内城市分布较为密集的地区，即在一个有限的空间地域内，城市的分布达到较高的密度即可称为城市群。Gottmann（1957）提出美国东北部大西洋沿岸城市群“大都市连绵带”发展模式，具体描述北起波士顿、南至华盛顿，由纽约、普罗维登斯、哈特福德、纽黑文、费城、巴尔的摩等一系列大城市组成的巨大城市地域集聚现象。从空间经济学角度看，城市群也可以理解为通过空间集聚获得外部规模经济的一种城市组织形式。Doxiadis（1970）认为世界级城市群的发展模式是空间和人口的聚落形式更加集聚和高效的“世界连绵城市”。Halbert（2006）发现城市—区域的空间发展模式更适合欧洲多中心城市群。Hall（2009）的研究显示，欧洲西北城市群的发展过程体现出以发达的交通网络为联系纽带的带状分散发展形态。

按照 Gottmann 的标准以及空间经济学城市群发展规律，综合几大世界级城市群发展历史及轨迹，可以将上述六大城市群的发展模式简单概括为以下几类：

（一）功能集成聚合型城市群

包括以纽约为中心，包括波士顿、费城、巴尔的摩、华盛顿几大城市的美国大西洋沿岸城市群；以及以巴黎为中心，包括阿姆斯特丹、鹿特丹、海牙、安特卫普、布鲁塞尔、科隆等大城市的欧洲西北部城市群。这种模式下城市群依托首都核心功能的辐射带动和周边地区错位发展的不同优势，形成城市功能完备、空间结构合理、城市特色突出的复合型城市群。

其显著特征表现为：城市群内具备不同竞争力优势的相邻城市之间形成合理的产业分工与协作，这种互补作用及相互支持的关系，有利于促使各城市竞争力水平的提高，从而提升城市群整体竞争力，因此城市群内部各主要城市的经济职能和产业分工都十分明显。例如，美国波士华城市群中，纽约是经济中心，费城主要是重工业中心，波士顿是教育科研、高技术产业中心，华盛顿是世界各国中少有的仅以政府行政职能为主的政治中心。①

（二）要素聚集驱动型城市群

主要包括以芝加哥为中心，包括芝加哥、底特律、克利夫兰、匹兹堡和加拿大的多伦多、蒙特利尔等大城市的北美五大湖城市群；以及以伦敦为中心，以伦敦——利物浦为轴线，包括大伦敦、伯明翰、谢菲尔德、利物浦、曼彻斯特等大城市的伦敦城市群。该模式下城市群要素资源高度集聚，规模效应明显，城市功能强大，区域分工协作高度互补。

世界级城市群在一国的经济发展中处于重要地位，如以伦敦为核心的英国城市群生产总值占全英国的28.8%（2005年）②，这些城市群也是全球的发展枢纽。伦敦作为国际经济中心，是全球规模最大的外汇交易中心、世界最大的国际保险市场。对全球市场具有强大的影响力、整合力和增值力，是全球资源聚合、配置和创造的集点。

（三）枢纽网络密集型城市群

包括以东京为中心，包括千叶、横滨、静冈、名古屋，到京都、大阪、神户等城市的日本太平洋沿岸城市群，以及以上海为中心，包括南京、苏州、无锡、常州、徐州、杭州、宁波、嘉兴等16个大城市的中国长

① 毛艳华，李敬子，蔡敏容．大珠三角城市群发展：特征、问题和策略［J］．华南师范大学学报（社会科学版），2014（5）．

② 毛艳华，李敬子，蔡敏容．大珠三角城市群发展：特征、问题和策略［J］．华南师范大学学报（社会科学版）2014（5）．

江三角洲城市群。该模式下的城市群人口和城市密度较高，城市间路网轨道交错纵横、细织密集，城市节点连接较为紧凑。2010 年，日本东海岸城市群的人口规模为 4348 万，占全日本总人口的 34%，人口密度为 1178 人每平方千米，其中东京已成为世界上人口密度最大的城市之一，总人口为 1316 万，每平方千米的居民达到 6015 人，东京市中心 23 个区的人口密度则高达 13618 人每平方千米。①

世界级城市群一般位于沿海或沿大江、大河入海口地带，以国际性的港口、国际性的城市为核心，以海岸、河流、铁路、公路为发展轴线，形成一个以大、中、小城市为结点的城市、产业、运输、信息网络。例如，日本东海岸城市群位于日本东海道太平洋沿岸，形成以东京为核心的京—滨经济发展轴，并以东京都为核心构成准时、快捷、舒适、廉价的电车网（包括地铁系统、轻轨和高速铁路），将内部 23 个区、13 个市以及周边的县市联系在一起，并与日本全国铁路网构成现代化的运输系统。

三、世界级城市群发展的经验比较

（一）推动形成城市间高度分工协作的产业竞合格局

根据城市群内部各城市的资源禀赋、竞争优势、综合实力、产业特征以及在国内外市场的竞合地位，合理摆布功能定位，各大城市通过区位比较优势和市场机制等因素的综合作用，逐渐形成了城市间分工协作的产业格局并逐渐强化，是世界级城市群迅速发展的最主要经验。

以纽约城市群为例，作为全美政治中心，华盛顿赢得了政治产品提供者的地位，专注于政治产品以及相关产业，主要提供政治产品和政治庇护。纽约市在美国定都华盛顿、修建伊利运河、纽约率先创新金融制度等多种因素作用下，于 1836 年成为事实上的全国金融中心。随着国民银行法

① 毛艳华，李敬子，蔡敏容．大珠三角城市群发展：特征、问题和策略［J］．华南师范大学学报（社会科学版）2014（5）．

体系的建立，1863 年，纽约成为名至实归的全国金融中心。被誉为“美国雅典”的波士顿凭借高等学府众多、每年有超过 25 万名大学生在学等优势和历史人文条件，大力发展“大学产业”，成为人才培养基地。费城和巴尔的摩则侧重于发展重工业。五大核心城市各具特色优势，差异化发展，相互支撑，功能定位清晰，区域分工格局合理，产业链配置高效，成为纽约城市群发展壮大的基础和保障（见表 2）。

表 2　美国大西洋沿岸城市群定位状况①

主要城市	主要产业	核心职能	影响力
华盛顿	信息、金融、商业服务、健康和教育服务、休闲旅游、生物科技、国际商务	全美政治中心	
纽约	金融、商贸、生产服务业	全美金融中心、商贸中心	“银行之都”
波士顿	高科技产业、金融、商业、教育、医疗服务、建筑、运输服务	城市群科技中心	“美国东海岸硅谷”“美国雅典”
费城	清洁能源、制药业、制造业、教育服务、交通运输	城市群交通枢纽、全美重要制造业中心	“美国鲁尔”
巴尔的摩	工业制造业、商贸、服务业	制造业和进出口贸易中心	

（二）产业转型追求高级化与特色化相融接续

一是中心城市产业高度服务化趋势明显。上述世界级城市群发展历程显示，当城市经济发展到成熟阶段时，中心城市高度集聚的功能发生改变，以制造业为主的工业逐渐从核心区域向周边区域转移，生产功能出现弱化趋势，但金融、保险等服务业在核心区域所占的比重逐渐变大，制造业中心逐步向服务中心转变，生产性服务业成为城市支柱产业，出现中心城市产业高度服务化趋势，为城市经济提供强大的服务功能，这一过程中促使城市群一体化趋势增强。

① 资料来源：冯怡康，马树强，金浩．国际都市圈建设对京津冀协同发展的启示［J］．天津师范大学学报（社会科学版），2014（6）：7－12.

二是产业转型与继承传统特色产业有机结合。世界级城市群中很多地区是自工业革命开始就发展形成的老工业基地（如曼彻斯特、五大湖地区城市、鲁尔区城市等），这些地区最初是依托当地资源优势（如煤矿、铁矿资源等）发展起来的重工业基地，当生产力进步和生产资料更新后，其及时完成了产业转型和新型工业城市建设。同时，各大城市群传承和发扬传统特色产业（如东京的传统陶瓷、纺织业，伯明翰的金银珠宝制造业等），不仅体现了城市发展对历史的尊重和继承，同时也延展了城市产业的差异性和多样性。

三是产业结构横向集聚、纵向链化。世界级城市群由于其核心城市的主导产业不同而形成了不同的产业集群，相同的产业集群内不同层级的城市产业分工又有所不同。以日本太平洋沿岸城市群为例，其内部东京核心区集聚管理、信息、金融等服务业，多摩地区为高新技术区，集中了研发机构和高等学府，工业制造则主要分布在神奈川区和千叶区域，其中，神奈川地区机械业更突出，而千叶地区化工业比重更大。

（三）科学前瞻规划维护城市空间与功能布局协同性

纽约城市群发展规划始终坚持世界一流，致力于提升城市群整体空间布局层次和区域协同发展水平，三次重大的调整都旨在增强纽约城市群各城市的整体经济竞争力，促进纽约、新泽西州和康涅狄格州的协调发展和共同繁荣，尤其是1996年第三次调整启动拯救纽约城市群全新规划，提出建设美国东北部地区大西洋沿岸的现代化城市带，使纽约城市群的经济实力获得了协调发展，加快推进纽约城市群的一体化进程。伦敦城市群的建设与发展依托于官方、半官方与民间组织合作，发挥多方智慧形成基本思想及发展规划。1997年英国民间规划组织“伦敦规划咨询委员会”发布大伦敦发展战略规划，提出了“强大的经济实力、高水平的生活质量、可持续发展的未来、为所有人提供的机遇”等四重目标组合，在此框架引导下，伦敦城市群由封闭到开放，最后形成了由内伦敦、大伦敦、标准大城市劳务区和伦敦大都市圈四个圈层构成的圈域形城市群发展模式。巴黎城市群规划突出以法律保障规划的权威性和可执行性，1994 年批准的《巴黎大区总体规划》作为强制执行的法律文件，是该地区发展过程必须遵守的原则。正是一系列有法律效力的规划促进了法国经济发展和巴黎大城市群的最后建成。

（四）高度重视实现城市群内区域平衡发展

以巴黎城市群为例，1956 年颁布的《巴黎地区国土开发计划》中明确提出了降低巴黎中心地区密度、提高郊区密度、促进地区均衡发展的观点。之后还制定了《巴黎地区整治规划管理纲要》《巴黎地区区域开发与空间组织计划》《城市规划和地区整治战略规划》《巴黎大区总体规划》，这些规划的宗旨都是强化均衡发展，促进城市之间合理竞争，保持协调发展。例如，1958 年开始，日本政府针对东京城市群建设先后制定了五次基本规划，历次规划出台都经历了充分的酝酿，全面考虑城市群中各城市政治背景、经济水平、文化习惯、地域范围以及人口规模等诸多因素，保障各城市获得平等的发展机会，高效合理配置城市资源，使城市群呈现平衡和谐的发展态势。

（五）拥有现代化的高效发达交通基础设施体系

首先是完善高效的高速铁路。高铁规划主要考虑城市群内部的人口规模、城市间的距离、已有交通体系、城市经济发展水平、交通拥堵状况等因素。以日本太平洋沿岸城市群为例，全长 552.6 千米的东海道新干线贯穿日本太平洋沿岸城市群，起止于东京和大阪，途经横滨、名古屋、京都等主要城市，连接东京、名古屋、大阪三大城市群，将东京和大阪之间的铁路通行时间由原来的 6 小时 50 分钟缩短为 2 小时 25 分钟。其次是方便低碳的公共交通运输系统。世界级城市群作为具备人口容纳和经济增长能力的地区，其空间发展要求提供强大、具有竞争力和低碳的交通运输系统，随着交通方式的多样化，综合交通枢纽和多层次立体交通网络，加强城市间的相互联系，成为世界级城市群快速发展的前提。纽约城市群采取优先发展公共交通的策略，形成了由轨道交通、公共汽车、小汽车、轮渡和航空等多种运输方式构成的公共交通运输体系。其中，地铁和铁路占据了重要的位置，2009 年比例高达 51.7%，轮渡和航空也发挥了重要的辅助性作用。“美国 2050”客运网络规划等级体系的划分主要根据城市的人口规模，即人口规模 25 万以上的城市与中心城市之间主要通过区域高铁网络进行联系，人口规模在 5 万 ~25 万的城市主要通过传统铁路和公交系统进行联系。伦敦城市群以轨道交通与道路交通相衔接、地上地下相结合，形成了集地铁、火车、轻轨、公交、出租汽车于一体的立体化公共交通网络，以伦敦为中心不断向外辐射，郊区铁路线网密度高，分布均匀，加之“一环九射”的高速公路网络，内部城市之间的关系通过道路、城轨和铁路得以强化，对促进整个地区的经济发展起到了巨大的推动作用。巴黎城市群主要通过建造快速、大容量的城市轨道交通网来解决城市化进程中的交通问题，巴黎中心城区的通勤主要依靠地铁系统，大巴黎地区的交通主要通过城际轨道，而巴黎城市群内的联系则更多地交由高速铁路完成，发达的陆、海、空交通系统，将巴黎中心区、大巴黎地区、巴黎都市圈高效地连成一体，确保了城市群的正常运转。东京城市群拥有目前全世界最密集的轨道交通网，其基本理念是优先发展公共交通，大量的人力、物力都投资到建设轨道交通上，建成了以东京站、秋叶原和新桥为辐射中心，呈环形的放射线型轨道交通布局，轨道交通近万千米，其中郊区铁路 2000 多千米，构成了东京城市群公共交通的骨架。此外，东京城市群还拥有大小港口 40 个，主要集中在东京湾，港口之间有较为职能分工明确，形成了良性有序竞争，成为世界最为繁忙和高城市群港口。

（六）始终坚守和贯彻绿色生态的可持续发展理念

巴黎城市群对资源环境的可持续发展高度重视，1934 年，第一次出台巴黎大城市群规划时就限定了可建设用地的范围，有效保护了现有绿地和历史景观地段。之后制订的一系列开发计划和总体规划都提出建设卫星城、新城必须整治、改善和维护城市优美环境，特别是 1994 年批准的

《法兰西岛地区发展指导纲要（1990—2015 年）》将保护自然环境作为首要目标，尊重自然环境与自然景观、保护历史文化古迹、保留城镇周围的森林、保留大区内的绿色山谷、保留农村景色、保护具有生态作用的自然环境等都被列为必要的措施。日本城市群建设也高度注重可持续发展，如 1958 年制定的《第一次首都圈基本规划》提出，在东京中心区外设置 5 ~ 10 千米的绿化环带，在绿环外围建设卫星城，吸收流入的人口和产业，以保障中心区的环境质量，控制东京城市群的快速扩张。①

四、对京津冀世界级城市群建设的主要启示

“十三五”期间，城市群将成为中国区域经济发展的重要引擎，推动经济结构转型调整和实现新型城镇化，尤其是京津冀城市群，发挥其战略作用和区域协同功能，更是国家层面统筹谋划的重大发展问题。② 2015 年 4 月 30 日，《京津冀协同发展规划纲要》审议通过，提出建设以首都为核心的京津冀世界级城市群，这标志着京津冀协同发展国家战略进入新的发展阶段，对于有序疏解北京非首都功能、破解北京大城市病、促进京津冀协同发展和形成新增长极，具有战略性的重要意义。③

根据黄金川等（2015）综合人口数量、占地面积等规模指标以及人口密度、城镇化率等集聚指标对中国城市群等级划分的标准，目前中国第一级城市群京津冀、长三角和珠三角，人口均达到 5000 万以上、面积超过 6 万平方千米、城市密度在 600 人/平方千米以上、城镇化率高于 60%，这三个城市群常住人口和生产总值分别占全国城市群的 32.44% 和 45.95%，接近世界级城市群的规模和集聚水平，拥有世界级城市群的基本形态，具备发展成为世界级城市群的雄厚实力和巨大潜能。④

---

① 柳天恩．京津冀协同发展：困境与出路［J］．中国流通经济，2015（4）．

② 薛惠娟，田学斌，高钟．加快推进京津冀世界级城市群建设——“加快京津冀城市群建设”专家座谈会综述［J］．经济与管理，2014（4）．

③ 《创造》编辑部．城市群：融合与较量［J］．创造，2012（4）．

④ 黄金川，陈守强．中国城市群等级类型综合划分［J］．地理科学进展，2015（3）．

京津冀城市群作为典型的“双核驱动型”城市群，其突出特点为双核发展结构，城市群区域范围内除了中心城市外，均有一个经济发展规模较大的港口城市或直辖市，即北京和天津两个核心，在双核城市周围还拥有十几个大中城市和一批小城镇，目前京津冀地区城镇集聚了 6347 多万人。这种类型的城市群受双核复合驱动，发育程度、对外开放程度、产业结构层次明显高于其他区域，是中国城市群发展的主要引擎，对新型城镇化发展格局的形成至关重要。[①] 京津冀城市群虽然具备区域地缘相接、人缘相亲、地域一体、文化一脉、历史渊源深厚等绝对优势，但是长期以来一体化程度滞后于长三角、珠三角城市群，尚未形成统一的城市群发展规划和协作机制，因此建设京津冀城市群将有助于加快区域转型发展，形成“双核驱动型”城市群的特色经验，探索不同形态世界级城市群发展的有效路径。

（一）发挥规划引领作用，坚持以问题导向推动顶层设计更加科学和开放包容

借鉴世界级城市群统筹规划保障先行的经验，将《京津冀协同展规划纲要》作为编制各成员城市发展规划的重要基础和主要依据，在此基础和框架下，从京津冀三地区域发展面临的体制、机制障碍和约束出发，充分考虑京津冀城市群总体规划的要求，给地方更多的自主权，进一步明确区域发展功能定位，体现全局意识，指导各成员城市的相关规划，实现京津冀城市群作为一个整体发展效益的最大化，并使所有的成员城市都能分享这种整体发展所带来的效益最大化。目前，北京、天津、河北三地“十三五”规划编制中京津冀协同发展路径选择成为三地规划的重要内容，应遵循《规划纲要》的基本要义切实打破“一亩三分地”的思维定式，从京津冀区域发展全局谋划疏解北京非首都功能，加强战略设计，推进布局调

① 石敏俊．京津冀建设世界级城市群的现状、问题和方向［J］．中共中央党校学报，2017（4）．

整，增强京津冀整体性，明确实现总体目标和重大任务的时间表、路线图，研究制定科学的实施方案，分阶段、有步骤地加以推进。同时，推动京、津、冀三省市抓紧出台各自贯彻落实《规划纲要》的实施方案和支持政策，协调加快编制土地利用、城乡、生态环境保护等相关专项规划，力求地方规划及各专项规划之间实现良好衔接，立足现实基础和长远需要，把握好疏解北京非首都功能、推动协同发展的步骤、节奏和力度，对已达成共识、易于操作的领域率先突破，选择有条件的区域率先开展试点示范，发挥引领带动作用。

（二）以有序疏解非首都功能为牵引，在高度分工协同的基础上真正形成差别化的竞合发展格局

世界级城市群的一个突出特征就是以中心城市功能疏解为契机，打造多核心、网络化的城市群系统。京津冀世界级城市群建设过程中，可以从三地发展诉求中寻找利益契合点，进一步明确功能定位，充分发挥各自比较优势，调整优化区域生产力布局，加快推动错位发展与融合发展，创新合作模式与利益分享机制，在有序疏解北京非首都功能的进程中实现区域良性互动，促进三省市协同发展、协调发展、共同发展。京津冀整体定位是“以首都为核心的世界级城市群、区域整体协同发展改革引领区、全国创新驱动经济增长新引擎、生态修复环境改善示范区”，区域整体定位体现了三省市“一盘棋”的思想，突出了功能互补、错位发展、相辅相成。同时，京津冀城市群内部差别化的功能定位服务于区域整体定位，体现了区域整体和三省市各自特色，符合协同发展、促进融合、增强合力的战略需要。城市之间各有优势，也互有诉求，存在合作的内在动力，与京津冀打造具有国际竞争力的世界级城市群的目标是一致的，北京更多的是寻求发展空间，天津最需要的是提升发展质量，河北最需要的是发展机会。根据京津冀城市群成员城市的具体情况，实施差别化发展战略，在京津冀城市群内部北京市和天津市属于超大城市，采取优化发展的战略，重点需要优化产业结构和空间布局，大力发展高新技术产业。河北节点城市是承接

产业和人口的重点区域，实施重点发展战略，坚持环境与经济协调发展，在科学合理对环境承载力进行评价的基础上，高质量推进工业化和城镇化，积极承接人口转移，实现快速城镇化与人口现代化的协调统一。①

（三）通过发挥城市群核心城市功能，推动资源要素自由流动和合理配置，实现城市群内部均衡平等发展

保障各城市获得平等的发展机会，在核心城市功能扩展的基础上高效合理配置城市资源，推动城市群合理分工融合是世界级城市群发展的又一重要经验。一方面，京津冀城市群各成员城市应切实消除产业发展中存在的各类行政壁垒，让产业遵循市场规律实现优胜劣汰和优化配置，按照产业链、价值链的发展模式，从全国生产力整体布局出发，明确三省市产业发展定位，理顺产业发展链条，加快产业转型升级，打造立足区域、服务全国、辐射全球的优势产业集聚区，实现产业发展的互补互促。另一方面，北京和天津在京津冀城市群中的核心作用非常强，因此要充分发挥核心城市的引领功能，进一步强化这两个城市的枢纽型地位，发挥其在京津冀城市群中的核心带动作用，促进城市的合理分工。发挥雄安新区作为北京非首都功能集中承载地的功能，培育具有高技术供给及核心竞争力的内生性新产业体系，扩大雄安新区制度供给的示范引领效应，有效推动京津冀城市群的体制机制创新和制度探索。②

（四）构建多层次的城市群空间网络格局，提升城市群发展层次和水平

经验表明，空间布局是世界级城市群功能定位在空间上的具体体现，也是优化资源配置、实现城市群协同发展的重要基础。京津冀城市群应依据“功能互补、区域联动、轴向集聚、节点支撑”的布局思路，推动形成

---

① 贾若祥．京津冀城市群健康发展对策［J］．决策与信息，2014（29）．

② 李兰冰，郭琪，吕程．雄安新区与京津冀世界级城市群建设［J］．南开学报（哲学社会科学版），2017（4）．

以“一核、双城、三轴、四区、多节点”为骨架，以重要城市为支点，以战略性功能区平台为载体，以交通干线、生态廊道为纽带的网络型空间格局。北京重在优化提升首都核心功能、解决北京“大城市病”问题。作为京津冀协同发展的主要引擎，京津进一步强化联动，全方位拓展合作广度和深度，加快实现同城化发展，共同发挥高端引领和辐射带动作用。河北的石家庄、唐山、保定、邯郸等区域性中心城市和张家口、承德、廊坊、秦皇岛、沧州、邢台、衡水等节点城市，重点是提高其城市综合承载能力和服务能力，有序推动产业和人口聚集。同时，京津、京保石、京唐秦三个产业发展带和城镇聚集轴以及中部核心功能区、东部滨海发展区、南部功能拓展区和西北部生态涵养区，构成支撑京津冀协同发展的主体功能区空间框架。立足于三省市比较优势和现有基础，通过实现定位清晰、分工合理、功能完善、生态宜居的城市群空间布局，释放城市群发展潜能，提升整体发展层次。

（五）建设高度通达的现代化交通基础设施体系，打造城市群内部时空连接有效通道

从日本东京城市群建设的五次规划来看，交通一体化作为解决东京“大城市病”的一剂良药，同时也推动了新就业方式出现引发的产业创新。京津冀城市群作为一个相互之间联系紧密的经济区，各城市之间的基础设施建设和便利通达性远远滞后于市场需求，特别是天津和河北省之间的交通通达性更为滞后，而珠三角和长三角地区都已经实现了 1 小时高铁经济圈，两者之间的差距及其对区域经济增长和一体化深化的影响差异巨大。因此应以世界级城市群交通基础设施发展经验为指导，以基础设施互通互联作为协同发展突破点，克服行政壁垒的限制，从整个京津冀城市群范围考虑基础设施的互联互通问题，为实现整体效益的最大化奠定坚实基础。加快京津冀城市群交通一体化建设，按照网络化布局、智能化管理和一体化服务的要求，构建以轨道交通为骨干的多节点、网格状、全覆盖的交通网络，提升交通运输组织和服务现代化水平，建立统一开放的区域运输市

场格局。重点是建设高效密集轨道交通网，完善便捷通畅公路交通网，加快构建现代化的津冀港口群，打造国际一流的航空枢纽，加快北京新机场建设，大力发展公交优先的城市交通，提升交通智能化管理水平，提升区域一体化运输服务水平，发展安全绿色可持续交通。[①] 在港口建设方面，虽然天津和唐山之间似乎存在着竞争，但随着顶层设计的推进，可以化竞争为合作，共同推动临港经济成为城市群新的增长点。[②]

（六）秉承绿色生态发展理念，实现生态环境共治共享

良好的生态环境是世界级城市群的重要特征，也是城市群发展的立身之本。京津冀城市群自然空间分异非常明显，因此更需要实施差别化发展战略，促进生态空间、生产空间、生活空间协调发展。京津冀城市群作为我国重要的城市群之一，所面临的生态环境问题也非常突出，需要各成员城市平衡自身利益，通力合作，参与到生态保护和治理的行动中来，实现生态环境的联防联控，确保整个区域内的生态环境治理取得成效。京津冀城市群的生产空间和生活空间主要集中在城市化地区，而且相互交织在一起，应按照人口资源环境相均衡、经济社会生态效益相统一的原则，打破行政区域限制，控制开发强度，调整空间结构，推动能源生产和消费革命，促进绿色循环低碳发展，加强生态环境保护和治理，扩大区域生态空间，促进生产空间集约高效、生活空间宜居适度、生态空间山清水秀。对于生态功能区，要坚持保护为主，合理选择发展方向，发展特色优势产业，加快建设重点生态功能保护区，探索推进横向生态补偿机制建设，确保生态功能的恢复和保护，逐步恢复生态平衡。

---

① 薄文广，陈飞，张玮．促进京津冀协同发展的四“点”建议［J］．中国国情国力，2015（1）．

② 秦婷婷．日本首都圈建设对我国京津冀协同发展的启示［J］．廊坊师范学院学报（自然科学版），2014（5）．

参考文献

毛艳华，李敬子，蔡敏容．大珠三角城市群发展：特征、问题和策略[J]．华南师范大学学报(社会科学版)，2014(5)：108－115.

柳天恩．京津冀协同发展：困境与出路[J]．中国流通经济，2015(4)：83－88.

薛惠娟，田学斌，高钟庭．加快推进京津冀世界级城市群建设——“加快京津冀城市群建设”专家座谈会综述[J]．经济与管理，2015，29；245(4)：10－13.

佚名．城市群：融合与较量[J]．创造，2012(4)：30 －32.

黄金川，陈守强．中国城市群等级类型综合划分[J]．地理科学进展，2015，34(3)：290－301.

贾若祥．京津冀城市群健康发展对策[J]．决策与信息旬刊，2014(10)：25－27.

李兰冰，郭琪，吕程．雄安新区与京津冀世界级城市群建设[J]．南开学报(哲学社会科学版)，2017(4)：22－31.

薄文广，陈飞，张玮．促进京津冀协同发展的四“点”建议[J]．中国国情国力，2015(1)：32－34.

秦婷婷．日本首都圈建设对我国京津冀协同发展的启示[J]．廊坊师范学院学报(自然科学版)，2014，14(5)：61－64.

京津冀区域空间结构优化及产业转移研究

常永智　何仁伟[①]

摘　要： 为全面推进京津冀产业协同发展，形成空间格局合理、各类产业优化配置的发展格局。基于新经济地理学的市场潜力模型，运用京津冀各城市2009—2015年数据定量分析了京津冀各城市的市场潜力、市场潜力贡献份额及市场潜力差距，得出如下结论：1）京津冀区域市场潜力空间格局以京津为中心，由内向外递减，可分为3个等级：北京和天津地区市场潜力最高，廊坊、唐山、保定、沧州和石家庄次之，秦皇岛、邯郸、邢台、衡水、承德和张家口最低；2）廊坊、唐山、保定、沧州、承德和张家口地区的市场份额主要来自京津，与京津联系最密切；3）河北和京津市场潜力差距有逐步扩大的趋势。因此要实现京津冀地区的协调发展，必须充分发挥京津的辐射带动作用，有选择地把京津一些产业向河北转移。基于此，采用产业区位商模型，对京、津、冀三地的产业状况进行了实证研究，结合京津冀城市群发展目标和定位，从可能性和可行性角度对北京的产业转移区位选择和产业转移路径问题进行了探析。

关键词： 京津冀协同发展　空间格局　市场潜力模型　区位商　产业转移

---

① 常永智，博士后，中科院地理科学与资源研究所助理研究员。何仁伟，北京市社会科学院市情调研中心副研究员，博士，北京世界城市研究基地专职研究员。

一、引言

推动京津冀协同发展，是党中央、国务院在新的历史条件下作出的重大战略决策部署，是一项重大国家战略。2014 年 12 月京津冀协同发展被明确定位为国家重点实施的三大空间战略之一。2015 年 4 月 30 日，中共中央通过《京津冀协同发展规划纲要》，纲要提出，在疏解北京非首都功能、优化首都核心功能的同时，要强化京津双城联动，壮大提升石家庄、保定、唐山、秦皇岛、沧州等区域性中心城市功能，建设以首都为核心、生态环境良好、经济文化发达、社会和谐稳定的世界级城市群。京津冀区域（见图 1［1］）是继长三角、珠三角之后，又一个经济增长极，是我国政治、经济、文化中心。然而，在发展过程中，仍暴露出两个突出问题：首先，区域经济整体实力不强，在人均生产总值和人均可支配收入方面，京津冀远不及长三角和珠三角；其次，区域内部发展失衡，在人均生产总值、人均可支配收入、产业布局等方面，河北省远不及京、津两市，中心城市的辐射带动作用，在京津也未能充分发挥。而京津冀地区空间结构不合理，核心城市过度集中是导致其发展落后于长三角和珠三角的重要原因之一。面对突出的问题和新的要求，通过产业转移促进京津冀空间结构优化，是破解难题的关键。

区域空间结构是地区之间经济发展关系的空间映射，同时也直接影响区域经济发展的水平和效率。20 世纪二三十年代，便开始了对区域空间结构优化的研究 ，主要立足区域发展，探讨城镇发展的空间集聚与扩散的过程与模式，城镇之间相互作用的条件与模式，城镇规模的扩大和城镇等级规模的形成及其空间分布等一般规律。国外关于空间结构较为成熟的基础理论主要有中心地理论、增长极理论、空间相互作用理论、空间扩散理论、点轴发展理论等，新经济地理学的出现，对于地区空间格局的研究给出了新的研究视角。

产业转移是指一个国家或地区的某些产业向其他国家或地区转移的现象或过程，对其研究已有丰富的积累，并初步形成了 3 条研究路径，即比

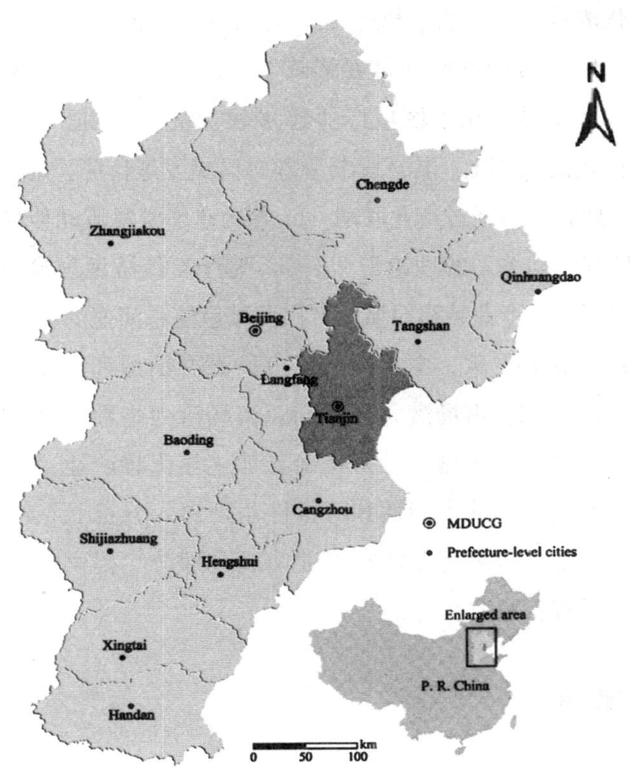

图1　京津冀城市群区域及其区位

较优势、新经济地理学和对外投资，为产业转移的研究奠定了理论基础。在我国，区域经济一体化进程不断加快，区域经济活动中产业转移成为常态，客观上有利于产业结构的转型升级和要素在空间上的优化配置，从而促进区域协调发展。从地理空间上看，国内主要聚焦于三大地带或四大板块间、省级区域间以及省级内部城市间对产业转移开展研究，并积极探索区域间产业转移的本质。

产业转移通常是指经济活动在空间上的移动，以及对区域空间结构产生的各种影响。国内一些研究产业转移与区域经济空间布局关系的学者，立足于我国区域发展的当前实际，主张通过科学的产业转移，从而优化区域经济空间布局。国内学术界关于产业转移与空间结构优化关系的研究并不多，比较有代表性的主要有，Pang 运用梯度转移理论，提出了应当将产业转移作为推动区域协调发展的重要形式。Liu 研究中提出在区域经济协调发展和区域经济格局优化中区域产业转移起着重要作用。Zheng 等在研究资源环境一体化的基础上，深入分析京津冀区域发展特征，提出实现京津冀区域可持续发展，可以通过产业联动。Li 等构建了要素流动传导下产业结构优化与产业转移互动关系的理论模型。Guo 基于新经济地理模型框架，系统分析了劳动力流动、产业转移对城市产出及城市体系演变的影响机理。

通过梳理以上相关文献，本文拟借鉴市场潜力模型和产业区位商，通过计算京津冀地区的综合市场潜力和各产业市场潜力指数，分析京津冀空间分布格局，通过区位商模型，分析得出各地主导优势产业，并结合京津冀区域发展目标和定位，从可能性和可行性角度深入分析北京产业转移的区位选择和路径问题。以期为京津冀产业实现合理分工提供数据支撑，为优化区域空间格局提供科学依据。

二、模型构建

（一）市场潜力模型

为了表示生产地区位对市场依赖的通达程度，美国地理学家 Harris 提出了市场潜力模型[28]。该模型中市场通达程度采用市场潜力指数表示，其表达公式为

$$M_j = \sum_k Y_k g(D_{jk}) \tag{1}$$

式中：M_j ——j 地区市场潜力；

D_{jk} ——j 地、k 地间的距离；

$g(D_{jk})$ ——距离衰减函数；

Y_k —— k 地的购买力。

该模型中，Y_k 和 M_j 成正比，M_j 与 D_{jk} 呈反比。

Krugman 于 1991 年提出的“中心－外围”模型，该模型与市场潜力模

型中给出的工资水平相类似。

$$W_j = \sum_k [Y_k (T_k e^{-\tau D_{jk}})^{\sigma-1}]^{1/\sigma} \qquad (2)$$

式中: W_j ——j 地工资;

T_k ——运输成本系数［出厂价（FOB）到交货价（CIF）］;

D_{jk} ——j 地、k 地间的距离;

Y_k —— k 地实际购买力;

σ ——产品的不变替代弹性;

τ ——运输成本。

在新经济地理学的基础上 Fujita 于 2000 年构建了新的的市场潜力指数表达式，此表达式也成为现在常用的市场潜力模型:

$$\Omega(j) = \sum_{h=1}^{l} \left[\frac{\alpha E_h T_x (j,h)^{-(\mu+1)}}{\sum_{k=1}^{l} n_k \{W_k^{1-\beta} \Gamma(k)^{\beta} T_x(k,h)\}^{-\mu}} \right] \qquad (3)$$

式中: $\Omega(j)$ ——j 地区市场潜力;

E_h —— h 地的购买力;

n_k —— k 地的产品种类;

W_k — k 地的工资;

α ——市场分配份额;

β , μ ——产品替代参数;

$T_x(j,h)$ ——运输成本系数［出厂价（FOB）到交货价（CIF）］;

$\Gamma(k)$ —— k 地价格指数。

该模型中，Harris 模型被作为分子部分，空间竞争程度被添加为分母部分，代表 h 地给企业提供市场（j 地和其他地区）。

（二）区位商模型

Haggett 在区域内优势产业情况分析中首先提前区位商，也称为专门化率。区位商是用来判断区域产业竞争力及主导优势产业的重要指标，用来衡量地区某行业专业化程度和集中性程度，它是区域内产业产值占全国产业产值的一种比例关系，公式如式（4）所示：

$$LQ_{ij} = \frac{L_{ij}/\sum_{j=1}^{m} L_{ij}}{\sum_{i=1}^{n} L_{ij}/\sum_{i=1}^{n}\sum_{j=1}^{m} L_{ij}} \tag{4}$$

式中：LQ_{ij} ——区位商（i 地区 j 产业）（$i=1$，2，3，…，n；$j=1$，2，3，…，m）；

i——第 i 个地区；j——第 j 个产业；L_{ij} ——产出指标（i 地区 j 产业）。

当 $LQ_{ij} > 1$ 时，说明产业专业化程度在该地区较高，发展较快，规模较大，产业较为集中，超过全国水平，有比较优势。LQ_{ij} 越大，表明比较优势越大，专业化程度越高。$LQ_{ij} < 1$ 时，说明该地区产业专业化程度低，产业规模处于弱势，低于全国水平，不能满足本区域的需求，产品或服务需要由区域外供给。$LQ_{ij} = 1$ 时，说明产业的专业化程度和全国水平相持平，供给能力正好和当地发展需求相持平。

三、京津冀地区综合市场潜力分析

（一）数据来源

研究中使用的数据来源于2009—2015 年北京、天津和河北三地经济统计年鉴，替代变量市场购买力、土地价格、产品种类、劳动力工资和成本参照文献，分别对应为社会消费品零售额、商品房销售平均价格、工业企业上规模个数、职工平均工资。用指数 $T = e^{\tau D_{jk}}$ 表示运输因子。式中，τ ——单位运费；按常数 0.095 元 · t^{-1} · km 计算运输成本；D_{jk} ——距离（j 地到 k 地），主要采用两城市之间公路时间距离、普通铁路时间距离、高铁时间距离求算术平均数来得到各城市之间的时间距离（结果见表 1）；替代弹性参数取 $\mu = 3.5, \beta = 0.3$；消费支出份额衰减函数 $\alpha = 5 * e^{-0.002 * D_{jk}}$，表示运输流量随空间距离变化。

表 1　京津冀各城市之间的时间距离

（单位：小时）

	北京	天津	唐山	石家庄	廊坊	保定	邯郸	沧州	邢台	秦皇岛	张家口	衡水	承德
北京	0.00	1.21	1.55	2.41	0.69	1.34	3.49	1.81	3.24	2.68	2.89	3.00	3.55
天津	1.21	0.00	1.05	3.91	0.66	2.44	5.56	0.87	5.11	2.28	4.61	3.08	4.51
唐山	1.55	1.05	0.00	5.08	2.26	3.69	5.19	2.17	6.39	1.37	4.88	4.40	2.65
石家庄	2.41	3.91	5.08	0.00	3.91	1.18	1.26	3.26	0.91	6.30	5.74	1.63	7.56
廊坊	0.69	0.66	2.26	3.91	0.00	1.35	5.51	1.37	4.97	4.01	3.98	3.61	5.34
保定	1.34	2.44	3.69	1.18	1.35	0.00	2.32	3.28	2.01	4.86	4.23	2.42	6.33
邯郸	3.49	5.56	5.19	1.26	5.51	2.32	0.00	5.38	0.52	8.56	7.53	3.38	9.27
沧州	1.81	0.87	2.17	3.26	1.37	3.28	5.38	0.00	3.97	4.78	6.27	2.14	5.82
邢台	3.24	5.11	6.39	0.91	4.97	2.01	0.52	3.97	0.00	8.49	7.12	2.74	8.82
秦皇岛	2.68	2.28	1.37	6.30	4.01	4.86	8.56	4.78	8.49	0.00	6.13	6.31	4.12
张家口	2.89	4.61	4.88	5.74	3.98	4.23	7.53	6.27	7.12	6.13	0.00	5.87	6.16
衡水	3.00	3.08	4.40	1.63	3.61	2.42	3.38	2.14	2.74	6.31	5.87	0.00	7.62
承德	3.55	4.51	2.65	7.56	5.34	6.33	9.27	5.82	8.82	4.12	6.16	7.62	0.00

将 2009—2015 年数据带入公式（3），得出表 2 中京津冀地区城市市场潜力指数；为了对京津冀各城市的市场潜力影响因素进行分析，采用 2015 年数据对京津冀中每个城市的市场潜力贡献率进行计算（表 3）。

表 2　2009—2015 年京津冀地区市场潜力指数

年份	2009	2010	2011	2012	2013	2014	2015
北京	20.75	27.01	46.60	53.55	58.37	61.19	69.02
天津	12.85	17.96	31.27	38.35	42.46	49.57	57.68
唐山	8.33	11.75	20.98	29.58	36.80	40.03	49.25
石家庄	5.88	7.79	13.16	16.46	20.08	25.54	30.08
廊坊	11.93	16.75	30.02	35.92	40.84	45.79	49.83
保定	6.79	9.23	15.91	20.18	25.46	29.92	37.38
邯郸	4.56	5.98	9.90	11.39	13.96	16.54	19.11
沧州	6.17	8.49	14.78	19.62	23.80	28.97	34.15
邢台	4.41	5.76	9.61	9.84	11.88	13.94	15.98
秦皇岛	4.13	5.73	10.25	12.08	15.05	18.01	20.97

续表

年份	2009	2010	2011	2012	2013	2014	2015
张家口	3.80	5.19	8.87	15.47	19.01	22.55	26.09
衡水	3.92	5.51	9.23	10.77	13.33	15.88	18.44
承德	3.47	4.81	8.35	9.67	12.01	14.35	16.69

表 3　2015 年京津冀地区市场潜力贡献率

（单位：%）

	北京	天津	唐山	石家庄	廊坊	保定	邯郸	沧州	邢台	秦皇岛	张家口	衡水	承德
北京	79.61	8.44	2.71	1.28	2.69	1.98	0.17	0.71	0.15	0.46	1.01	0.21	0.58
天津	31.12	47.51	9.01	0.74	3.24	2.01	0.33	3.15	0.28	1.03	0.45	0.61	0.52
唐山	29.49	21.68	35.81	1.20	1.85	1.46	0.10	0.63	0.08	4.86	0.51	0.29	2.04
石家庄	15.06	5.21	0.65	54.42	2.01	6.58	7.10	2.04	4.01	0.16	0.43	0.13	2.20
廊坊	65.21	18.02	2.41	0.81	8.03	3.26	0.04	1.91	0.03	0.06	0.04	0.02	0.16
保定	40.21	14.26	1.94	10.2	1.83	22.64	2.01	3.96	1.86	0.21	0.39	0.14	0.35
邯郸	5.12	2.49	0.24	21.60	0.39	2.49	44.57	1.05	18.66	0.12	0.24	2.95	0.08
沧州	28.37	32.11	4.05	5.21	4.36	5.66	1.20	13.71	0.91	0.70	0.36	3.01	0.35
邢台	7.21	3.16	0.48	23.38	0.41	3.01	23.89	0.14	34.61	0.16	0.34	3.10	0.11
秦皇岛	21.03	12.49	14.66	0.36	1.46	0.76	0.07	0.91	0.06	46.38	0.31	0.12	1.39
张家口	43.22	5.38	2.04	0.96	1.57	1.36	0.21	0.55	0.19	0.29	43.3	0.71	0.22
衡水	28.8	13.01	0.19	17.02	2.99	8.22	6.45	7.11	4.29	0.32	0.36	10.93	0.31
承德	37.01	8.68	12.05	0.61	1.62	2.01	0.09	2.66	0.08	2.34	0.97	0.21	31.67

（二）综合市场潜力空间分布格局分析

从表 2 京津冀地区市场潜力指数分析可以看出，市场潜力呈现出以京津为中心，由内向外递减空间的分布趋势，可分为 3 个等级。

第一等级：北京和天津两个城市的市场潜力最高，其市场潜力指数相对值为 50 ~ 70。北京、天津是全国经济发达地区，具有便利交通，雄厚资金，产业竞争能力强，技术、人才聚集的优势条件，这些条件决定了在区域内京津两地在市场潜力中的绝对优势地位。在以后发展中，京津两地应将自身优势产业进一步强化，同时发挥其自身的辐射带动作用，带动整个京津冀区域经济发展。

第二等级：北京和天津周边的城市石家庄、唐山、廊坊、沧州和保定，其市场潜力指数相对值为 30 ~ 50。虽然廊坊自身市场规模表现较弱，只占 8.03%，但其紧邻北京，区位优势良好，更容易接受来自北京市场的辐射，65.21% 市场份额来自北京，仅次于京津的市场潜力。下一步廊坊应充分发挥其区位优势、市场潜力和成本优势，有效承接来自北京的产业转移，将廊坊打造成为北京产业体系重要组成部分。沧州、保定和唐山的经济基础较好，具备一定市场规模，在河北省各城市中处于前列，而且在北京和天津的周边，有便利的交通条件，能够接受来自北京和天津的辐射。从表 3 中的数据分析可以看出，沧州、保定、唐山三市在京津的市场份额中分别占 60.48%、54.47%、51.17%，说明京津与三个城市之间的市场联系密切，它们可以作为重点区域承接北京、天津产业转移，应结合城市本身的优势条件积极承接北京、天津转移的产业。石家庄本地市场份额为 54.42%，其市场潜力来自于当地市场，表明石家庄的经济规模较好，以后应根据自身的优势产业重点去发展，同时发挥辐射带动作用带动冀南区域的发展。

第三等级：市场潜力指数相对值低于 30 的衡水、邢台、邯郸、秦皇岛和交通不便，张家口、承德距北京、天津较远。其中，邢台、邯郸本地市场份额分别为 34.61%、44.57%，说明两地本身的市场规模和经济基础较好，两地距离北京和天津较远，受北京和天津的辐射较弱，京津两地的占邢台、邯郸两地的市场份额仅为 10.37% 和 7.61%。但省会城市石家庄距离衡水、邢台、邯郸较近，经济联系较强，石家庄占衡水、邢台和邯郸三地市场份额分别为 17.02%、23.38%、21.60%，所以，衡水、邢台、邯郸三地的产业发展应依赖省会城市市场的辐射带动。张家口和承德作为北京的生态屏障，两地的产业发展受到一定约束，两地经济基础比较薄弱，市场规模较小，但张家口和承德区位优势相对明显，北京对张家口、承德两地的市场贡献率分别为 43.22% 和 37.01%。因此，张家口和承德在未来发展中应该加强基础设施建设，重点承接北京生态环保产业的转移。

（三）综合市场潜力发展趋势分析

由表 4 和表 5 分析可知，京津冀 2009—2015 年市场潜力指数呈现增长态势，但京津与河北城市的市场潜力指数差距呈扩大趋势，河北与北京的市场潜力指数 2009 年的差距为 8～18，到了 2011 年为 16～39，2013 年为 17～47，2015 年为 17～54，由于市场潜力受自我强化作用影响，河北各城市与北京、天津的经济差异有被进一步拉大的可能。

表 4　2009—2015 年河北省各城市与北京的市场潜力差距

年份	2009	2010	2011	2012	2013	2014	2015
唐山	12. 42	15. 26	25. 62	23. 97	21. 57	21. 16	19. 77
石家庄	14. 87	19. 22	33. 44	37. 09	38. 29	35. 65	38. 94
廊坊	8. 82	10. 26	16. 58	17. 63	17. 53	15. 40	17. 29
保定	13. 96	17. 78	30. 69	33. 37	32. 91	31. 27	31. 64
邯郸	16. 19	21. 03	36. 70	42. 16	44. 41	44. 65	49. 91
沧州	14. 58	18. 52	31. 82	33. 93	34. 57	32. 22	34. 87
邢台	16. 34	21. 25	36. 99	43. 71	46. 49	47. 25	53. 04
秦皇岛	16. 62	21. 28	36. 35	41. 47	43. 32	43. 18	48. 05
张家口	16. 95	21. 82	37. 73	38. 08	39. 36	38. 64	42. 93
衡水	16. 83	21. 50	37. 37	42. 78	45. 04	45. 31	50. 58
承德	17. 28	22. 20	38. 25	43. 88	46. 36	46. 84	52. 33

表 5　2009—2015 年河北省各城市与天津的市场潜力差距

年份	2009	2010	2011	2012	2013	2014	2015
唐山	4. 52	6. 21	10. 29	8. 77	5. 66	9. 54	37. 91
石家庄	6. 97	10. 17	18. 11	21. 89	22. 38	24. 03	18. 74
廊坊	0. 92	1. 21	1. 25	2. 43	1. 62	3. 78	40. 39
保定	6. 06	8. 73	15. 36	18. 17	17. 00	19. 65	26. 04
邯郸	8. 29	11. 98	21. 37	26. 96	28. 50	33. 03	7. 77
沧州	6. 68	9. 47	16. 49	18. 73	18. 66	20. 60	22. 81
邢台	8. 44	12. 20	21. 66	28. 51	30. 58	35. 63	4. 64
秦皇岛	8. 72	12. 23	21. 02	26. 27	27. 41	31. 56	9. 63

续表

年份	2009	2010	2011	2012	2013	2014	2015
张家口	9.05	12.77	22.40	22.88	23.45	27.02	14.75
衡水	8.93	12.45	22.04	27.58	29.13	33.69	7.10
承德	9.38	13.15	22.92	28.68	30.45	35.22	5.35

综合以上分析可知，京津与河北的市场潜力差距较大，而且在未来发展中这种差距有逐步扩大的态势。因此要实现京津冀优势互补、协调发展，应当充分发挥北京、天津与河北各城市如沧州、唐山、保定、廊坊、张家口和承德的经济联系，加强京、津两地的辐射作用，同时将京津地区的一些产业有选择地向河北转移。然而北京哪些重点产业转移，适合转移到河北城市，需将各城市产业分工状况进行更深入研究，月以说明各城市自身的主导产业和优势产业，以期为京津冀产业实现合理分工提供数据支撑，为优化区域空间格局提供科学依据。

四、京津冀地区产业转移分析

（一）京津冀地区产业区位商测算

区域经济一体化协调发展，离不开区域主导产业的确立与选择，主导产业往往对其他产业发展起到引导作用。主导产业有很强的导向性，它可以凭借先进技术主导产业带动其他产业发展。主导产业随着政策环境与经济的发展变化。针对京、津、冀三地的优势产业和主导产业，本书采用区位商指标进行计算分析。

通过 2009—2015 年中国统计年鉴和京津冀各城市统计年鉴，通过全国与各地历年三次产值数据，对区域内三次产业区位商进行计算，计算结果见表 6。从表中数据分析可知，京、津、冀三地各城市产业区位商差异较大，且优势产业与主导产业不同。2009—2015 年北京的第三产业区位商的计算值均大于 1.5，且 2009—2012 年达到 1.7 的高水平，由此可以说明北京在第三产业上具有较高的专业化优势，是北京的主导产业，其专业化程度远高于天津和河北。天津市区位商计算中，第二产业和第三产业的区位商值均大于1，具有一定的产业优势，且天津的第二产业区位商要高于北京和河北，在三地的产业体系中具备专业化的竞争力。河北省的区位商分析表明，河北的第一产业和第二产业具备产业优势，其区位商值均大于1，河北的第一产业好于北京和天津，体现了专业化竞争力，然而区位商分析也可以看出，河北的第三产业滞后，缺乏竞争力。

表6　2009—2015 年京津冀三次产业区位商

年份	北京			天津			河北		
	一产	二产	三产	一产	二产	三产	一产	二产	三产
2009	0. 097	0. 500	1. 716	0. 178	1. 155	1. 024	1. 309	1. 130	0. 793
2010	0. 093	0. 509	1. 713	0. 169	1. 136	1. 041	1. 326	1. 128	0. 790
2011	0. 090	0. 486	1. 730	0. 151	1. 133	1. 046	1. 263	1. 149	0. 785
2012	0. 090	0. 490	1. 701	0. 139	1. 143	1. 039	1. 279	1. 150	0. 780
2013	0. 089	0. 494	1. 659	0. 139	1. 153	1. 029	1. 281	1. 151	0. 776
2014	0. 078	0. 495	1. 629	0. 137	1. 146	1. 038	1. 292	1. 154	0. 777
2015	0. 067	0. 481	1. 591	0. 140	1. 141	1. 040	1. 301	1. 160	0. 803

（二）京津冀产业行业分析

为了对京津冀工业主导产业进一步细化，依据2015 年中国统计年鉴和京津冀各城市统计年鉴，对京津冀工业领域细分的 40 个行业区位商进行了测算，计算结果见表7。

表7　2015 年京津冀工业分行业区位商测算

行业	北京	天津	河北
煤炭开采和洗选业	—	1. 546	1. 093
石油和天然气开采业	—	3. 602	0. 498
黑色金属矿采选业	0. 708	2. 681	5. 892
有色金属矿采选业	—	—	0. 159
非金属矿采选业	—	0. 079	0. 511
开采辅助活动	7. 099	1. 981	—

续表

行业	北京	天津	河北
农副食品加工业	0.351	0.559	0.792
食品制造业	0.819	2.341	1.133
饮料制造业	0.659	0.381	0.682
烟草制品业	—	—	0.452
纺织业	0.024	0.160	1.018
纺织服装、服饰业、鞋帽制造业	0.329	0.636	0.462
皮革、毛皮、羽毛及其制品业	0.039	0.209	2.194
木材加工及木、竹、藤、棕、草制造业	0.069	0.060	0.468
家具制造业	0.681	0.561	0.869
造纸及纸制品业	0.282	0.631	0.862
印刷和记录媒介复制业	0.959	0.563	1.043
文教、工美、体育和娱乐用品制造业	0.488	1.291	0.764
石油加工、炼焦及核燃料加工业	1.094	1.459	1.229
化学原料及化学制品制造业	0.241	0.632	0.791
医药制造业	1.708	0.881	0.727
化学纤维制造业	—	0.098	0.297
橡胶和塑料制品业	0.191	0.740	1.049
非金属矿物制品业	0.423	0.249	0.801
黑色金属冶炼及压延加工业	0.091	2.889	4.014
有色金属冶炼及压延加工业	0.091	0.826	0.259
金属制品业	0.498	1.482	1.763
通用设备制造业	0.646	1.002	0.698
专用设备制造业	0.961	1.169	1.002
汽车制造业	3.519	1.261	0.752
铁路、船舶、航空航天和其他运输设备制造业	1.187	2.246	0.649
电气机械及器材制造业	0.698	0.629	0.704
计算机、通信和其他电子设备制造业	1.419	1.123	0.136
仪器仪表制造业	1.862	0.392	0.284
其他制造业	1.709	1.679	0.538
废弃资源综合利用业	0.101	2.006	0.543
金属制品、机械和设备修理业	4.271	0.902	0.582

续表

行业	北京	天津	河北
电力、热力生产和供应业	4. 539	0. 572	1. 169
燃气生产和供应业	4. 440	0. 781	0. 759
水的生产和供应业	2. 301	1. 052	0. 595

由表 7 京津冀工业分行业区位商测算表可知，主导优势产业中河北、天津、北京的数量分别为 12、16 和 12，京津冀三地主导产业分布见表 8。北京的工业主导产业集中在技术密集型产业：电子设备、医药、汽车、交通运输等，以及市政等社会公共服务：燃气、水、电、热供应方面。天津的主导产业分析中可以看出，天津在传统制造业和技术密集型产业方面都有所涉及。河北的主导产业主要集中在劳动力密集型的传统制造业和食品、纺织、金属冶炼等资源产业。从表 9 京津冀重合主导产业分析中可见，北京和天津有 6 个产业相互重合，北京和河北有 1 个产业相互重合，天津和河北有 5 个产业相互重合，京、津、冀三地有 1 个产业相互重合。总体来看，北京和天津主导产业集中在技术密集型产业现代制造业，重合度较高，而北京和河北的主导产业重合度较低。在京津冀协同发展战略的推动下，三地要不断优化调整产业结构，提高产业专业化水平和产业分工，通过产业转移，降低区域内主导产业重合度，摒除区域内产业竞争的恶性循环。河北也要抓住京津冀协同发展的契机，承接京津两地的产业转移，尤其是北京项目的产业转移，进而促进京津冀区域的经济和产业的协同发展。

表 8　京津冀三地工业主导产业分布

地区	主导产业
北京	铁路、船舶、航空航天和其他运输设备制造业；开采辅助活动；医药制造业；金属制品、机械和设备修理业；石油加工、炼焦和核燃料加工业；汽车制造业；计算机、通信和其他电子设备制造业其他制造业；仪器仪表制造业；电力、热力生产和供应业；水的生产和供应业；燃气生产和供应业

续表

地区	主导产业
天津	黑色金属矿采选业；煤炭开采和洗选业；金属制品业；黑色金属冶炼和压延加工业；食品制造业；石油和天然气开采业；文教、工美、体育和娱乐用品制造业；石油加工、炼焦和核燃料加工业；开采辅助活动；专用设备制造业；汽车制造业；计算机、通信和其他电子设备制造业；其他制造业；铁路、船舶、航空航天和其他运输设备制造业；水的生产和供应业；废弃资源综合利用业
河北	黑色金属矿采选业；金属制品业；文教、工美、体育和娱乐用品制造业；橡胶和塑料制品业；煤炭开采和洗选业；石油加工、炼焦和核燃料加工业；纺织业；食品制造业；皮革、毛皮、羽毛及其制品业；印刷和记录媒介复制业；电力、热力生产和供应业；黑色金属冶炼和压延加工业

表9　京、津、冀三地重合主导产业一览

地区	重合主导产业
京津	计算机、通信和其他电子设备制造业；铁路、船舶、航空航天和其他运输设备制造业；其他制造业；开采辅助活动；水的生产和供应业；汽车制造业
京冀	电力、热力生产和供应业
津冀	食品制造业；黑色金属矿采选业；黑色金属冶炼和压延加工业；金属制品业；煤炭开采和洗选业
京津冀	石油加工、炼焦和核燃料加工业

（三）京津冀产业转移行业选择

京津冀整体定位要秉承三省市“一盘棋”的思想，凸显相辅相成、错位发展和功能互补；京津冀三地要增强整体性，围绕区域整体定位，符合京津冀长远发展的战略需要。《京津冀协同发展规划纲要》（以下简称《规划》）指出，北京市被定位为“全国政治中心、国际交往中心、科技创新中心、文化中心”；天津市定位为“全国先进制造研发基地、改革开放先行区、金融创新运营示范区、北方国际航运核心区”；河北省定位为“全国现代商贸物流重要基地、京津冀生态环境支撑区、新型城镇化与城乡统筹示范区和产业转型升级试验区”。

北京市是总部经济，这是北京的重要的经济特征之一，发展服务经济是其主体与优势所在。信息技术、文化、金融等是北京的主导产业，所以制造业规模势必被缩小。天津是国内先进制造业的研发中心，在制造业各个方面均处于全国领先水平，且研发实力世界一流。针对我国的制造业规模世界第一，但却不是制造业强国的现状，天津在制造业发展中应瞄准国际趋势，充分挖掘利用自身研发力量和科技资源，打造高端制造业的品牌，在装备制造领域形成具有强大世界级竞争力重点产业链和产业体系，成为国家级新型产业聚集区和工业化产业示范基地。

石家庄处在二级交通轴沿线，是河北省的省会城市，在皮革、毛皮、羽毛（ 绒）及其制品业，纺织服装、鞋、帽制造业和纺织业方面有明显的优势。渤海湾海岸线中间区段沧州、唐山和秦皇岛三市区位条件优势明显。其中，沧州作为国内第三座化工城，化学工业（化学原料及化学制品制造业）的发展是沧州的主导产业选择。唐山应结合资源禀赋优势，发展黑色金属冶炼及压延加工业。秦皇岛应结合当地现有产业，充分发挥食品制造业和金属制品业的优势。保定市在农副食品加工业、橡胶和塑料制品业、造纸及纸制品业等方面的具有显著的优势。廊坊毗邻北京和天津，是北京人口疏解和产业转移的重要方向，廊坊的食品制造业和文教、工美、体育和娱乐用品制造业凸显优势。衡水是我国北方代表性发展轻工业的城市，在皮革、毛皮、羽毛及其制品业和农副食品加工业方面相对于京津冀其他城市优势明显。邯郸和邢台同属于资源型城市和老工业基地，所以依赖于资源型产业黑色金属冶炼及压延加工业，在邯郸和邢台发展尤为合适，此外，两市在纺织业的方面优势突出。张家口的农副食品加工业和通用设备制造业发展较好，具备一定的优势。承德市的矿产资源尤为丰富，当地的黑色金属矿采选业、黑色金属冶炼压延业技术力量雄厚，生产经验丰富和生产设备先进，同时承德的食品饮料制造业方面有相当的区域环境优势。

规划指出，推动京津冀协同发展的战略核心是有序的进行北京非首都功能的疏解，结合表 9 及以上的分析，对北京的产业转移路径进行分析，结果如表 10 所示。

表 10　北京产业转移路径选择

序号	行业	地区
1	废弃资源综合利用业	天津
2	有色金属冶炼及压延加工业	天津
3	食品制造业	廊坊、承德、秦皇岛、天津
4	黑色金属冶炼及压延加工业	邢台、邯郸、唐山、承德
5	皮革、毛皮、羽毛及其制品业	衡水、石家庄
6	橡胶和塑料制品业	保定
7	文教、工美、体育和娱乐用品制造业	廊坊
8	黑色金属矿采选业	承德
9	化学原料及化学制品制造业	沧州
10	纺织服装、鞋、帽制造业	邯郸、邢台、石家庄
11	农副食品加工业	张家口、承德、衡水、保定
12	金属制品业	秦皇岛
13	饮料制造业	承德
14	造纸及纸制品业	保定

五、研究结论

根据新经济地理学理论，采用市场潜力模型，首先计算分析了京津冀各城市的的市场潜力、市场潜力贡献份额及市场潜力差距。而后，用产业区位商模型，得出各地主导优势产业，结合京津冀城市群发展目标和定位，从可能性和可行性角度对北京地区产业转移区位选择和路径问题进行了探析。得出了以下结论：

（1）2009—2015 年，京津冀区域市场潜力呈现以京津为中心，由内向外递减空间分布趋势，可分为 3 个等级。北京和天津两个城市的市场潜力最大，在区域中占绝对主导地位，为第一等级城市；廊坊、唐山、保定、沧州和石家庄为第二等级城市；秦皇岛、邯郸、邢台、衡水、承德和张家口为第三等级；京、津两市对河北省各地级市的辐射能力强，极化效应也日益突出。京津冀的市场潜力整体表现为增长态势，但京津与河北的市场潜力差距较大，而且在以后的发展中这种差距有逐步扩大的态势。因此要推动京津冀协调发展战略，要实现京津冀优势互补、协调发展，应当充分发挥北京、天津与河北各城市的经济联系，加强京津两地的辐射作用，同时京津地区的一些产业有选择地向河北转移。

（2）京、津、冀三地区位商存在显著的差异，三地的优势产业与主导产业不同。北京主导产业是第三产业。天津市在第二产业和第三产业上均有优势。河北省在第一和第二产业上存在产业优势，但第三产业滞后，缺乏地区竞争力。北京和天津主导产业集中在技术密集型产业现代制造业，重合度较高，而北京和河北的主导产业重合度较低。三地要不断优化调整产业结构，提高产业专业化水平和产业分工，通过产业转移，降低区域内主导产业重合度，河北要抓住京津冀协同发展的契机，承接京、津两地的产业转移，尤其是北京项目的产业转移，促进京津冀产业协同发展。

（3）总部经济是北京的重要的经济特征之一，发展服务经济是其主体优势所在。信息技术、文化、金融等是北京的主导产业，所以制造业规模势必被缩小。针对我国的制造业规模世界第一，但却不是制造业强国的现状，天津在制造业发展中应瞄准国际趋势，充分挖掘利用自身研发力量和科技资源，打造高端制造业的品牌，在装备制造领域形成具有强大世界级竞争力重点产业链和产业体系，成为国家级新型产业聚集区和工业化产业示范基地。结合京津冀规划，河北省各城市应在北京非首都功能疏解中，结合自身优势和特点重点承接北京的产业转移，其中食品制造业的承接城市为廊坊、承德、秦皇岛；黑色金属冶炼及压延加工业承接地为邢台、邯郸、唐山、承德；皮革、毛皮、羽毛及其制品业为衡水、石家庄；橡胶和塑料制品业和造纸及纸制品业承接城市为保定；廊坊承接文教、工美、体育和娱乐用品制造业；承德承接黑色金属矿采选业和饮料制造业；化学原料及化学制品制造业承接地为沧州；石家庄、邢台和邯郸承接纺织服装、鞋、帽制造业；农副食品加工业承接地为张家口、承德、衡水、保定；秦皇岛承接金属制品业。

参考文献

Zhang Y, Zheng H M, Yang Z F, Li Y X, Liu G Y, Su M R, Yin X N. Urban energy flow processes in the Beijing – Tianjin – Hebei (Jing – Jin – Ji) urban agglomeration: combining multi – regional input – output tables with ecological network analysis[J]. *Journal of Cleaner Production*, 2016, 114:243 – 256.

Li Z. The Affection of Implementing Environmental Policy Towards Beijing – Tianjin – Hebei Region[J]. International Journal of Environmental Protection and Policy, 2017, 5(3):43 – 47.

The State Council of the People's Republic of China. The Outline of Collaborative Development of Beijing, Tianjin and Hebei Province[EB/OL]. The central government portal website, http://www.gov.cn/xinwen/2015 – 07/12/content_2895589.htm.

Wang S G, Chen B. Energy – water nexus of urban agglomeration based on multiregional input – output tables and ecologic l network analysis: A case study of the Beijing – Tianjin – Hebei region[J]. *Applied Energy*, 2016, 178:773 – 783.

石敏俊，赵曌，金凤君．中国地级行政区域市场潜力评价[J]．地理学报，2007，62(10):1063 – 1072.

庞娟．产业转移与区域经济协调发展[J]．理论与改革，2000(3):82 – 83.

刘远柱．江苏省区域产业转移问题对策分析[J]．改革与战略，2008，24(7):96 – 98.

郑重，于光，周永章，高全洲．区域可持续发展机制响应：资源环境一体化中的京津冀产业转移研究．资源与产业，2009，11(2):26 – 29.

李春梅，李亚兵．产业结构优化与区际产业转移：理论与模型．兰州学刊，2015（11）：197 – 203.

郭力．劳动力流动、产业转移与城市化体系调整——基于新经济地理模型的分析及对策建议[J]．现代城市研究，2015（12）：42 – 47.

唐朝生，芦佩，樊少云，邓赛赛．京津冀城市群空间经济联系研究——基于修正引力模型[J]．燕山大学学报(哲学社会科学版)，2017，18(6):80 – 87.

京津冀产业协同发展路径研究

肖春来　王佳节①

摘　要： 京津冀协同发展已上升为国家重要发展战略，在京津冀一体化的大背景下，本文在分析比较京津冀地区内部产业结构的基础上，与国内外著名都市圈进行对比研究发现京津冀经济圈具有巨大的发展潜力。根据京津冀一体化发展战略、国家设立雄安新区的战略设想和国外著名都市圈产业发展的成功经验，本文构建了京津冀产业协同发展路径并对加快推进京津冀区域产业协同发展提出了相关建议。

关键词： 京津冀一体化　偏离—份额分析法　主导产业　产业协作

一、研究背景及意义

2014 年 2 月京津冀协同发展上升为国家重要发展战略，2015 年 4 月中共中央政治局审议通过《京津冀协同发展规划纲要》，2016 年 2 月印发实施的《“十三五”时期京津冀国民经济和社会发展规划》则标志着我国区域协调发展的顶层设计进入制度创新阶段。2017 年 4 月 1 日，中共中央决定设立雄安新区。雄安新区的战略定位是北京非首都功能疏解的集中承载地，这是以习近平同志为核心的党中央深入推进京津冀协同发展作出的重大决策部署，是继深圳经济特区和上海浦东新区之后又一具有全国意义的新区，是重大的历史性战略选择，是千年大计、国家大事。本文旨在结合津冀一体化的大背景研究京津冀地区如何结合现有条件更好地实现产业协

① 肖春来，北方工业大学教授；王佳节，北方工业大学硕士研究生。

同发展，这对加快推进京津冀一体化发展具有重要的意义，不仅能够实现区域均衡发展，还能够使京、津、冀三地通过产业一体化提升区域整体实力，使京津冀经济圈早日成为具有世界级影响力的国际大都市圈。

二、京津冀区域产业发展现状

（一）京津冀区域产业结构与国内外经济圈对比分析

以国内外经济圈作为参照系对比分析京津冀地区产业结构发展现状如下：

表 1　2015 年京津冀地区和国内经济圈产业结构基本情况①

指标＼地区		京津冀经济圈				长三角经济圈	珠三角经济圈
		北京	天津	河北	京津冀整体		
土地面积（万平方千米）		1.6	1.2	18.9	21.7	11	5.4
常住人口（万人）		2171	1547	7425	11142	10767	5616
人均 GDP（美元）		16990	17165	6445	9987	16850	17800
GDP 的三次产业比重（%）	第一产业	0.6	1.3	11.5	5.5	2.8	1.8
	第二产业	19.6	46.7	48.3	38.4	43.4	43.6
	第三产业	79.8	52	40.2	56.1	53.8	54.6
GDP（亿元）		22969	16538	29806	69313	113000	62267

表 2　国外都市圈产业结构基本情况②

指标＼地区	纽约都市圈	伦敦都市圈	东京都市圈	备注
土地面积（万平方千米）	13.8	4.5	10	家人均 GDP 数据采用的是 2014 年数据
常住人口（万人）	6500	3650	7000	
国家人均 GDP（美元）	54630	45603	36194	

① 数据来源：北京市统计局、天津市统计局、河北省统计局、2015 年长三角地区经济发展情况公报、广东省统计信息网、中国国家统计局。

② 数据来源：Bureau of General Affairs，Bureau of Economic Analysis 和国家统计局。

续表

指标 \ 地区		纽约都市圈	伦敦都市圈	东京都市圈	备注
地区生产总值占比（%）	第一产业	0.2	0	0	纽约都市圈的产业结构数据采用的是 2004 年的数据，伦敦都市圈产业结构数据用 2002 年伦敦市产业结构比重代替，东京都市圈产业结构用 2007 年东京市产业结构数据代替
	第二产业	13.2	12	15	
	第三产业	86.6	88	85	

通过对表 1 和表 2 的人均 GDP 和第三产业增加值占比这两个指标的分析，京津冀三次产业结构的发展现状可归纳为：①京津冀三地内部产业结构和经济发展水平差异较大。②京津冀地区和国内长三角、珠三角经济圈相比，其产业结构相差不大，但经济发展水平和长三角、珠三角经济圈的差异较大。③京津冀地区和国外著名经济圈相比，其产业结构和发展水平都有明显的差异，说明京津冀地区的产业结构和发展水平有着巨大的发展潜力。根据京津冀区域三次产业发展现状可知国家推进京津冀一体化是正确的，同时也表明推进京津冀一体化需要科学的规划和引导。

（二）京津冀区域三次产业发展现状分析

本节主要运用偏离 - 份额分析法对京津冀三次产业数据进行实证分析，选取京津冀区域整体的经济发展作为参照系，分别将北京、天津和河北作为三个子区域。在模型中，为区域经济增长，为区域增长份额，为产业结构偏离份额，为竞争力份额。其中，i 代表产业类别，在本文中 i = 1，2，3，分别表示第一产业、第二产业和第三产业；j 代表各个子区域，在本文中 j = 京，津，冀，分别代表北京地区、天津地区和河北地区。根据偏离 - 份额分析法的原理，这三个分量的关系是。

在分析的过程中，为了消除每年的经济波动对数据平稳性的影响和个别年份代表性较差造成的误差，本节采用静态和动态两种方法对数据进行分析，静态分析是将京津冀 2002—2016 年这 15 年数据划分为 2002—2009

年、2010—2016 年两个阶段，分别取其各自均值作为模型中的基期和报告期数据；动态分析是将 15 年的数据按照时间顺序分为 7 个小组，各组首尾相连且时间间隔为 3 年，同时设各组起始年为基期，结束年为报告期。

1. 北京市三次产业的偏离—份额分析

表 3　北京市三次产业偏离 – 份额分析

指标 \ 产业		第一产业	第二产业	第三产业	合计
区域增长份额	增量	150.61	3312.96	9069.97	12533.54
	增长率（%）	157.76	157.76	157.76	157.76
产业结构偏离份额	增量	-52.41	-361.83	1368.31	954.07
	增长率（%）	-54.9	-17.23	23.8	12.01
竞争力份额	增量	-50.92	-857.64	-910.68	-1819.24
	增长率（%）	-53.34	-40.84	-15.84	-22.9
总偏离份额	增量	-103.34	-1219.47	457.64	-865.17
	增长率（%）	-108.24	-58.07	7.96	-10.89
总变化	份额	47.27	2093.49	9527.61	11668.37

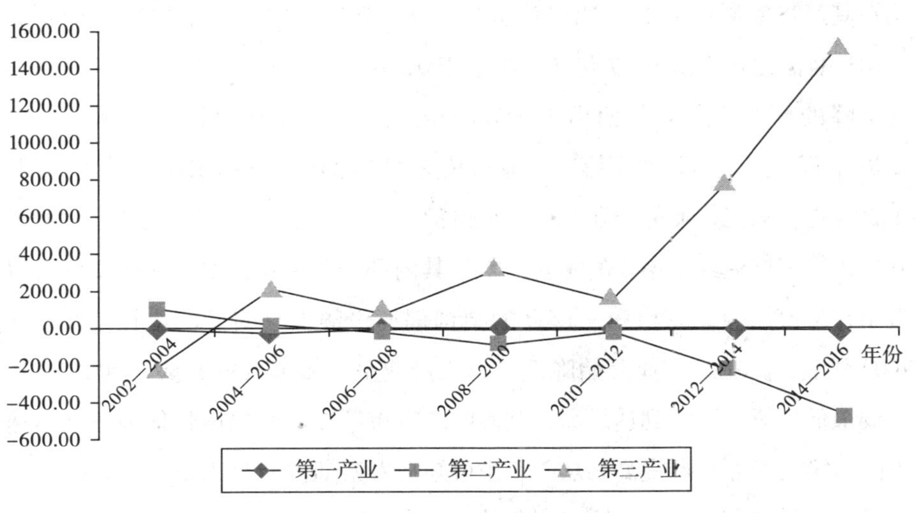

图 1　北京市三次产业结构偏离份额

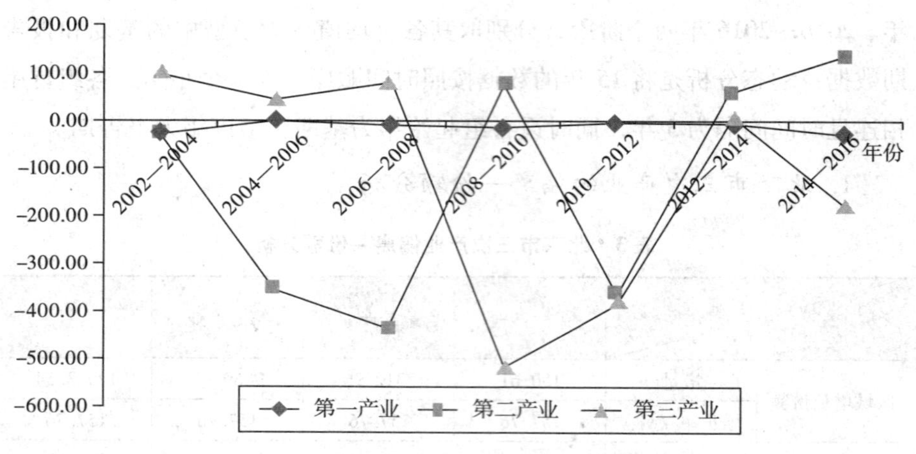

图 2　北京市三次产业竞争力偏离——份额

表 3 是北京市三次产业偏离 - 份额静态分析的结果，图 1 和图 2 是根据北京市三次产业偏离 - 份额动态分析结果所做的趋势图。从表中北京市的总偏离增长率为 - 10. 89%，可知北京的经济发展水平是低于京津冀区域整体的，954. 07 亿元的增长量是由其产业结构优势带来的，可见北京市的产业结构在其经济发展中是具有相对优势的。北京第一、第二产业的偏离分别为 - 103. 34亿元和 - 1219. 47 亿元，都小于 0，可知北京市第一、第二产业是相对下降的，第三产业的偏离为 457. 64 亿元，增长率比京津冀整体产值高 7. 96 个百分点，但是北京第三产业增长速度与京津冀整体相比落后了 15. 48 个百分点，第三产业的产业结构偏离份额大于 0，竞争力份额小于 0，因此可知促进第三产业经济增长的主要因素是其内部产业结构优势。从图 2 中可以看出在考察期内北京市第一产业的结构偏离份额没有明显的增长趋势；从 2002 年后，其第二产业开始降低，第三产业呈缓慢上升的趋势，到 2016 年达到最低，第三产业到达最高，这表明北京市第二产业的增长优势正在迅速下降，第三产业不断提高。从图 2 中可知在考察期内北京市第一产业的竞争力份额几乎与零轴持平；第二产业的竞争力份额从 2008 年开始呈现突然上升的趋势，在 2010 年又突然下降，2012 年开始上升；第三产业的竞争力偏离份额从 2010 年开始逐渐上升，但发展速度在放慢。从北京市的偏离 - 份额分

析结果可知北京市的第一、第二产业处于相对减少的状态，第三产业的发展优势明显，特别是高端的第三产业具有良好的发展前景。

2. 天津市三次产业的偏离—份额分析

表 4　天津市三次产业偏离—份额分析表

指标 \ 产业		第一产业	第二产业	第三产业	合计
区域增长份额	增量	168.95	3800.96	3070.48	7040.39
	增长率（%）	157.76	157.76	157.76	157.76
产业结构偏离份额	增量	-58.79	-415.13	463.22	-10.7
	增长率（%）	-54.9	-17.23	23.8	-0.24
竞争力份额	增量	-32.57	1082.99	1459.72	2510.15
	增长率（%）	-30.41	44.95	75	56.25
总偏离份额	增量	-91.36	667.87	1922.94	2499.45
	增长率（%）	-85.31	27.72	98.8	56.01
总变化	份额	77.59	4468.82	4993.42	9539.83

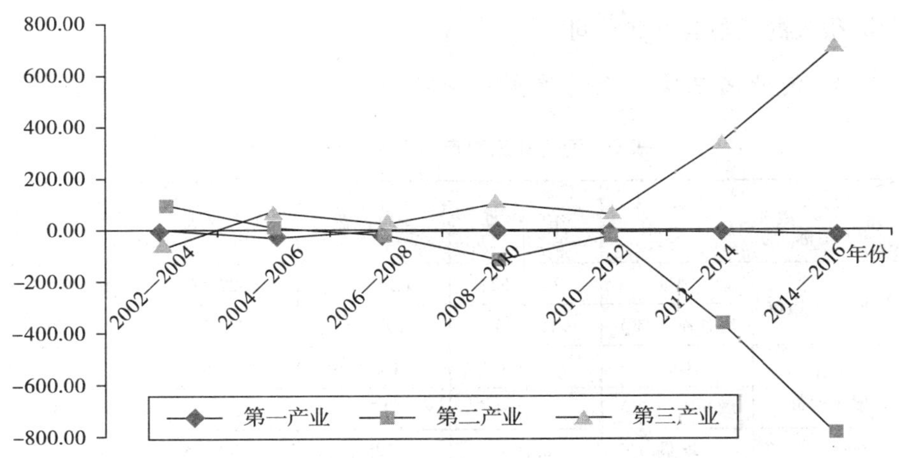

图 3　天津市三次产业结构偏离—份额

同理，表 4 是天津市三次产业偏离 - 份额静态分析的结果，图 3 和图 4 是根据天津市三次产业偏离 - 份额动态分析结果所做的趋势图。天津市的偏离—份额分析过程和北京类似，这里就不详细叙述了，从天津市的偏

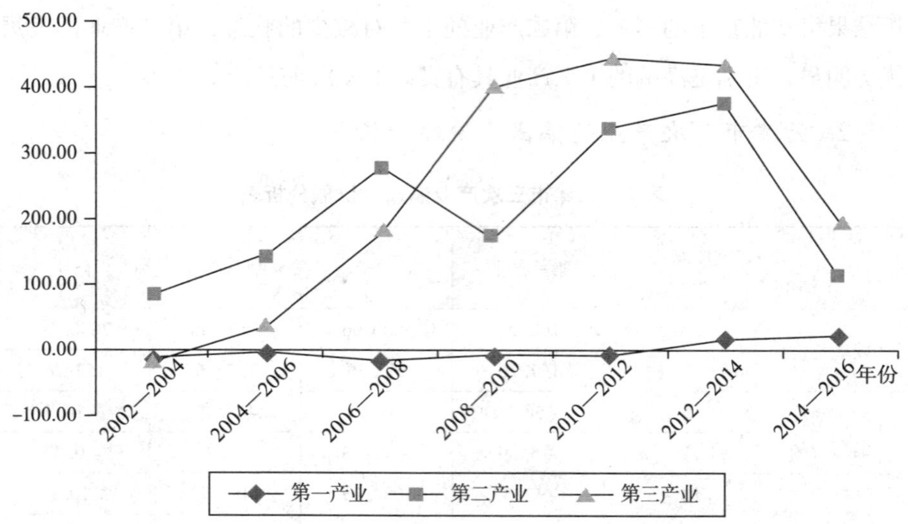

图4　天津市三次产业竞争力偏离—份额

离－份额分析结果可知天津市第三产业的发展前景也很好，第二产业始终是天津市的主导产业，具有很强的竞争力，同时其第二产业内部产业结构仍有很大的调整与发展空间。

3. 河北省三次产业的偏离—份额分析

表5　河北省三次产业偏离—份额分析

指标＼产业		第一产业	第二产业	第三产业	合计
区域增长份额	增量	2425. 52	9243. 95	6029. 56	17699. 03
	增长率（%）	157. 76	157. 76	157. 76	157. 76
产业结构偏离份额	增量	－844. 07	－1009. 59	909. 63	－944. 03
	增长率（%）	－54. 9	－17. 23	23. 8	－8. 42
竞争力份额	增量	83. 48	－225. 59	－548. 45	－690. 56
	增长率（%）	5. 43	－3. 85	－14. 35	－6. 16
总偏离份额	增量	－760. 59	－1235. 18	361. 18	－1634. 59
	增长率（%）	－49. 47	－21. 08	9. 45	－14. 58
总变化	份额	1664. 93	8008. 77	6390. 74	16064. 44

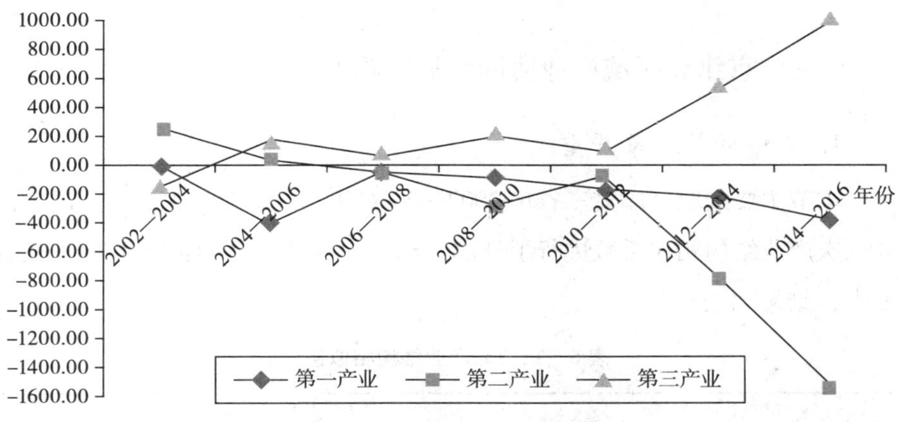

图 5　河北省三次产业结构偏离—份额

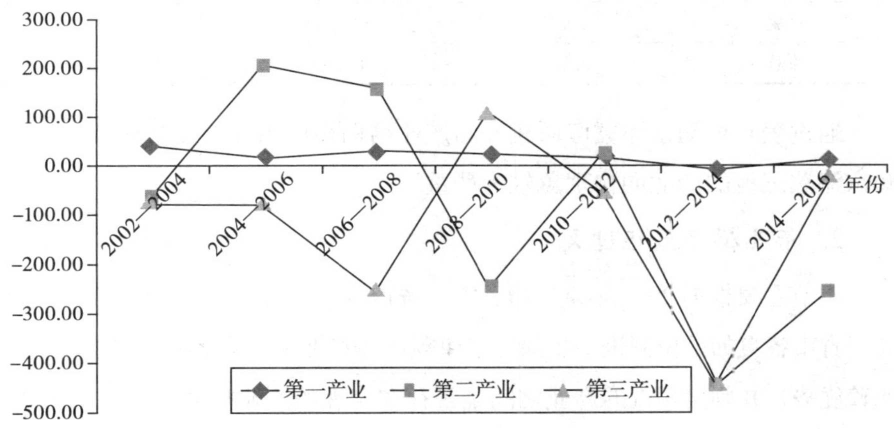

图 6　河北省三次产业竞争力偏离—份额

从河北省的偏离—份额分析结果可知河北省的农业占比较大，第二、三产业发展不充分。

综上所述，京津冀内部产业结构呈现出高、中、低的水平，发展差距较大，更重要的是京津冀地区相互之间的产业协作关系不强，京津地区的辐射引领作用是不够的，在现有格局下京津冀产业无法协调发展。

（三）京津冀区域产业协同发展面临的问题

1. 产业同构现象严重

本节主要选取京津冀三省市2002—2016年三次产业相关数据，对京津冀三次产业结构相似系数进行了计算，给出了京津冀各自的产业同构的程度[1]，结果如表6所示。

表6　京津冀产业结构相似系数

地区＼相似系数	第一产业	第二产业	第三产业
京津	0.9942	0.9932	0.9989
京冀	0.9731	0.9895	0.9987
津冀	0.9577	0.9994	0.9998

通过表6可知京津冀区域相互间产业结构相似系数均在0.95以上，可知京津冀三地的产业同构现象较为严重。

2. 产业梯度差距过大

本节主要根据2016年京、津、冀三省市的产值数据，通过计算京、津、冀三省市各自的区位商进一步探究京津冀区域产业分工和各次产业是否具有比较优势，并判定相近的产业之间是否存在合理的产业梯度[1]，结果如图7所示。

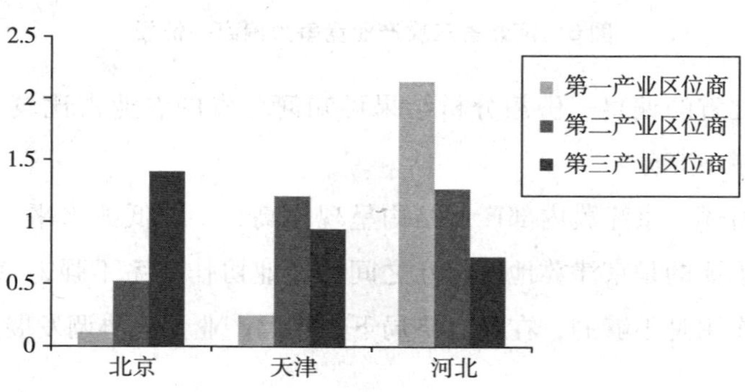

图7　2016年京、津、冀三省市各次产业区位商

从图 7 中可以看出京、津、冀三省市产业间梯度差距较大，三次产业结构的梯度差异是很明显的。

三、国外都市圈产业发展成功经验

（一）纽约都市圈

纽约都市圈北面从缅因州开始，南面到弗吉尼亚州，跨越了美国的 10 个州，这 10 个州包括五大城市，分别是华盛顿、纽约、波士顿、费城和巴尔的摩，还有 40 个中小城市，纽约都市圈的城市化水平已达到 90% 以上。[2] 纽约都市圈的五大城市凭借各自的产业特色优势差异化发展，具有合理的区域产业分工格局，见表 7，这是纽约都市圈成功发展的重要原因。

表 7　纽约都市圈五大城市产业[2]

城市	主要产业	核心职能	美誉
华盛顿	信息、金融、商业服务、健康和教育服务、休闲旅游、生物科技、国际商务	全美政治中心	
纽约	金融、商贸、生产服务业	全美金融和商贸中心	“银行之都”
波士顿	高科技产业、金融、商业、教育、医疗服务、建筑、运输服务	都市圈科技中心	“美国东海岸硅谷”和“美国雅典”
费城	清洁能源、制药业、制造业、教育服务、交通运输	都市圈交通枢纽和全国重要制造业中心	‘美国的鲁尔”
巴尔的摩	工业制造业、商贸、服务业	制造业和进出口贸易中心	

（二）东京都市圈

东京都市圈是距离东京中心半径大约 100 千米的地区，包括一都七县，分别是：东京都、神奈川县、埼玉县、千叶县、茨城县、山梨县、枥木县和群马县。东京都市圈的城市化水平已经高达 80% 以上。[2] 东京都市圈的区域分工与合作体系明显，东京都市圈在其发展过程中，不仅将其内部划分成几个相对独立的区域，而且在这几个区域下又细分为业务核心城市和次核心城市，各个地区间都配有相应的职能，如表 8 所示。

表 8　东京都市圈各市县职能分工[3]

	主要职能	业务核心城市	次核心城市
东京中心部	政治、行政、金融、信息、经济、文化	东京市	
多摩地区	商业、大学集聚	八王子市、立川市	青梅市
神奈川县	国际海港、工业集聚	横滨市、川崎市	厚木市
埼玉县	居住、政府部门集聚	大宫市、浦和市	熊谷市
千叶县	国际空港、海港、工业集聚	千叶市	成田、木更津市
茨城县	大学、研究机构集聚	土浦市、筑波地区	

（三）首尔都市圈

首尔都市圈包括京畿道的全部行政区、仁川广域市和首尔特别市。[4] 由表 9 可以看出在 2009 年首尔都市圈的产业结构就已经呈现高度服务化，韩国政府利用税收杠杆加快产业布局的调整，重视培育金融、文化和科研等服务业的做法为首尔经济圈的飞速发展提供了良好的条件。

表 9　2009 年首尔都市圈三次产业产值占比①

指标＼地区		首尔都市圈（2009）			
		首尔市	仁川市	京畿道	首尔都市圈
三次产业产值比重（%）	第一产业	0.2	0.7	1.8	0.9
	第二产业	9.6	39.3	46.6	28
	第三产业	90.2	60	51.6	71.7
GDP（亿元）		13973	2774	12091	28844

① 数据来源：《首尔都市圈经济发展统计》。

（四）经验借鉴

1. 合理的区域产业分工和产业升级

纽约、东京和首尔都市圈在其发展过程中，已经具备了明显的区域产业分工体系，区域产业能够分工协作，更好地进行产业集聚，发挥其优势，具备较强的区域整体竞争力。目前京津冀经济圈的内部产业结构和经济发展水平都有着较大的差距，需要加快产业升级，建立明确的产业分工体系来增强京津冀经济圈的综合竞争力。

2. 培育较强竞争力的高端产业

纽约、东京和首尔都市圈在对自身工业产业疏解的过程中，对自身产业结构的调整与升级、具有自身特色的主导产业的培育特别注重。例如，对东京都市圈来说，金融业和现代制造业很有竞争力，因此东京作为世界三大金融中心之一，对全球的经济具有着很大的影响。[4] 目前京津冀地区正缺少像这样具自身特色的、具有较强竞争力的主导产业，未来要重点培养这种具有强劲竞争力的产业。

四、京津冀区域主导产业分析

（一）京津冀现有主导产业与京津冀发展定位对比分析

经过查阅相关文献可知，在区域经济中占有一定份额、能发挥本地比较优势、有较大需求弹性等特征的产业可以确定为主导产业，本文根据这些特征，分别选取产值比重标准、区位商标准和需求收入弹性标准对京津冀当前主导产业进行判定，并根据京津冀各自功能定位确定了未来需要移除的产业和发展方向，具体分析情况见表10。

表 10　京津冀主导产业发展判定

地区 指标	北京	天津	河北
当前主导产业	金融业，信息传输、计算机服务和软件业，房地产业，科学研究、技术服务和地质勘查业，电力、热力生产和供应业，汽车制造业，批发和零售业，租赁和商务服务业，文化、体育和娱乐业，燃气生产和供应业，水的生产和供应业，水利、环境和公共设施管理业，卫生、社会保障和社会福利业	批发和零售业，食品制造业，金属制品业，专用设备制造业，黑色金属冶炼和压延加工业，汽车制造业，金融业，石油加工、炼焦和核燃料加工业，铁路、船舶、航空航天和其他运输设备制造业，通用设备制造业，文教、工美、体育和娱乐用品制造业，农副食品加工业，有色金属冶炼和压延加工业，居民服务和其它服务业，科学研究、技术服务和地质勘查业，租赁和商务服务业，黑色金属矿采选业	批发和零售业，食品制造业，金属制品业，黑色金属冶炼和压延加工业，专用设备制造业，汽车制造业，第一产业，化学原料和化学制品制造业，皮革、毛皮、羽毛及其制品和制鞋业，交通运输、仓储和邮政业，电气机械和器材制造业，黑色金属矿采选业
功能定位	1. 全国政治中心 2. 文化中心 3. 国际交往中心 4. 科技创新中心	1. 全国先进制造研发基地 2. 北方国际航运核心区 3. 金融创新运营示范区 4. 改革开放先行区	1. 全国现代商贸物流重要基地 2. 产业转型升级试验区 3. 新型城镇化与城乡统筹示范区 4. 京津冀生态环境支撑区
主导产业选择	1. 移除产业：电力、热力生产和供应业，汽车制造业，批发和零售业 2. 发展方向：高端服务业	1. 移除产业：批发和零售业，黑色金属冶炼和压延加工业，文教、工美、体育和娱乐用品制造业，黑色金属矿采选业，汽车制造业，有色金属冶炼和压延加工业 2. 发展方向：先进制造业，现代信息技术业，文化创意产业，生产性服务业	1. 移除产业：黑色金属矿采选业，黑色金属冶炼和压延加工业 2. 发展方向：商贸物流业，先进制造业，服务业

从表 10 中可知，将京津冀现有主导产业与其功能定位相比，京、津、冀三地都有相关的产业需要移除，不仅北京存在去功能化问题，整个京津冀经济圈都面临较大的产业结构调整压力。

（二）京津冀现有主导产业与国际主要都市圈比较分析

进一步将京津冀现有主导产业与国外著名都市圈相对比。通过表 2 可知，国外主要都市圈的经济发展水平是相当高的，而且其产业结构也已呈现高度服务化，京津冀地区的经济发展水平和产业结构都远远落后于国外都市圈，再结合上一章对国外都市圈发展经验的总结，可知国外都市圈具有以下特点：

1. 产业结构高度服务化（第三产业占比达到 85% 以上）；
2. 重视培育具有自身特色的高端主导产业；
3. 具有合理的区域产业分工和产业升级。

依据京津冀一体化发展战略要求，京津冀未来发展的目标是建设具有世界级影响力的都市圈，因此京津冀经济圈产业结构应与现有国外成熟的大都市圈保持一致。但是目前京津冀经济圈第三产业占比只有 56%，与国外大都市圈相差将近 30%，尚未形成具有自身特色的高端主导产业，也没有形成合理的产业分工体系，可知京津冀未来的产业发展有着具大的调整空间，整个京津冀地区的产业结构都要高度服务化，即使考虑到京津冀经济圈地理面积、人口规模较大这些因素，第三产业占比也要达到 80% 以上，不符合京津冀经济圈功能定位的第二产业和低端第三产业等都要移除，要扶植发展高端产业。

五、京津冀产业协同发展路径分析

（一）雄安新区的功能定位

通过上述对京津冀产业现状的分析可知京津冀内部有着巨大的发展不平衡，京津在京津冀地区的辐射带动作用不够，在原有格局下无法做到京津冀协调发展，为打破这种藩篱，要在京津之外的地区打造京津冀地区的社会经济发展新高地，与原有的北京、天津形成三足鼎立之势，在京津冀一体化发展中起到重要的作用，雄安新区的设立就是为了在河北省行政范围内打造未来京津冀地区社会经济发展的第三极（如图8所示），使整个京津冀地区形成北京、天津和雄安“三极鼎立”的合理空间格局（如图9所示），解决京津冀社会经济发展的空间不平衡问题，使整个经济要素在京津冀地理范围内达到均衡，同时克服北京特大型城市在发展中的障碍。综上所述，从雄安新区的设立以及未来发展的需要来看，雄安新区就是京津冀一体化发展的第三极。

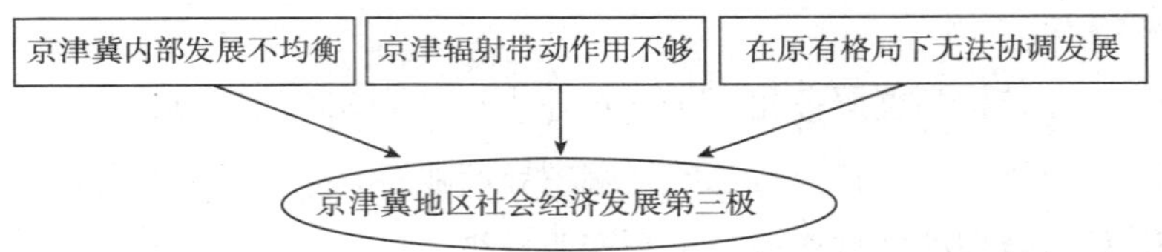

图8　京津冀地区社会经济发展第三极示意

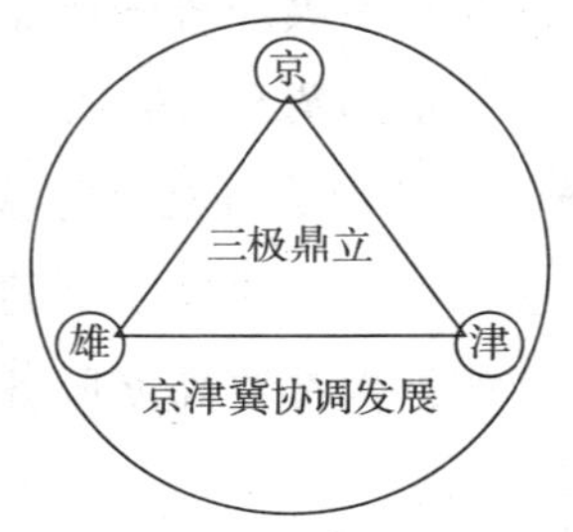

图9　京津雄“三极鼎立”合理空间格局

除了承接非首都功能的集中疏解外，雄安新区的发展目标还包括：绿色生态宜居新城区、创新驱动引领区、协调发展示范区、开放发展先行区。金凤君认为，雄安新区是一个新的支撑点，要从“技术中心”和“服务中心”两方面来发挥其独特的作用，进而引领区域协同发展。[5]彭世辰认为，雄安新区除了“非首都功能疏解的集中承载地”的功能定位，更重要的一个功能定位应该是“贯彻落实新发展理念的创新发展示范区”。[6]江曼琦认为，“中国领先并且具有世界影响力的科技创新中心”将是雄安新区的发展定位。[7]张燕生认为，雄安新区将发展为中国的“硅谷”。[8]

雄安新区是不靠近任何港口的内陆地区，自身的社会、自然、人才等资源比较匮乏，不像深圳和浦东拥有很多资源，其发展定位要有别于深圳和浦东，从其自身条件来看，雄安新区的发展不应过度依赖庞大的人流、物流和自然资源，要借助新技术、新业态、新模式，依靠高度开放的制度创新、科技创新等来实现跨越式的发展；从京津冀经济圈的定位来看，《京津冀协同发展规划纲要》明确提出，京津冀地区未来的发展目标是建设成世界级的大都市圈，世界级都市圈的重要标准除了城市规模、数量和人口规模外，更要有强大的国际竞争力，例如，世界级都市圈的影响力要很大，其对外出口的产品要有该产品的自主核心技术。京津冀城市群在城市和人口规模方面满足成为世界级都市圈的条件，然而在空间布局和产业结构上，只靠京津两地是远远不够的，雄安新区作为京津冀经济圈的三极之一，显然用河北省的发展定位作为雄安新区定位是不能实现设立雄安新区的目的，雄安新区定位应根据京津冀一体化大的战略而设立，要更多的集中在“创新”方面，与京、津两地构成京、津、雄三足鼎立的格局，从而更好地带动整个京津冀地区的发展，达到京津冀经济圈成为世界级城市群的目标。综上所述，雄安新区未来的核心定位应该是“世界级创新中心”（如图 10 所示）。

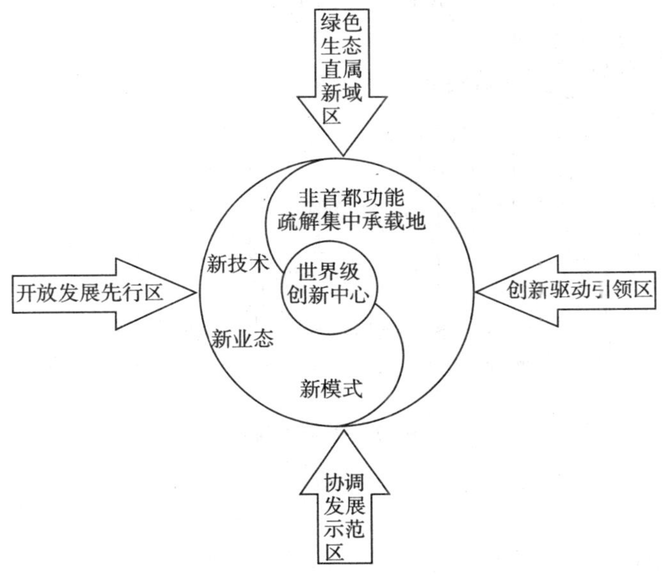

图 10　雄安新区功能定位示意

（二）京津冀产业协同发展路径

根据雄安新区的功能定位以及作为京津冀三极之一的空间布局可知，雄安新区应该在科技创新、经济辐射、绿色发展等方面具有与北京、天津类似的地位，未来京津冀中北京、天津和雄安新区的三足鼎立将是第三产业结构高端的三足鼎立，产业集中在微笑曲线两端（如图 11 所示），京津冀产业协同发展布局（如图 12 所示）首先应该是北京、天津和雄安新区三极的第三产业高端横向合理产业布局，以避免北京、天津和雄安新区产业趋同化发展，例如，根据京津的功能定位，北京未来应该重点发展高端服务业，天津应重点发展先进制造业、现代信息技术业、文化创意产业和生产性服务业，根据雄安新区定位，雄安新区未来应重点发展高端高新产业，打造世界级高端高新产业集群，成为类似于美国硅谷的“世界级创新中心”。然后是这三极与三极之外的其他地区之间的纵向产业链条的高、中、低的紧密合作布局，例如，蔬菜的电子交易在北京、对应仓库和物流在河北，就是这种模式的具体体现。北京、天津和雄安以外的其他地区，应该作为京津雄三极的生产基地、物流基地和生态保障区。

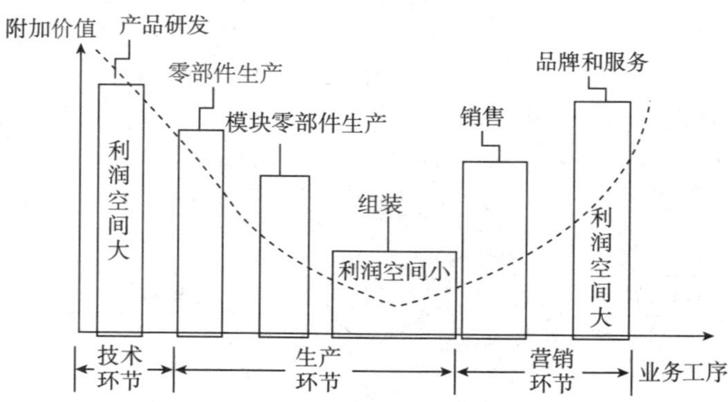

图 11　微笑曲线

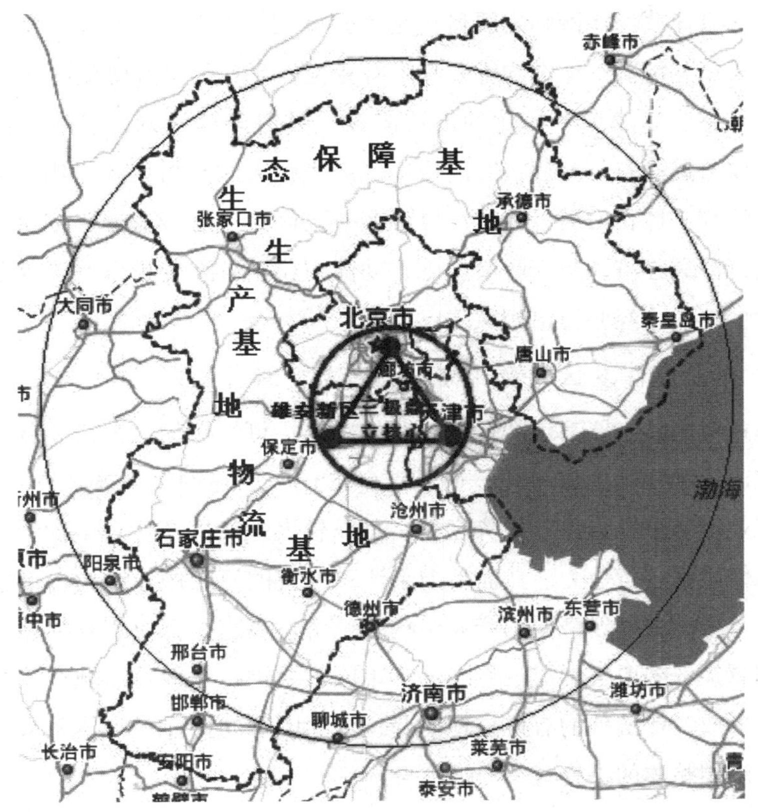

图 12　京津冀区域空间格局示意

六、结论和建议

整个京津冀的空间布局首先是北京、天津和雄安新区三个发展高地在地理上形成了三足鼎立的基本格局，这三极之间的布局应该是第三产业高端的横向合理布局，以避免产业趋同化。京津雄三极与三极之外地区的产业布局主要表现为具体产业链条纵向的高、中、低的紧密合作布局，京津雄三极的产业发展方向为高端化、服务化，在整个产业链条中的产业结构主要集中在产业链条的微笑曲线两端，京津雄三极之外的地区，主要占据产业链条的中端和低端，基本上就是这三极的生产基地、物流基地和生态保障区。京津冀经济圈的发展目标是世界级大都市圈，在京津冀未来的发展中，整个经济圈产业结构都要高度服务化，第三产业占比要达到80%以上，并且整个京津冀一体化的发展应该是具有开放性的，除了对国际开放，也要对周边省份开放，对周边地区产生强大的辐射引领作用。为加快推进京津冀一体化发展，使京津冀各产业更好地进行产业分工和协作，下面结合京津冀经济圈最新政策规划、功能定位、上述分析以及国外著名都市圈发展的成功经验提出相关建议如下：

1. 加快京津冀区域产业分工和产业升级

通过对国外主要都市圈发展经验的总结，可知纽约、东京和首尔都市圈不仅产业结构高度服务化，而且已经形成了明显的区域产业分工体系，区域产业能够分工合作、优势互补，可以较大地发挥产业集聚优势，形成区域整体较强的竞争力。然而目前京津冀经济圈不仅产业结构内部差距较大，而且跟国内外经济圈的产业结构和经济发展水平都有着很大差距，整个京津冀经济圈要发展成世界级大都市圈，要进行合理的区域产业分工与协作，形成产业链条的有机合理配套，建立明确的产业分工体系来增强京津冀经济圈整体的综合竞争力。

2. 注重培育较强竞争力的高端产业

从京津冀经济圈功能定位来看，京津冀未来的发展目标是世界级城市群，这就要求京津冀需要结合其自身条件培养高端产业来提高国际竞争力；从对比国外著名都市圈的发展经验来看，纽约、东京和首尔都市圈在疏解工业产业的同时，都很重视培育自身特色产业和产业结构调整，使得能够形成优势突出并且具有较强竞争力的主导产业。目前京津冀经济圈正缺乏像这样在全球具有较强竞争力的产业，应努力结合产业基础、优势等重点发展和培育一些战略性新兴产业、文化创意产业等具有自身特色的高端产业，使之在国际上具有强竞争力。

3. 雄安新区在承接中要汇聚创新要素

雄安新区应该在科技创新、经济辐射、绿色发展等方面具有与北京、天津类似的地位，根据京津冀各地功能定位及产业布局可知雄安新区除了承接北京非首都功能，更要汇聚创新要素，通过创新资源的集聚，成为“世界级创新中心”，发挥培育京津冀世界城市群的作用，加快推动京津冀一体化发展。

参考文献

孙月欣，袁明明．京津冀一体化发展现状[J]．华北理工大学学报(社会科学版)，2015(4)：27－33.

冯奎，郑明媚．中外都市圈与中小城市发展[M]．中国发展出版社，2013.

卢明华，李国平，孙铁山．东京大都市圈内各核心城市的职能分工及启示研究[J]．地理科学，2003，23(2)：150－156.

丁一文．国外首都圈发展规律及其对我国“首都经济圈”建设的启示[J]．河南大学学报(社会科学版)，2013，53(4)：63－73.

孟广文，金凤君，李国平，等．雄安新区：地理学面临的机遇与挑战[J]．地理研究，2017，36(6)：1003－1013.

彭世辰．雄安新区规划的纵向思考[J]．中国总会计师，2017(4)：22－26.

江曼琦．从京津冀协同发展目标看雄安新区的定位与发展策略[J]．经济与管理，2017(4)：9－9.

徐豪．千年大计 国家大事 雄安新区 我们这代人留给子孙后代的历史遗产[J]．中国经济周刊，2017(14)：18－25.

贾云燕．京津冀协同发展背景分析[J]．引文版：社会科学，2015(11)：175－175.

袁捷敏．全国产业结构对区域经济增长影响的实证分析[J]．科技和产业，2007，7(12)：28－30.

京津冀地区产业关联网络对比研究

李　茂[①]

摘　要：本文在现有文献的基础上，利用2012年编制的北京、天津和河北的投入产出表，构建了京津冀地区的产业关联网络模型，研究了产业关联网络的基本布局，对比分析了产业关联网络的拓扑特征，计算了网络社团聚类分布情况。结合研究结果，有针对性地对京津冀地区的产业发展与升级提出了建议：北京应转移部分不符合首都战略定位的产业，重点扶持知识密集型、技术密集型产业和业态，提高首都经济的核心竞争力；天津应推动传统制造业朝着分工精细化、合作开放化方向发展，加快构建以河北装备制造业为基础，具有鲜明特色的产业体系，构建现代服务经济新体系，坚持生活型服务业和生产型服务业共同发展；河北应以集群化、智能化发展为基本路径，积极承接产业转移，并壮大现有产业，培育新兴产业，打造以高端制造业为代表的战略性新兴产业集聚中心。最后，文章对今后研究改进方向进行了展望。

关键词：产业关联　复杂网络　直辖市

一、引言

产业关联（Industial Relations）是产业经济学的重要组成部分，它从动态方面反映产业间的投入产出联系，研究产业关联的主要工具是投入产出表（Input－Output Tables）。随着研究的不断深入，学术界发现投入产出

① 李茂，北京市社会科学院市情调研中心副研究员，博士。本文是北京世界城市研究基地2018年资助项目“京津冀产业协同体系研究（186047）”的阶段性成果。

表具有某些复杂网络的特性，遂开展了复杂网络理论与产业经济学的交叉领域——产业关联网络（Industrial Relations Network）的研究，而地区间产业关联网络比较则是该研究领域中的前沿问题。

京津冀地区是我国最为重要的经济区域，其具有显著的经济实力，产业结构较为合理，人力资源水平较高，具备强大的区域经济辐射力，能够带动周边区域经济社会发展。从2017年的数据来看，京津冀地区生产总值已经达到万亿元水平，人均地区生产总值整体上超过了一万美元水平，经济社会的整体发展已经接近发达国家水平（参见表1）。

表1 京津冀地区2017年主要经济指标对比①

	北京	天津	河北
地区生产总值（亿元）	28000.4	18595.38	35964.0
人均地区生产总值（万元）	12.90	11.78	4.79
GDP增速（%）	6.7	3.6	6.0
三产比重	0.4:19.0:80.6	1.2:40.8:58.0	9.8:48.4:41.8
进出口总值（亿元）	21923.9	7646.85	3375.8

由于自身基础与现实发展等原因，我国京津冀地区的产业系统各具特色，产业关联内容比较复杂，具备明显的复杂网络特征。本研究在充分吸收已有研究的基础上，利用京津冀最新的投入产出表构建产业关联网络，对比分析我国京津冀地区的产业关联情况，这有助于深入了解京津冀地区产业系统内部结构和发展特征，也有助于分析与阐释京津冀地区产业关联中存在的重点关系，为京津冀地区经济发展和产业升级提供智力支持。

本文将利用最近一次全国性投入产出调查的结果（2012年投入产出表），在充分吸收已有产业关联网络建模方法的基础上，尝试进一步改进建模方法，构建京津冀地区的产业关联网络模型，并对京津冀地区的产业关联网络的总体布局、拓扑特征和聚落群类进行对比分析，并结合研究所得的结论，有针对性地提出产业发展建议。

① 数据来源：京津冀三大地区的2018年国民经济和社会发展统计公报。

二、文献综述

复杂网络理论是以数量巨大的节点和节点之间的联系构成的集合体为研究对象，充分利用统计物理学、计算机、系统工程等概念、范式和研究方法的新兴学科。经过近半个多世纪的发展，现代复杂网络理论形成了丰富的内容，其理论的发展线路如图 1 所示。

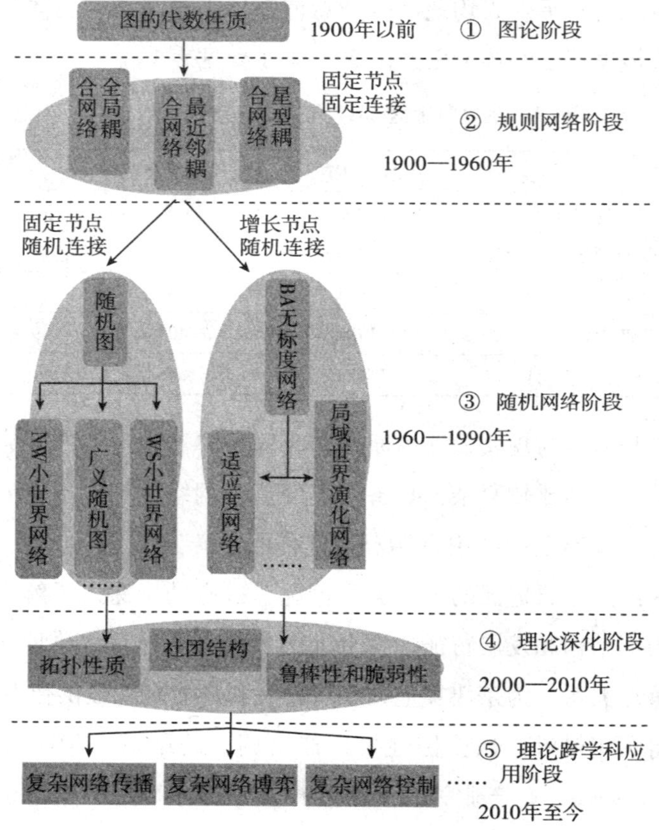

图 1　复杂网络理论发展线路

产业关联（Industial Relations）是现代产业经济学的重要组成部分，它从中间产品角度出发，动态反映产业间的投入产出联系。里昂惕夫（Leontief，W，1939）提出的投入产出表（Input - Output Tables）是分析产业关联的经典工具。随着研究的不断深入和图论、复杂网络理论的引入，学术界发现投入产出表具有某些复杂网络的特性，遂开展了复杂网络理论与产业经济学的交叉研究。坎贝尔（Campbell，1972）在图论范式下，利用1962年的美国投入产出表，构建了产业关联图模型，并利用网络分割方法分析了产业关联中的社团结构。斯莱特（Slater，1977）改进了坎贝尔的方法，利用1967年美国的投入产出表数据，以规则网络中的层次聚类方法识别了产业集群。赵炳新（1996）利用图论模型分析了产业部门中的聚落群类，研究了产业结构的演进规律。刘刚和郭敏（2009）在复杂网络范式下，以部门为节点、以直接消耗系数矩阵为邻接矩阵，构建了一个包含42部门的宏观经济复杂网络模型，并在此基础上实证研究了宏观经济多部门网络的拓扑性质。侯明和王茂军（2013）利用2010年北京42个部门的投入产出数据，建立了前向产业关联模型和后向产业关联模型，分析了北京产业关联网络的一些特征性质。李茂（2016）利用历年的北京投入产出表，动态比较了北京产业关联网络的演变情况，并对影响产业关联网络演变的外部因素进行了分析。

针对已有文献需要注意到存在以下几方面的问题：第一，已有研究均针对单一国家或地区，缺乏地区间产业关联网络对比研究，特别缺乏同质性的地区间（如同一个时间节点上不同国家、省市和地区）产业关联网络对比研究；第二，已有研究大都以直接消耗系数矩阵为模型建模基础，难以有效反映产业关联的总体特征，本文研究中将有所改进，利用于完全消耗系数矩阵构成的产业关联网络模型；第三，已有研究大都集中在计算产业关联网络的某些拓扑特征，说明了其所属的复杂网络性质，但并没有揭示这些特征的产业经济学含义，更缺乏相应的对策性建议；

三、模型方法

（一）模型原理

复杂网络模型构建需要两要素：节点和节点之间的连接规则。节点的设定较为清晰，就是采用投入产出表中的生产部类作为节点，它相对固定。这里需要对节点之间的连接规则进行讨论。

观察价值型投入产出表，可以发现中间投入部分是一个 N×N 矩阵（如表 2 的 X_{ij}），反映 N 个产业之间的中间投入与中间使用关系。利用这个 N×N 矩阵我们可以得到 N 个产业之间的直接消耗系数矩阵和完全消耗系数矩阵。如果直接利用直接消耗系数矩阵或者完全消耗系数矩阵作为产业关联网络的邻接矩阵，这样构建出来的网络将会是一个具有 N 个节点的全局耦合网络，[①] 产业间的重点联系被“淹没”在冗余的连接之中，不具有学术分析的价值和意义。因此，需要对直接消耗系数矩阵和完全消耗系数矩阵进行一定的“阈值化”处理，剔除掉节点之间的不显著关系，保留重点联系，这样构建出来的产业关联网络才具有实际分析意义。

表 2　价值型投入产出表结构

<table>
<tr><th colspan="2" rowspan="2">产出
投入</th><th colspan="4">中间产品</th><th rowspan="2">最终产品</th><th rowspan="2">总产品</th></tr>
<tr><th>部门 1</th><th>部门 2</th><th>部门 3</th><th>…</th></tr>
<tr><td rowspan="4">物质消耗</td><td>部门 1</td><td colspan="4" rowspan="4">（X_{ij}）</td><td rowspan="4">Y</td><td rowspan="4">X</td></tr>
<tr><td>部门 2</td></tr>
<tr><td>部门 3</td></tr>
<tr><td>……</td></tr>
<tr><td rowspan="4">新创造价值</td><td>部门 1</td><td colspan="4" rowspan="4">N</td><td colspan="2" rowspan="5"></td></tr>
<tr><td>部门 2</td></tr>
<tr><td>部门 3</td></tr>
<tr><td>……</td></tr>
<tr><td colspan="2">总投入</td><td colspan="4"></td></tr>
</table>

在直接消耗系数矩阵和完全消耗系数矩阵的选择上，本文倾向于选择完全消耗系数矩阵作为构建产业关联网络邻接矩阵。主要原因是：完全消耗系数矩阵是直接消耗系数矩阵与全部间接消耗系数矩阵的组合，完全消

① 全局耦合网络（Globally Coupled Network）指的是，一个含有 N 个节点的网络，其任意两个节点之间都有连接。这样的网络的拓扑性质为常数定值，其平均路径长度为 1，聚类系数为 1。

耗系数矩阵揭示了投入产出表内各部门之间的直接和间接的联系，它能较好地反映产业部门在中间生产过程中相互依存的技术经济关系。研究产业关联网络的重要意义不仅在于研究各个生产部类在直接生产中的联系，更要研究各个生产部类在中间生产消耗之外的间接消耗，完全消耗系数则是这种直接消耗和间接消耗的全面反映。

（二）建模方法改进

利用 2012 年北京、天津、河北京津冀的投入产出表，计算出京津冀地区投入产出表的完全消耗系数矩阵 B_{ij}，这些矩阵元素 b_{ij} 的描述性统计情况如表 3 所示。

表 3　完全消耗系数矩阵 B_{ij} 中元素 b_{ij} 描述性统计量对比情况

	北京	天津	河北
标准差	0. 1993	0. 0991	0. 0827
偏度	16. 8197	5. 1993	10. 6993
峰度	415. 8788	38. 3618	207. 3542
平均值	0. 0644	0. 0518	0. 0330
四分位点	0. 0594	0. 0604	0. 0290

通过表 3 可以发现这 4 个矩阵（4 个直辖市的完全消耗系数矩阵）都呈现出偏度和峰度较大的情况，呈现出较为明显的右偏和尖峰分布的特征。如果采用传统的几何平均方法求阈值，将使得阈值受到极端值的影响会显得“过高”，剔除大量的有效信息；如果采用中位数的方法求阈值，将会保留大量不显著的关系，带来信息冗余问题。因此，阈值的选择方法要充分考虑到极端值和数据分布问题。本文尝试采用四分位点作为构造邻接矩阵的阈值。通过四分位点，可以保留矩阵元素中处于前 25% 的数据量，可以有效地剔除冗余信息，与此同时，四分位点可以保留重要关联信息。

在已有研究中，产业关联网络并不包括自环。这在一定程度上简化了问题分析难度，但并不利于揭示产业关联中的重点关系。如农业一类的行业，其中间使用和中间产品输出大部分来自于农业自身，故应该将行业内部的中间消耗与产出考虑进去。

据此，利用投入产出表的中间投入与产出矩阵 X_{ij} 可以得到完全消耗系数矩阵 B_{ij}，以 B_{ij} 及其元素的四分位点 q_m 为基础，构造京津冀地区产业关联网络的邻接矩阵 A_{ij} 的公式如下所示：

$$\begin{cases} \text{if } b_{ij} \geqslant q'_m, b_{ij} = t_{ij} \\ b_{ij} < q'_m, b_{ij} = 0 \end{cases}$$

四、模型数据

按照已有政策，我国投入产出表的编制是逢 2、7 年份编制基本表，逢 0、5 年份编制延长表。现能获取到的最近的基本表是 2012 年基本表，而非编制年的投入产出表调整问题一直是较难以得以解决的问题。因此，在综合考虑数据的获得新、科学性和权威性等方面因素的基础上，本研究选择京津冀 2012 年投入产出表作为建模基础。

2012 年投入产出表包含产业部门 42 个，为了分析简便，我们将 42 个部门按照英文字母编号如下。

图 2　部门 – 节点编号

部门	编号	部门	编号	部门	编号
农林牧渔产品和服务业	A	金属制品业	O	批发和零售业	AC
煤炭采选业	B	通用设备制造业	P	交通运输、仓储和邮政业	AD
石油和天然气开采业	C	专用设备制造业	Q	住宿和餐饮业	AE
金属矿采选业	D	交通运输设备制造业	R	信息传输、软件和信息技术报务业	AF
非金属矿和其他矿采选业	E	电气机械和器材制造业	S	金融业	AG

续表

部门	编号	部门	编号	部门	编号
食品和烟草制造业	F	通信设备、计算机和其他电子设备制造业	T	租赁和商务服务业	AH
纺织品业	G	仪器仪表制造业	U	租赁和商务服务业	AI
纺织服装些冒皮革羽绒及其制品业	H	其他制造产品	V	科学研究和技术业	AJ
木材加工品和家具制造业	I	废品废料加工业	W	水利、环境和公共设施管理业	AK
造纸印刷和文教体育用品	J	金属制品、机械和设备修理服务业	X	居民服务、修理和其他服务业	AL
石油炼焦产品和核燃料加工业	K	电力、热力的生产和供应业	Y	教育业	AM
化学产品制造业	L	燃气生产和供应业	Z	卫生和社会工作业	AN
非金属矿物制造业	M	水的生产和供应业	AA	文化、体育和娱乐业	AO
金属冶炼和压延加工业	N	建筑业	AB	公共管理、社会保障和社会组织业	AP

本文研究所用工具为 Pajek2.0 软件，该软件是大型复杂网络分析的主流工具，可以对复杂网络进行可视化展示、拓扑分析和社团聚类等操作。

五、分析结果

（一）总体布局

利用 Pajek 软件对京津冀地区的产业关联网络进行描绘，可以发现它们的总体布局如下图所示：

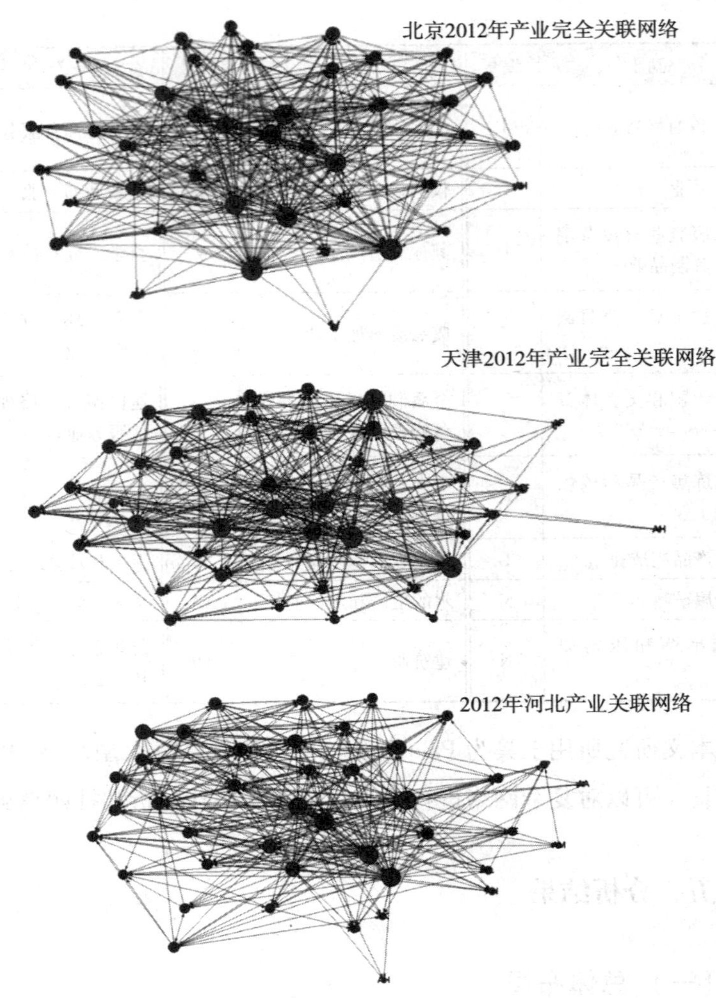

图 3　京津冀产业关联网络对比

以产业关联网络中节点度值前 5 位的节点为切入点，可以系统考察京津冀中产业关联网络的节点分布情况。最大节点度值分布情况如表 4 所示。

表 4　产业关联网络中最大节点度值分布情况

产业关联网络							产业关联网络						
北京	入度	节点	节点	出度	节点	节点度							
	14	G	Y	42	Y	52							
	14	Q	N	41	N	51							
	14	V	AD	39	AD	49							
	14	AB	AI	39	AI	47							
	13	D	AG	38	L	46							
天津	入度	节点	节点	出度	节点	节点度	河北	入度	节点	节点	出度	节点	节点度
	17	E	N	39	Y	54		17	Q	Y	41	L	51
	16	X	Y	38	N	51		17	S	L	38	AD	49
	16	Y	L	37	AD	50		17	V	AD	38	Y	47
	15	S	AD	37	L	48		16	C	AG	38	AG	45
	15	V	AC	36	K	41		16	P	N	31	N	44

在京津冀的产业关联网络中，拥有最大度值的节点集中在 N（金属冶炼和压延加工品业）、Y（电力、热力的生产和供应业）、AD（交通运输、仓储和邮政业），它们位于京津冀产业关联网络的核心地带，既消耗多个产业提供的中间产品，又向多个产业提供中间产品，具有较强的关联枢纽作用，对国民产业系统的拉动作用十分明显。但有所差别的是，AI（租赁和商务服务业）在北京的产业关联网络中占据更为核心的地位，化学产品（节点 L）和石油、炼焦产品和核燃料加工品（K）在天津和河北的产业关联网络中占据更为核心的地位。

在京津冀的产业关联网络中，入度是反映产业后向关联程度，入度最大的节点主要集中在专用设备制造业（节点 Q）、通用设备制造业（节点 P）和电气机械和器材（节点 S），这些节点处于产业关联网络的中心地带，它们的入度平均值为 13.5，说明这些产业平均需要消耗其他 14 个产业提供的中间产品。从投入传出表结构来看，出度是反映某一个节点向其他节点连接边数量，因此它反映的产业前向关联程度，出度最大的节点主要集中在电力、热力的生产和供应业（节点 Y）、交通运输、仓储和邮政

(节点 AG) 和金融业 (节点 AG), 它们也居于产业关联网络的中心地带，它们的出度平均值为 38.7，说明这些产业向 38 个其他产业提供中间产品，具有重要的产业中枢作用。

这京津冀的产业关联网络的区别体现在以下几个方面：第一，在天津产业关联网络中，消耗其他产业中间产品较多的行业是非金属矿和其他矿采选产品 (节点 E)、金属制品、机械和设备修理服务 (节点 X) 和电力、热力的生产和供应 (Y)，而其他三个直辖市消耗中间产品较多的行业是专用设备制造业 (节点 Q)、通用设备制造业 (节点 P) 和电气机械和器材制造业 (节点 S)；第二，在河北产业关联网络中，石油、炼焦产品和核燃料加工品 (节点 K) 居于网络中心地位，这区别于其他三个直辖市的产业完全关联网络。这说明，石油、炼焦产品和核燃料加工品在河北产业系统运行中扮演非常重要的中枢作用；第三，金融业 (节点 AG)、租赁和商务服务业 (节点 AI) 占据着北京产业关联网络中间地带，这区别于天津与河北的产业完全关联网络。这些说明北京的生产性服务业发展水平更高，产业关联地位更加突出。

(二) 拓扑性质对比

复杂网络具有整体演化规律多元以及多重复杂性融合等特点，这些特点统称为复杂网络的拓扑特征，学术界主要采用统计描述的方式去刻画这些特征。参照 Albert & Barabási (2002) 的研究，本文所要计算的拓扑特征主要有以下 3 类 (见下表)。

表 5　复杂网络的基本拓扑特征①

拓扑特征	定义	具体计算方法
最大网络直径	网络中节点与节点连接距离的最大值	所有节点 V_i 的距离 L_i 的最大值 L_{max}②

① 李茂．产业关联网络演变与影响机制研究——基于北京市 12 个年度投入产出表的分析［J］．产经评论，2016，7 (6)：50 – 66.

② 需要指出的是，节点 i 的度 K_i 定义为与节点 i 直接相连的边的数目，网络中所有节点的度的平均值称为网络的平均度。在模型中，每个节点的度是由 Pajek 程序计算得出的。

续表

拓扑特征	定义	具体计算方法
平均路径长度	网络中任意两点路径长度的平均值	$L_A = \frac{1}{\frac{1}{2}N(N-1)}\sum_{i\geqslant j} d_{ij}$ ①
聚类系数	网络中所有节点聚类系数的平均值	一个度为 K_i 节点 V_i 的聚类系数：$C_i = \frac{2F_i}{K_i(K_i-1)}$ F_i 表示节点 V_i 的 K_i 个邻接点之间实际存在的边数②

通过计算，京津冀产业关联网络的拓扑特征如表 6 所示。

表 6　拓扑性质对比图

产业关联网络	北京	天津	河北
平均路径长度	1.8297	2.0195	1.9866
最大直径	5	7	5
聚类系数	0.3405	0.3521	0.3526

平均路径长度代表了网络中任意两个节点间隔的平均值，而最大直径代表了网络中任意两个节点间隔的最大值，它们是反映网络规模的两大指标。在产业关联网络中，平均路径长度表示任意两个生产部类在中间生产过程中的平均联系长度，最大直径表示任意两个生产部类之间的最大联系长度。一般来说，平均路径长度越高就表明生产部类在产业关联过程中平均间隔距离越大，直径越大就表明生产部类的总体间隔距离就越大。从京津冀产业关联网络对比情况来看，北京产业关联网络平均路径长度最小（1.8297），最大直径也较小（5），较其他三个直辖市的产业系统来看，北京产业系统内部联系比较紧密；天津产业关联网络平均长度较大（2.0195），最大直径最大，说明天津产业在产业关联过程中跨度较大。

① d_{ij} 定义为连接 i 节点与 j 节点的最短路径上的边的数目，而 i 节点与 j 节点最短路径指的是连接这两个节点的边数最少的路径。在模型中，d_{ij} 是由 Pajek 程序计算得出的。

② 在模型中，节点 i 的 F_i 是由 Pajek 程序计算得出的。

聚类系数反应的是网络节点连接程度的重要指标，它是指与某一个节点连接的其他节点之间的联系程度。在产业关联网络中，聚类系数反映的是不同生产部类之间的环向关联程度。产业关联网络的聚类系数高，则表明与某一个生产部类联系紧密的部类之间也有着紧密的联系，产业系统环向关联程度就越高。从京津冀产业关联对比情况来看，河北产业关联网络的聚类系数较高（0.3526），产业系统的内部环向关联比较紧密；根据前期研究发现，随着一个地区经济外向型程度的提高，越来越多的生产要素和中间产品由地区外供应，产业关联网络中的环向结构就越稀疏[①]。因此，可以看出北京的经济外向型程度最高，其次分别是天津与河北。

（三）社团结构对比

根据定义，复杂网络中的社团主要是指内部联系较为紧密的子单元，但子单元之间联系较为松散。复杂网络的社团识别方法有很多，主要有网络分割算法（DA，Diakoptic Algorithm）和层次聚类算法（HCA，Hierarchical Clustering Algorithm）。Pajek 软件主要采用的是 HCA 方法：首先对原始网络进行计算，计算出各节点对之间的相似性[②]，然后进行排序组合。再从相似性最高的节点对开始，向其中添加边并考察它们的相似程度。这个过程可以用树状图来表示，通过树状图的“分岔”来识别网络中的社团结构。

如图 4 所示是京津冀产业关联网络社团聚类的树状图，左边的节点从树状图的低端逐步右移，各节点也逐步聚合成为更大的社团，最终整个网络成为一个完全耦合网络。因此，通过这种层次聚类算法可以发现京津冀地区产业关联网络中的社团结构不尽相同。京津冀的主要社团结构如表 7 所示。

① 李茂．产业关联网络演变与影响机制研究——基于北京市 12 个年度投入产出表的分析［J］．产经评论，2016，7（6）：50－66.

② 节点对之间的相似性有诸多定义方法，本文采用的经典的层次聚类算法是以节点对之间的连接程度为基础的，也就是说节点对之间连接程度越大，节点对就越相似。

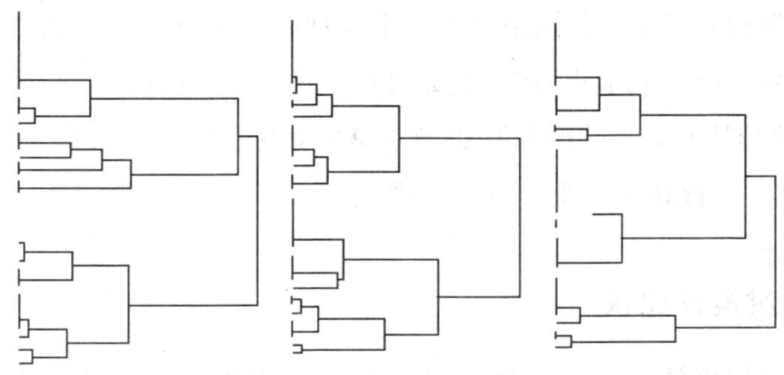

图 4　京津冀产业关联网络社团聚类树状图

表 7　京津冀地区产业关联网络社团聚类结果

序号	产业关联网络	主要社团
1	北京产业关联网络	I（A、B、C、E、H、I、S、W、AA、AH） II（D、F、G、K、E、AB、AF） III（J、M、P、AK、AD）
2	天津产业关联网络	I（A、C、D、O、AA、AF、AJ、AN、AP） II（B、F、H、I、K、V、W、Z） III（J、K、Q、AB、AL） IV（E、G、T、X、AE、AK）
3	河北产业关联网络	I（A、B、C、D、H、R、T、AB、AH） II（E、F、G、N、Z、AA、AJ、AK、AM、AN、AO）

通过上表可以发现，北京的产业关联网络主要有三个社团结构，都是以社团 I 与社团 II 为主要构成：前者是以节点 A（农林牧渔产品和服务业）、节点 B（煤炭采选产品业）、节点 C（石油和天然气开采产品业）、节点 W（废品废料）和节点 AH（房地产业）为主要构成，后者由节点 F（食品和烟草业）、节点 G（纺织品业）和节点 K（炼焦产品和核燃料加工业）构成。

天津和河北产业关联网络的社团结构差异性较大。总体来看，天津产业关联网络中社团聚类密集、包含产业部类较全，其网络中有 4 个主要社团，大都以“原料生产——中间加工——服务行业消费”这一清晰的产业链条展开（如社团 I、II、IV）；而河北产业关联网络中社团聚类稀疏、包含产业部类相对较少，其网络有 2 个主要社团，形成了从节点 A（农林牧渔产品与服务业）到节点 AB（建筑业）、节点 AH（房地产）和从节点 E（非金属矿和其他矿采选产品）到节点 AN（卫生与社会工作行业）、节点 AO（文化、体育和娱乐业）两大社团。

六、对策性建议

通过对比京津冀产业关联网络布局图可以发现一个共同点：节点 N（金属冶炼和压延加工业）、节点 Y（电力、热力的生产和供应业）和节点 AD（交通运输、仓储和邮政）都居于产业关联网络的核心地带，入度与出度值都较大①。这说明这些节点对于产业关联网络具有举足轻重的全局影响力。因此，在今后的产业发展与升级进程中，应提高生产效率，改进产品与服务质量，进一步发挥这些产业的前后关联作用，使它们更为灵敏地传递价格信号，提升整个产业系统的发展水平。

进一步研究京津冀产业关联网络的节点分布、拓扑特征和社团结构，有针对性地地提出以下对策建议：

第一，北京产业关联网络中居于核心地带的节点主要是工业半成品制造业（如节点 N：金属冶炼和压延加工品业）、能源生产行业（如节点 Y：电力、热力的生产和供应业）、生活型服务业（如节点 AD、节点 AI：交通运输、仓储和邮政业、租赁和商务服务业）和生产型服务业（如金融业：AG）。它们节点度值和出度值都较大（后向关联效应明显），具有显著的产业推动作用。但具体的生产型服务业，如节点 AJ（科学研究与技术服务业）、节点 AO（文化、体育和娱乐业）等，在北京产业关联网络中的地位还不明显，大部分还处于产业关联网络中非核心地带，还没有和其他节点在产业关联网络中形成社团，产业升级引擎作用还没有完全发挥作用在。因此，今后的北京产业发展中，应按照“四个中心”的首都城市战略定位进行发展，疏解非首都功能，持续推进经济结构优化：对于处在产业关联

① Pajek 软件的布局图中，度值较大的节点其在布局图中的直径也较大。

网络外围的劳动密集型行业，如纺织、服装、木材加工等（如节点G、节点H、节点I等）应积极地转移出去；通过各种方式扶持知识密集型、技术密集型产业和业态，提高首都经济的核心竞争力；继续提升生产型服务业在北京产业关联网络中的地位，发挥生产型服务业的集聚功能，促进北京产业向智能化、绿色化和总部化方向发展，全面提质增效升级，提升首都经济发展质量。

第二，天津产业关联网络中居于核心地带的节点主要化学产品制造业（节点L）、金属冶炼和压延加工业（节点N）和交通运输、仓储和邮政业（节点AD），处于产业系统枢纽地位的产业依旧是传统制造业和服务业。天津产业关联网络的平均路径长度也较长，拥有最大的网络直径，聚类系数较高，相比较而言其产业系统“大而全”。因此，天津在今后的产业发展与升级的道路上，应按照京津冀产业协同发展的大思路，引导制造业朝分工精细化、合作开放化方向发展：加快构建以现代装备制造业为基础，具有鲜明特色的产业体系，壮大发展天津特色的高端制造业，提高它们在天津产业关联网络中的枢纽地位。全面改造提升化学产品、金属冶炼、纺织原材料、食品等传统产业，按照京津冀发展一体化的产业要求，淘汰落后钢铁、水泥企业，化解过剩产能。与此同时，天津还要构建现代服务经济新体系，在生活型服务业稳步发展的基础上扶持生产型服务业发展，推动天津本地生产型服务业形成规模与品牌，培育信息咨询、会展经济、休闲旅游等产业增长点。

第三，河北产业关联网络中居于核心地带的产业与天津类似，传统制造业（节点N，化学产品制造业）和生活型服务业（节点AE，住宿与餐饮业）在产业关联网络中还处于重要地位。对比四个产业关联网络的拓扑性质和社团聚类结果，可以发现河北产业关联网络的平均路径长度和最大直径都较短，但聚类系数较大，社团结构相对简单，这说明河北产业系统呈现出“小而全”的特征。因此，河北在今后的产业发展与升级道路上，要以京津冀产业协同发展为要求，构造具有河北比较优势的产业集群，打造河北省特色智能化产业为基本原则，在做强已有产业的基础上，有针对性地培育适合河北实际情况的高端制造业。加速传统产业结构调整、技术储备和企业重组，调整优化产品结构、延伸产业链、拓展创新链，提高行业的技术水平和生产效益，形成河北产业的核心竞争力。针对河北已有的优势产业如汽车制造、电子信息、装备产业等，要继续加以扶持，提高规模与影响力，向域外拓展发展空间；促进化学品加工、建材制造等传统产业调整结构，实现“换挡升级”，促进食品、纺织等消费品产业和能源生产等传统产业提质增效；提升生产性服务业与现代装备制造业的联系度，以市场需求和未来发展为导向，推动全市生产性服务业升级。

七、结论与研究展望

利用复杂网络的理论与研究范式，对产业关联进行深入研究有着丰富的学术意义与实践价值。本文以北京、天津、河北2012年投入产出表为数据基础，优化节点之间的联系规则，构造了京津冀的产业关联网络，系统分析比较了它们的布局情况、拓扑特征和社团结构（具体见表8），并在此基础上提出了相应的对策性建议。

表8　本文主要研究结论

	北京产业关联网络	天津产业关联网络	河北产业关联网络
核心节点	N、AI、AG	L、AD、AC	L、AD、AG、
平均路径长度	1.8297	2.0195	1.9866
最大直径	5	7	5
聚类系数	0.3405	0.3521	0.3526
主要社团结构	3个	4个	2个

当然本文也存在诸多不足，这些问题将要在今后的研究中加以改进完善：

第一，需要采用历史数据，考察京津冀产业关联网络的演变情况，系统地对比京津冀产业关联网络在演变过程中表现出来的特征，全面分析京津冀产业关联网络影响因素，这样才能提出更有针对性的产业发展与升级的对策性建议。在后续研究中，将利用历年的投入产出表进行建模对比分析。

第二，进一步改进建模方法，产业关联网络建模关键点在于节点连接规则的选择，选取适当的阈值，才能保留产业关联中的重点关系，有助于开展深入的研究。本文采用的完全消耗系数矩阵四分位点作为阈值，有效地剔除了产业关联中的不显著联系，保留了产业关联中的重点关系。但由于四分位点的统计学特性，影响了产业关联网络部分特征的分析（如平均度、度分布等）。在后续研究中，需要进一步研究节点连接规则中阈值的设定标准，改进节点连接规则，尽可能地保留产业关联中的重点信息。

第三，及时更新研究数据，本文研究时所能采用的最新的地方投入产出表数据是 2012 年的投入产出表，以此为基础的研究显出了一定的滞后性。在后续研究中，应紧密跟踪地方投入产出表的编制情况，及时跟踪最新投入产出表发布情况，为后续深化研究提供扎实的基础。

参考文献

Albert R, Barabasi A L. Statistical Mechanics Of Complex Networks [J]. *Review of Modern Physics*, 2002(1):47 -97.

Barabasi A L, Albert R. Emergence of Scaling in Random Networks [J]. *Science*, 1999(5439):509 -512.

Campbell J. Application of graph theoretic analysis to inter - industry relationships. The example of Washington state[J]. *Regional Science & Urban Economics*, 1975(1):91 -106.

Erd ? s, P, Rényi, A. On Random Graphs I[J]. *Publicationes Mathematicae*, 1959(6):290 -297

Leontief W W. Quantitative input and output relations in the economic systems of the United States[J]. *The review of economic statistics*, 1936: 105 -125.

Li X, Jin Y Y, Chen G. Complexity and synchronization of the world trade web[J]. *Physica A: Statistical Mechanics and its Applications*, 2003, 328(1): 287 -296.

Slater P B. The determination of groups of functionally integrated industries in the United States using a 1967 inter – industry flow table[J]. *Empirical Economics*, 1977(2):1 –9

Watts D J, Strogatz S H. Collective dynamics of ′small – world′ networks.[J]. *Nature*, 1998,(6684):440 –442

方爱丽,高齐圣,张嗣瀛. 投入产出关联网络模型及其统计属性研究[J]. 数学的实践与认识,2008(9):34 –38

侯明,王茂军. 北京市产业网络结构的复杂性特征[J]. 世界地理研究,2014 (2):123 –132

刘刚,郭敏. 中国宏观经济多部门网络及其性质的实证研究[J]. 经济问题, 2009(2): 31 –34

邢李志. 基于复杂网络理论的区域产业结构网络模型研究[J]. 工业技术经济,2012(2):19 –29.

赵炳新. 产业关联分析中的图论模型及应用研究[J]. 系统工程理论与实践, 1996, 16(2):39 –42.

李茂. 北京产业关联网络的拓扑特征研究[J]. 北京社会科学, 2016(5):57 –67.

社会治理篇

世界级城市群背景下京津冀信息化协同发展研究

钟　瑛[1]

摘要：全球化时代，以大城市为核心的世界级城市群已经成为参与国际竞争合作的重要力量。与纽约、东京等成熟的世界级城市群相比，京津冀城市群已经具备了相应的经济体量，亟待发展世界级影响力。以物联网、云计算、大数据和移动互联网等为代表的新一代信息技术为经济社会发展提供新动能，本文建议从继续优化信息化应用环境、推进数据开放、加强个人信息保护、统筹“互联网+系统架构”、做好信息网络安全工作、提高市民参与度六个方面推进京津冀信息化协同发展，助力京津冀世界级城市群强化世界级竞争合作力量。

关键词：京津冀　世界级城市群　国际竞争　国际合作　信息化

一、引言

《京津冀协同发展规划纲要》指出，推动京津冀协同发展是一个重大国家战略；《中华人民共和国国民经济和社会发展第十三个五年规划纲要》明确要求建设以首都为核心的世界级城市群。城市群概念来自法国地理学家戈特曼，他在对美国东北沿海城市人口密集地区做研究时，首先提出了这一概念。1961 年，他从经济规模、一体化规模、核心城市功能等方面归纳了世界级城市群普遍具有的五大特征：总体规模大；城市密集；城市带

---

① 钟瑛，首都之窗运行管理中心，数据分析主管，博士，高级工程师。

连绵；有一个或多个国际性城市；一个或多个国际贸易中转大港。[①] 当时，符合这些标准的有六大城市群。

目前，京津冀城市群已经具备了世界级城市群的体量：第一，总体规模大。2016 年京津冀城市群总 GDP 68857. 15 亿元，约合 10593. 38 亿美元，超过墨西哥（10459. 98 亿美元），相当于全球第十五大经济体。[②] 第二，城市密集，城市带连绵。京津冀城市群包括北京市、天津市两个省级市，河北省的保定、唐山、廊坊、石家庄、秦皇岛、张家口、承德、沧州、邯郸、邢台、衡水 11 个地级市；2016 年京津冀城市群总 GDP 占比为全国的 9. 25%；天津、北京、唐山、廊坊、石家庄五市人均 GDP 高于我国平均水平。[③] 第三，具有北京这一国际性城市和天津海港、北京航空港等国际贸易中转大港。全球化时代，以国际性城市为核心的世界级城市群已经成为参与国际竞争合作的重要力量。按照国家的中长期发展计划，到 2030 年，中国要建设成为世界最大的经济体之一。相应的，京津冀城市群不仅要具备世界级体量，还必须具备世界级的影响力。在未来发展中，京津冀世界级城市群既要吸收其他世界级城市群发展的阶段性经验，同时，要充分利用新一轮信息技术升级，为经济社会发展提供新动能，加快培育京津冀城市群世界级影响力。

二、新一轮信息化为经济社会发展提供新动能

信息技术对经济增长的影响是很多学者研究的对象。近年来，众多学者从宏观经济发展、区域经济协调等方面论证了信息化对经济增长的显著正相关照。Jorgenson、Hawash 和 Lang 通过实证说明信息技术投资有利于生产率增长、有利于全要素生产率的增长[④]；徐瑾指出信息化使地区经济

---

① 杨俊宴等．长三角世界级城市群建设方向初探［J］．规划师，2006（3）．

② 数据来源国家统计局．

③ 数据来源国家统计局．

④ Jorgenson D W. A Retrospective Look at the U S. Productivity Growth Resurgence［J］. *Journal of Economic Perspectives*, 2008（22）。Hawash R, Lang G. The Impact of Information Technology on Productivity in Developing Countries［J］. *The German University in Cairo*, *Faculty of Management Technology*, 2010.

增长日趋协调，对拉动地区经济增长有积极的影响效应。[①] 杨洋测度安徽省 17 个县市的信息化发展情况并验证了信息化对区域经济增长有“稳健性”的促进作用。[②] 李立志测度河南省 18 个省辖市的信息化建设水平，利用线性回归模型实证说明了信息化建设水平与区域国民经济发展之间的积极影响作用。[③] 在微观经济领域，信息化、工业化“两化融合”、信息化与农村发展相融合等研究丛出不穷。仲伟周等指出中国制造业空间集聚程度与信息化水平呈显著正相关关系，可以通过不断加强信息化水平优化制造业聚集格局。[④] 魏新颖等选取 2001—2014 年中国 28 个省份高技术产业的面板数据实证发现信息化水平对高技术产业全要素生产率具有显著影响，随着市场化程度的提高，该影响程度进一步增强。[⑤]电子商务作用下的乡村城镇化跳出了“一产、二产、三产”渐次推进的传统发展模式，开辟了信息化带动城镇化的跃迁式路径。[⑥] 此外，随着信息化与各产业领域的深度融合，催生了一批具有国际竞争力的创新企业。党的十八大报告中突出强调了信息化在全面建成小康社会和全面深化改革开放中的重要战略地位，信息化本身不再只是一种手段，而是成为发展的目标和路径选择。[⑦]

基于物联网、云计算、大数据、移动互联网条件的“互联网 +”，简化了架构设计，增加了应用方式，扩大了应用主体，极大地降低了信息化建设与应用的技术门槛、建设成本和运维条件，为各行业转型提供了重要基础。

---

① 徐瑾．地区信息化对经济增长的影响分析［J］．统计研究，2010（5）：74 - 80.

② 杨洋．安徽省区域信息化水平测度及其对经济增长影响的实证研究［D］．合肥：合肥工业大学，2015.

③ 李立志．河南省区域信息化水平测度及其与国民经济发展之间的相关性分析［J］．经济研究导刊，2010（8）：52 - 54.

④ 仲伟周，吴穹，张跃胜，等．信息化、环境规制与制造业空间集聚［J］．华东经济管理，2017（9）：98 - 103.

⑤ 魏新颖，王宏伟．信息化对高技术产业全要素生产率的影响分析——基于面板门限回归模型的实证研究［J］．统计与信息论坛，2017（12）：34 - 41.

⑥ 罗震东，何鹤鸣．新自下而上进程——电子商务作用下的乡村城镇化［J］．城市规划．2017（3）：31 - 40.

⑦《胡锦涛在中国共产党第十八次全国代表大会上的报告》2012 年 11 月 17 日 http：//www. xinhuanet. com/18cpcnc/2012 - 11/17/c_ 113711665. htm.

表1　新一代信息技术为经济社会发展提供新动能

研究对象	研究者	研究观点
物联网	王宇① 杨勇攀	物联网极大地提高资源配置效率；为技术方式、生产方式、流通方式等带来创新
	乔海曙②谢璐芳	物联网产业联通产业链、疏导供需渠道
	杨铸③ 张军杰	物联网对改造提升传统产业、推动经济转型升级、增强信息产业核心竞争力和提升社会有显著作用
	王辉④等	物联网的不断发展，已对企业供应链管理产生越来越显著的影响
	张宇⑤等	农业物联网具有提高生产效率、降低循环流转成本、节约能源资源、提高农产品附加值、推动农业物联网设备和软件产业发展、保护生态环境、保障食品安全、平衡产业结构及推动人的解放等社会经济效益
大数据和云计算	杨美沂⑥林勇	基于云计算的政府统计平台提高了统计工作效率
	王岳龙⑦	云计算、大数据等新技术为进一步完善社会治理机制、提高公共服务能力和推进基本公共服务均等化提供了新的手段和契机
	罗铁军⑧ 肖兵	物联网、大数据及云计算技术应用在油田生产中
	徐晓东⑨ 孔晨晨	大数据云计算技术应用在全国机动车稽查布控系统中

① 王宇，杨勇攀．物联网对经济的影响探析［J］．技术经济与管理研究．2011（5）：89－92.

② 乔海曙，谢璐芳．物联网产业突破发展研究［J］．经济问题探索．2011（9）：95－98.

③ 张军杰，杨铸．我国物联网产业发展状况、影响因素及对策研究［J］．科技管理研究，2011（13）：26－29.

④ 王辉，沈洁，石英琳．基于物联网的供应链管理发展新趋势［J］．商业时代，2010（26）：21－22.

⑤ 张宇，张可辉，严小青．农业物联网架构、应用及社会经济效益［J］．农机化研究，2014（10）：1－5.

⑥ 杨美沂，林勇．大数据背景下基于云计算的政府统计平台构建［J］．统计与决策，2016（4）：8－11.

⑦ 王岳龙．大数据背景下基本公共服务均等化研究［J］．中国财政，2015（2）：57－59.

⑧ 罗铁军，肖兵，叶沛林，王宇蒙．浅析物联网、大数据及云计算技术在油田生产中的应用［J］．当代化工研究，2017（6）.

⑨ 徐晓东，孔晨晨，席正祺．大数据云计算技术在全国机动车缉查布控系统中的应用［J］．中国公共安全（学术版），2015（1）：87－91.

续表

研究对象	研究者	研究观点
移动互联网	韩传峰①	移动互联网技术在产业变革、信息消费、生活方式与沟通渠道等方面产生了巨大经济社会价值
	高志远② 曹阳等	移动互联网在智能电网中的应用还在初级阶段，应用前景广大
	陈欣③ 杨柳	移动互联网应用在医学高等教育中
	周玉萍④ 陈林川	移动互联网技术有利于提高软硬件环境，方便出游，便利旅游业的发展

信息化对于提高公共服务的绩效也有显著作用。赵保佑等指出信息化能有效促进城乡经济社会协调发展。[⑤] 刘密霞等指出信息化手段能够从全局的角度结合能源、水资源等基础设施与公共管理中的财政与税收、教育、经济等服务项目，起到集成与融合的全局控制作用，有效实现均等化。[⑥] 薛伟贤等指出信息技术能有效提升城市传统职能。山东省人力资源和社会保障厅通过对全省人社系统标准化、信息化、一体化的改造，全方位地提升了公共服务能力和水平。广州市坚持公共服务过程信息化，有效促进了公共服务廉洁化。[⑦] 郑林昌研究指出京津冀地区整体公共服务投入

① 韩传峰，王兴广，马俊乐．基于经济社会价值的移动互联网技术功能预测［J］．管理现代化，2015（5）：54－56.

② 高志远，曹阳，严春华，等．智能电网中的移动互联网应用探讨［J］．电力信息与通信技术，2014（5）：64－69.

③ 陈欣，杨柳，段小军．利用移动互联网应用程序促进医药学高等教育的研究进展［J］．中国药业，2018（5）：93－96.

④ 周玉萍，陈林川，喻兴琼．移动互联网技术在旅游业中的应用［J］．电脑编程技巧与维护，2018（2）：143－144.

⑤ 赵保佑．依托信息化推进城乡经济协调发展［J］．中州学刊，2008（3）：38－41.

⑥ 刘密霞，丁艺．可持续城镇化与信息化协调发展研究［J］．科技管理研究，2015（1）：188－192

⑦ 龙智光．广州推进公共服务廉洁化的经验与启示［J］．经济研究导刊，2017（9）：107－108.

产出综合效率较低；京津冀地区公共服务水平和效率差异较大。[①] 京津冀城市群要提高公共服务水平，不仅要加大公共服务的投入，更重要地是提高公共服务配置效率。

总的来说，新一轮信息技术革新了传统行业的生产方式、流通方式、营销方式，信息化的发展有效提高了地区、行业之间交易效率，降低空间上的互动成本，扩大交易范围、激发市场潜能。进一步地说，新一轮信息化能够促使区域内城市间的经济、社会联系更加广泛、立体，相应地促进了城市从封闭结构向开放系统转变。此外，它还有利于现有公共服务资源网络重组，一方面，通过大数据等技术定点投放，有效提高效率；另一方面，通过“互联网＋”把优势的、高质量的公共服务在整个京津冀区域延伸，教育、医疗卫生、就业等方面的不均等可以借助信息化实现溢出效应。在京津冀城市群发展进程中，借助新一轮信息化技术，打破区域内不同程度上存在的地区封锁和经济割据，建立市场主体在该区域跨行政区的活动网络，弱化行政区边界，推动经济社会发展各要素在整个区域内的流动和配置，是京津冀世界级城市群发展的必由之路。

二、京津冀地区信息化现状

为了较为全面地审视京津冀地区信息化现状，笔者综合了加拿大信息技术和信息分类法、英国电子经济评估体系、澳大利亚信息经济办公室指数、美国国籍数据公司信息社会指数[②]等测算方法，同时考虑数据易得权威，设计从信息资源、信息基础设施、信息人才储备、信息技术普及与应用、信息产业发展等方面获得基础数据，并相应比较分析。

---

① 郑林昌，刘晓．京津冀地区公共服务投入产出效率评价［J］．商业经济研究，2016 (21)：213－215.

② 叶勇．国外信息化水平测算方法简要评述［J］．中国电子商务，2012（3）．

表 2　京津冀地区信息化水平测算

信息化水平测算项目			北京	天津	河北
信息资源	音像制品出版情况	录像制品出版品种（种）	65	3	17
		录像制品出版数量（万盒、万张）	21.2	1.1	8.7
		录音制品出版品种（种）	168	69	131
		录音制品出版数量（万盒、万张）	40.6	48.8	587.6
	电子出版物情况	电子出版物出版品种（种）	51	51	129
		电子出版物出版数量（万张）	46.8	15.7	138.5
	公共图书馆基本情况	公共图书馆（个）	24	31	172
		总藏量（万册件）	2594	1806	2340
		人均拥有公共图书馆藏量（册）	1.19	1.16	0.31
	互联网信息内容情况	域名数（万个）	645.7	35.4	74.9
		网站数（万个）	60.9	5.1	12.7
		网页数（万个）	8400646.5	367090.4	872714.7
信息技术普及与应用	广播电视节目综合人口覆盖情况	广播节目综合人口覆盖率	100	100	99.35
		电视节目综合人口覆盖率	100	100	99.12
	有线广播电视传输干线网络及实际用户情况	有线广播电视传输干线网络总长（万千米）	23.8	0.7	20.4
		有线广播电视实际用户数（万户）	580.4	358.5	857.2
		有线广播电视实际用户数占家庭总用户数的比重	109.66	96.73	36.23
	电信通信服务水平	固定电话普及率（部/百人）	31.98	19.93	11.39
		移动电话普及率（部/百人）	178.06	96.01	95.33
		开通互联网宽带业务的行政村比重（%）	100.00	100.00	97.16
	互联网服务水平	互联网普及率	77.8	64.6	53.3
		互联网上网人数（万人）	1690	999	3956

续表

<table>
<tr><th colspan="3">信息化水平测算项目</th><th>北京</th><th>天津</th><th>河北</th></tr>
<tr><td rowspan="8">信息基础设施</td><td rowspan="4">电信主要通信能力</td><td>固定长途电话交换机容量（路端）</td><td>458340</td><td>117778</td><td>254380</td></tr>
<tr><td>移动电话交换机容量（万户）</td><td>5230.0</td><td>2585.0</td><td>11930.7</td></tr>
<tr><td>移动电话基站（万个）</td><td>14.6</td><td>5.7</td><td>25.6</td></tr>
<tr><td>光缆线路长度（千米）</td><td>306658</td><td>183854</td><td>1179976</td></tr>
<tr><td rowspan="4">互联网基础设施发展情况</td><td>互联网宽带接入端口（万个）</td><td>1784.0</td><td>724.3</td><td>3841.1</td></tr>
<tr><td>互联网宽带接入用户（万户）</td><td>475.8</td><td>283.9</td><td>1612.0</td></tr>
<tr><td>移动互联网用户（万户）</td><td>3594.0</td><td>1125.4</td><td>5518.3</td></tr>
<tr><td>移动互联网接入流量（万 G）</td><td>33436.1</td><td>10100.3</td><td>37107.8</td></tr>
<tr><td rowspan="7">信息产业发展</td><td rowspan="2">软件和信息技术服务业收入</td><td>软件业务收入（万元）</td><td>64160228.4</td><td>11858458.5</td><td>2101821.9</td></tr>
<tr><td>软件业务出口（万美元）</td><td>256703.0</td><td>8347.4</td><td>3805.0</td></tr>
<tr><td rowspan="2">企业信息化情况</td><td>企业拥有网站数（个）</td><td>20305</td><td>9848</td><td>16748</td></tr>
<tr><td>每百家企业拥有网站数（个）</td><td>64</td><td>53</td><td>57</td></tr>
<tr><td rowspan="3">电子商务情况</td><td>有电子商务交易活动企业比重（18%）</td><td>18.0</td><td>8.4</td><td>8.4</td></tr>
<tr><td>电子商务销售额（亿元）</td><td>12026.7</td><td>3035.0</td><td>2416.1</td></tr>
<tr><td>电子商务采购额（亿元）</td><td>9340.0</td><td>1434.8</td><td>1045.5</td></tr>
<tr><td rowspan="2">信息化人才储备</td><td>普通本科学生情况</td><td>普通本科学生授予学位书（人）</td><td>162698</td><td>145275</td><td>333949</td></tr>
<tr><td>普通高等学校情况</td><td>学校数（所）</td><td>91</td><td>55</td><td>120</td></tr>
</table>

数据来源　中国统计年鉴2017。

从测算表中可以分析，京津冀地区总体信息化水平较高，基础较好。北京信息化水平最高；河北、天津信息化水平分列第二、第三，二者差距较小。另一方面，可以看到，京津冀地区总体信息化发展协调程度较低，北京信息化发展程度远远高于天津、河北，在这一点上与京津冀发展程度有较大的相似度；信息资源、信息基础设施建设总量均衡，人均差距较大；企业信息化水平较高，信息技术普及和应用分布较为均衡；信息化人才储备总量较大；信息产业发展处于较为初级的阶段，发展潜力较大。在新一轮信息化机遇与挑战面前，针对发展不完全、不均衡状态，如果不采取相应措施，京津冀地区就可能导致丧失信息产业发展机遇，三地之间信息化差异继续扩大，最终影响京津冀世界级城市群协同发展。

三、推动新一轮信息化的措施

（一）优化信息化应用环境

优良的外部应用环境能促进信息化的有效发展。京津冀地区优良的外部应用环境应包括但不限于协调的行政框架、创新的政策体系、共同的市场规则。目前京津冀地区外部制约因素太多，首当其冲的就是三地政治地位不对等。由于中央政府在北京市，纵观自20世纪80年代提出的“首都圈”、90年代“首都经济圈”乃至21世纪初的“环首都经济圈”，京津冀地区的发展始终以北京为核心，导致“协同”往往变为“配合”。在信息化协同发展中，尤其要落实三地协同发展思路，2015年8月，取消京津冀的手机和长途电话漫游费是三地信息化协同发展的重要起步。从长期来看，要进一步弱化行政区划的影响，调整政策落差，克服部门、行业和体制性障碍；加大改革力度，推动建立统一开放、竞争有序的市场体系，刺激各企业相互竞争；大力创建信息化科技创业服务中心和创业投资机构，提供研发支持、资金保障以及成果转化等支撑服务，基本形成有利于互联网创新的宽松环境和支撑企业创新的政策体系。

（二）推进数据开放

大数据是新一轮信息化的核心技术之一，数据源是大数据应用开发的基础，政府是大量信息资源和数据的拥有者，促进政府数据开放直接关系到大数据应用的前景乃至最终成败。大数据类型丰富多样，按照数据产生的频率划分，既有实时数据，又有长期统计数据。按照数据内容划分，财政、交通、教育等各行各业的业务数据和数据应用的“数据”都可以纳入开放的范畴内。国外政府已经有很多数据开放的实践，如美国的政府数据开放平台（www. data. gov）开放农业、气候、教育等近20万个数据集；英国政府数据开放平台（data. gov. uk）提供有关商业、环境、地图等4万3千多个数据集；日本、澳大利亚等国政府数据开放平台也提供数万来自政府的数据集。我国北京市、上海市、深圳市也开发了城市数据开放平台，但是迄今为止，只开放了数百个数据集。即使考虑到国家级政府数据开放平台与城市级政府数据开放平台的不同，就绝对量而言，北京市、上海市、深圳市所开放的数据集数量仍然偏小。

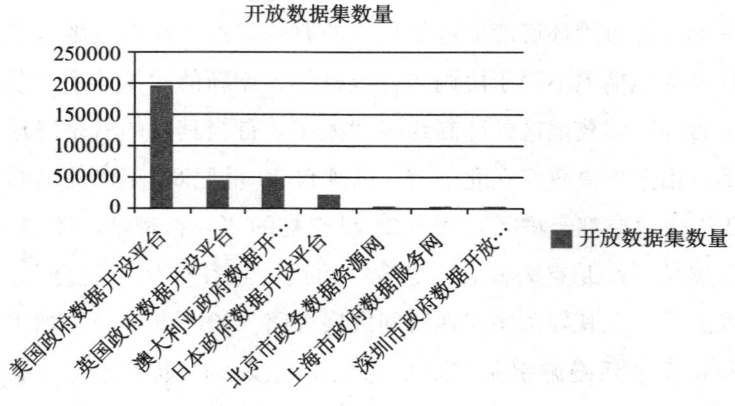

图1　政府开放数据集数量比较

因此，京津冀信息化协同发展要大力推动数据开放。第一，尽快形成政务数据开放目录编写，制定相关法律法规，推动政府间数据共享和协调，促使政务信息及时共享；第二，连接当前数据库建设与大数据统一开放平台，制定各种数据集标准，形成采集、存放、开放、利用全过程统一支撑，避免人力资源、软硬件成本支出的损失和浪费；第三，增加政府数据开放的深度和广度，探索数据交易模式，实现数据的增值利用；第四，加大政府开放数据的宣传，通过数据开放应用比赛等方式向全社会展示数据开放的利用价值，鼓励市场利用开放数据；第五，鼓励高校、企业、社会团体等开放数据，融入到政府开放数据中，统一服务。

（三）加强个人信息保护

新一轮信息化技术的迅速发展，对个人信息保护形成了极大的风险。

手机、可穿戴设备等物联网的应用，势必对个人的生活工作轨迹进行监控和记录；大数据、云计算可以处理海量个人信息，从而发现个人生活工作的规律；结合“画像”技术，可以推演个人的教育、职业等，准确率随着数据的积累而稳步上升。

目前，我国宪法规定隐私权是人身权利的一部分，从宪法到刑法到民法等多个法律部门、多个层次的法律法规中可以散见对隐私的保护。但是，这些规定中原则性规定多，操作性条文少，并且始终没有形成完整的公民隐私保护法律体系。因此，加强个人信息保护，首先，尽快出台《个人信息保护法》等专门法律。其次，对数据开放利用过程严密监控，出台相应法律法规明确个人信息中可供开发利用的数据范围和开发模式。最后，在技术上，尽快制定标准规范个人信息采集、分析、成果展示的要求。

（四）统筹建设系统架构

当前，京津冀地区信息化发展规划和方案较多，建设项目丰富分散。独立分散的信息化建设计划亟待统一在三地协同发展规划中，特别是构建在统一的系统架构中。在基础设施方面，构建京津冀世界级城市群云平台，按照京津冀地区—京津冀城市—城镇等多级联动的方式充分整合现有软硬件资源，实现资源动态共享，提高资源利用效率。在数据资源方面，建设兼容多种数据格式的新型数据库；对现存数据库，开发接口，实现共通共享；最好数据维护工作，实现数据同步共享、完整保密。在开发、运维方面，构建京津冀一体化服务平台，开放标准接口，提供统一开发平台，鼓励市场创新开发各类应用系统；提供高质量管理咨询，结合不同地区、不同需求提供基于标准化模块的定制应用系统，降低不需要信息化建设中的成本，减少后期开发运维成本。

（五）做好信息网络安全工作

当前，对信息网络安全的认识有两种倾向需要警惕，一是对信息安全威胁和保障了解较少，缺乏安全保护意识；二是对信息安全过度关注，认为信息安全问题很难解决，过度追求安全措施万无一失。两种倾向都会形成信息化协同发展过程中的障碍。

做好世界级城市群建设中的信息网络安全工作，每个建设单位都应注重以下几个方面：在组织层面，配置专业人员，加大资金投入，对组织内相关员工进行培训；在技术层面，针对信息技术的发展不断开发和应用新的安全技术与产品，实现身份鉴别、访问控制、数据完整性等安全功能；在运维层面，加强对安全事件实时监控快速响应力度，尤其是做好事前应急处理预案；在管理层面，加强访问权限设置、审核评估。

（六）提高市民参与度

在京津冀世界级城市群的信息化协同发展中，新一轮信息技术能够很大程度上满足人民对美好生活的期待，市民对信息化技术应用的参与度、满意度也应该成为评价京津冀信息化协同工作成效最直接最根本的考量标准。

当前，信息化建设主要应用预算资金绩效管理、工程项目和课题专项评价等作为主要评价标准，很少涉及市民对信息化项目的参与度、满意度的考量和评价。即使是公交一证通、政府上网工程等主要面向公众的信息化项目，仍然以部门自评、总结汇报等为主。这种考评方式可能导致信息化项目在设置、执行时，无法从公众获取最真实的反馈。这些信息化项目推出时的出发点和初衷是好的，但是可能由于不接地气，不仅不能给老百姓带来切实的方便，还可能造成麻烦。信息化建设的好坏和成败，最终要以老百姓说了算。这就要研究建立科学、系统的公众满意度评价体系，拓展创新信息反馈渠道，真实、客观、全面地反映群众的“声音”，将公众参与度、满意度评价纳入信息化工作的绩效评价体系。让京津冀城市居民更好地监督、反馈和推动信息化协同发展。

参考文献

彭力与黄崇恺，关于我国三大城市群建成世界级城市群的探讨[J]. 广东开放大学学报，2015(6):29-33.

肖金成，申现杰，马燕坤. 京津冀城市群与世界级城市群比较[J]. 中国经济报告，2017(11):94-98.

于迎. 从经济优先型到整体性规划：中国城市群发展新型动力建构战略及其实现路径[J]. 行政论坛，2017(5):45-52.

仲伟周，吴穹，张跃胜，等. 信息化、环境规制与制造业空间集聚[J]. 华东经济管理，2017(9):98-103.

魏新颖，王宏伟. 信息化对高技术产业全要素生产率的影响分析——基于面板门限回归模型的实证研究[J]. 统计与信息论坛，2017(12):34-41.

郑林昌，刘晓. 京津冀地区公共服务投入产出效率评价[J]. 商业经济研究，2016(21):213-215.

杨伟霖，李一. 区域联合构建城市群信息化公共服务平台探析[J]. 四川行政学院学报，2011(3):83-86.

许宪春，余航，杨业伟. 政府微观调查数据开发应用的国际经验和建议[J]. 统计研究，2017(12):3-14.

陈立梅，杨子婧. 大数据环境下的信息安全保障评估指标研究[J]. 江苏商论，2017(11):46-48.

嵇灵. 美国基于关键基础设施的信息安全法规概述[J]. 科技管理研究，2018(2):19-22.

周靖哲，陈长松. 云计算架构的网络信息安全对策分析[J]. 信息网络安全，2017(11):74-79.

东方. 国内外政府数据开放平台调查与分析[J]. 现代情报，2017(10):93-98.

沈亚平，许博雅. "大数据"时代政府数据开放制度建设路径研究[J]. 四川大学学报(哲学社会科学版)，2014(5):111-118.

徐瑾．地区信息化对经济增长的影响分析[J]．统计研究，2010(5)：74－80.

薛伟贤，吴祎．信息化背景下中国城市化动力系统分析[J]．科技进步与对策，2014(20)：42－46.

北京参与环京津贫困带治理的对策建议

何仁伟[①]

摘　要： 环京津贫困带的贫困受到区域总体社会经济发展、农村社会经济发展、农村剩余劳动力转移与城镇化等因素的影响等因素的影响，有效的贫困治理对北京在社会、政治、经济、生态等方面均具有重要的战略意义。在京津冀协同发展和2022冬奥会的背景下，可通过帮助建立环首都绿色食品生产供应基地，促进贫困带乡村产业振兴；探索北京与贫困带的长效扶贫机制；支持贫困带优先承接首都产业转移和发挥通州副中心在治贫中的辐射作用；扶持立足京津冀农村发展研究的新型智库等多方面，实现北京与环京津贫困带的互促双赢。

关键词： 环京津贫困带　乡村振兴　京津冀协同发展

一、环京津贫困带基本概况

环京津贫困带是指环绕在北京和天津，由位于河北张家口、承德、保定等地区的25个贫困县组成的“C”贫困区域（见表1）。环京津贫困带现有200多万绝对贫困人口，贫困程度深且集中连片，是我国燕山－太行山集中连片特困区的重要组成。2015年贫困带农民人均纯收入、人均GDP、人均公共财政预算收入分别为全国平均水平的66%、42%和11%。

环京津贫困带的形成与北京的优势地位有着较强的相关性。主要体现

---

① 何仁伟，北京市社会科学院市情调研中心副教授，博士，北京世界城市研究基地专职研究员

在以下几个方面：第一，历史性因素导致贫困。张、承、保等地素有京畿重地之称，为保障北京安全，长期被列为军事禁区，社会经济发展受到严重影响；第二，生态抑制型贫困。生态环境脆弱，且负有保护首都水源和涵养生态的特殊使命，产业发展受到限制；第三，政策性因素导致贫困。由于缺乏合理的生态补偿机制，贫困带承担了沉重的生态保护义务，却没有享受到应有生态保护权益；第四，“虹吸效应”加剧了要素贫困。北京与贫困带在社会、经济、文化等方面的强弱毗邻格局，致使位于磁场核心的北京对贫困带市场要素产生较强大的“虹吸效应”。综上所述，环京津贫困带为首都的发展承担了较多的责任，做出了较大的牺牲，北京在贫困带治理问题上应勇于担当，有所作为。

表1　环京津贫困带空间范围

地区	国家级贫困县	省级贫困县
张家口（11）	康保县、张北县、阳原县、沽源县、怀安县、尚义县、蔚县、万全县、赤城县、崇礼县	宣化县
承德（6）	平泉县、滦平县、隆化县、丰宁县、围场县	承德县
保定（8）	阜平县、涞源县、顺平县、唐县	易县、曲阳县、涞水县、望都县

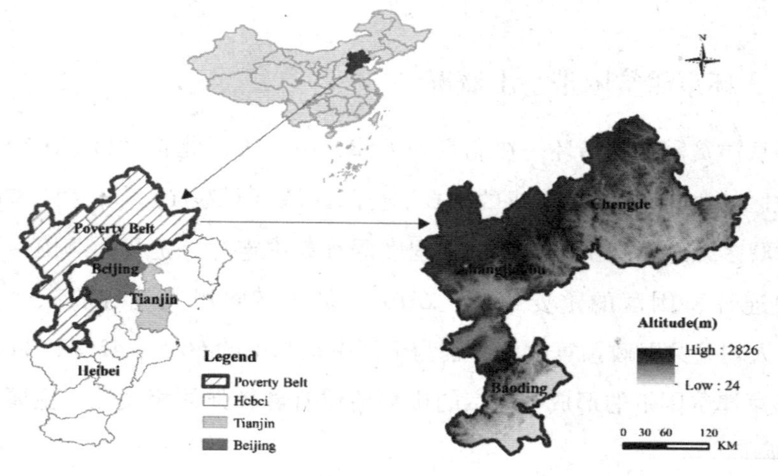

图1　环京津贫困带地理区位及海拔高程图

二、社会经济因素对贫困带影响

（一）区域总体社会经济发展对贫困的影响

在区域社会经济发展因素中，人均二三产业增加值和人均公共财政预算收入对农民人均纯收入具有促进作用。由表2可以看出，环京津贫困带与京、津、冀各省（市）的总体发展水平存在着巨大的差异，其人均二三产业增加值分别为京、津、冀20.20%、21.01%和62.09%，人均公共财政预算收入分别是京、津、冀的9.89%、13.27%和39.35%。人均二三产业增加值对农民人均纯收入的作用可以从两方面解释，首先，在贫困地区，随着二三产业增加值的增大，对农村剩余劳动力的吸纳能力越来越强，使得农业从业人员的比例越来越小，一方面，工资性收入和非农经营收入增加了农民的纯收入，并逐渐由农民收入的补充变成收入的主体；另一方面，农村剩余劳动力逐步向非农产业转移，减少了人口这个分母，耕地资源的负担得到减轻，从而促进了农村从业人员的纯收入的提高。人均公共财政预算收入对农民收入的促进作用表明，随着地方财政可支配收入的增加，政府对农村的财政的直接支持也会随之增加，从而促进农户收入的增加。所以，环京津贫困带应大力发展区域经济，促进二三产业发展和地方财政收入的增加，从而带动农民增收。

表2　2016年各区域社会经济发展指标对比

区域指标	环京津贫困带	北京	天津	河北省
人均二三产业增加值（元/人）	23755	117600	113085	38257
人均公共财政预算收入（元/人）	2313	23385	17435	5878

（二）农村社会经济发展对贫困的影响

在农村社会经济发展因素中，人均农业机械总动力和单位农业从业人员增加值对农民人均纯收入具有促进作用。由表3可以看出，环京津贫困带与河北和天津的农村发展水平存在着较大的差异，其人均农业机械总动力分别为天津、河北的56.57%和79.25%（北京无相关统计数据），单位乡村从业人员增加值分别是京、津、冀的43.47%、47.84%和90.97%。一般而言，农业机械总动力与农民人均纯收入呈正相关关系，说明机械化水平提高，一方面可以提高农业的农业生产效益，促进了农业经营纯收入的增加；另一方面可以使部分劳动力得以释放，向其他产业转移，从而增加非农经营收入和工资收入，进而促使农民增收。单位农业从业人员增加值的提高可以促进农民增收，说明农业科技进步和基础设施建设可以提高农民生产效率，增加农民纯收入。

表3　2016年各区域农村发展指标对比

区域指标	环京津贫困带	北京	天津	河北省
人均农业机械总动力（千瓦）	1.68	—	2.97	2.12
单位乡村从业人员增加值（元）	11376	26169	23779	12505

（三）农村剩余劳动力转移与城镇化对贫困的影响

农村非农就业人员比重和城镇化率对农民人均纯收入具有促进作用。表4可以看出，环京津贫困带与京、津、冀各省（市）的农村剩余劳动力转移与城镇化水平存在着巨大的差异，其农村非农就业人员比重分别为京、津、冀的39.47%、55.25%和66.07%，城镇化率分别是京、津、冀的45.28%、47.23%和73.46%。目前我国欠发达地区或贫困地区农村发展和农村经济面临的诸多问题，其中最突出问题是在农村地区存在大量的剩余劳动力以及农村城镇化水平的低下，严重制约着农村经济的可持续发展和贫困农民收入水平的提高。农村劳动力转移与城镇化水平之间是互促互进的辩证关系，农村剩余劳动力的转移是城镇化的有效途径，城镇化是农村剩余劳动力的必由之路。因此，缓解环京津农村贫困的须从农村劳动力转移和城镇化两方面同时着手，在城镇推进过程中，找到合理的农村剩余劳动力的转移途径和方式。

表 4　2016 年各区域农村剩余劳动力转移与城镇化对比

单位:%

区域指标	环京津贫困带	北京	天津	河北省
农村非农就业人员比重	35.03	88.75	63.4	53.02
城镇化率	39.17	86.5	82.93	53.32

三、北京参与贫困带治理的战略意义

北京镶嵌在河北省的空间范围之内，特殊的地理位置，使得环京津贫困带的治理在政治、社会、经济、生态等方面均具有重要的战略意义，具体体现如下：

第一，有利于提高首都城市形象，维护首都社会安全。

从社会、政治视角看，环京津贫困带与北京巨大的经济落差，使得首都周边地区存在的大量贫困人口涌入北京谋生计，贫困人口多属低素质劳动力，就业困难且劳动薪酬不高，不可避免地形成城市贫困阶层和贫困居住区，不仅直接影响首都北京的城市形象，也影响首都的社会安全。贫困治理可以缩小贫困带与首都的经济落差，使部分贫困人口实现就地谋生，进入北京的劳动力素质得到提高，从而对首都的城市形象和社会安全产生积极作用。

第二，有利于改善首都环境质量，维护首都生态安全。

从生态视角看，贫困带的生态环境恶化将严重影响北京的生态环境、大气环境质量以及城市供水安全。环京津贫困带是首都的生态屏障、风沙源重点治理区、城市供水水源地，首都北京多次出现的供水危机、官厅水库饮用水质变差、强沙尘暴天气都与贫困带的生态环境有直接关系。因此，采取综合性扶贫治贫措施，促进贫困带内的生态环境建设，可以改善首都环境质量，从而维护首都生态安全。

第三，有利于推动京津冀协同发展，为有序疏解非首都功能创造良好的区域环境。

从经济视角看，环京津贫困带的长期存在，必然影响到京津冀区域经济协调发展，不利于京津冀协同发展的推进。在地理空间上，落后破败的贫困农村环绕着繁花似锦的现代化大都市，形似相依相偎，实则云泥异路，天差地别的经济差异将严重影响到北京非首都功能的疏解以及京津冀区域经济的可持续发展。因此，采取有效的治贫措施，弥补环京津贫困带这一区域发展“短板”，将有利于京津冀协同发展的推进和国家总体战略目标的实现，为北京非首都功能的疏解和“大城市病”的治理营造良好的外部环境。

四、北京参与贫困治理的对策建议

北京与河北“地缘相接、人缘相亲、地域一体、文化一脉”，北京作为首都，助力驰援环京津贫困带，是义不容辞的政治责任。在京津冀协同发展的国家战略背景下，北京首善之区的建设与贫困带的发展更加休戚相关、情感相契。因此，北京参与环首都贫困治理时应有首善之举：

第一，帮助环京津贫困带建立环首都绿色食品生产供应基地，促进首都农副产品消费升级。

为建设首都生态屏障，贫困带将以发展绿色产业为主导方向，但是多年来贫困带产业结构调整依然缓慢，资源依赖性强、污染大的产业仍然存在。鉴于此，可由北京市农委牵头，帮助贫困带建立环首都绿色食品基地，通过完善的绿色产品商贸流通体系，大力支持贫困县与北京相关企业开展“农超对接”，探索带动贫困户精准脱贫的利益联动机制等多方举措，以国家乡村振兴战略的实施为契机，扶持其绿色产业的发展，促进贫困带乡村产业振兴。在带动贫困带脱贫的过程中，缓解京津冀区域资源环境的压力，同时满足首都居民对农副产品消费升级的需求。

第二，以2022年北京—张家口冬奥会的举办为契机，探索北京与贫困带的长效扶贫与共赢机制。

冬奥会的举办，有望推动张家口地区率先实现脱贫，环京津贫困带集中连片的格局将会被打破。同时，也为张承保等贫困地区立足区域特色、实现错位发展提供了千载难逢的机遇。在联合举办冬奥会的背景下，可由北京发改委牵头，探索首都北京与张家口的联动发展机制、跨区域的生态补偿机制、基本公共服务共建机制、生态涵养区的发展机制等，探索北京与贫困县的对口扶贫机制与精准扶贫机制。通过帮扶机制的创新，建立起北京与贫困带的长效扶贫与合作共赢机制，为冬奥会的成功举办提供保障。

第三，以北京非首都功能疏解为契机，在产业转移中实现扶贫，同时发挥通州副中心的辐射作用。

支持环京津贫困带优先承接北京产业转移，优先推动绿色清洁产业向贫困带转移，支持贫困带在可再生能源、先进制造、文化旅游、健康养老等产业的发展。贫困带在承接首都产业转移中实现脱贫，北京在产业转移中实现非首都功能疏解。同时，随着非首都功能的全面疏解，通州的副中心地位将得到进一步巩固，进而成为京津冀协同发展的关键节点，因此应充分发挥通州在产业、基础设施、公共服务、资源环境等的协同推进过程中对环京津贫困带的积极辐射作用。

第四，建立面向京津冀农村发展的新型智库，为京津冀区域的农村发展问题提供持久智力支持。

中国贫困问题归根结蒂是农村贫困问题。在课题经费导向下，目前有关京津冀区域发展的智库主要以服务城市发展为逻辑起点，少部分智库也做一些农村发展方面的研究，但大多都以城市为本位来研究农村发展和城乡统筹，其出发点和最终落脚点还是服务城市发展决策。京津冀协同发展和一体化进程的推进不可能一蹴而就。随着时间的推移，环首都绝对贫困将逐渐消除，但相对贫困问题还将长期存在，城乡统筹发展的新问题也将不断涌现。因此，大力扶持立足京津冀农村发展研究的新型智库，不仅可以为当前环京津贫困带的解决提供智力支持，还能为将来的城乡协调发展提供持久的科学决策。建议在北京市社会科学院成立“农村与区域发展研究所”，专门研究河北环首都农村区域以及北京远郊区县的贫困（或相对贫困）、乡村振兴、城乡融合发展、新型城镇化等问题。

参考文献

DFID. Sustainable livelihoods guidance sheets[M]. London: Department for International Development, 1999.

何仁伟, 陈国阶, 刘邵权, 等. 中国乡村聚落地理研究进展及趋向[J]. 地理科学进展, 2012, 31(8):1055-1062.

何仁伟, 李光勤, 刘运伟, 等. 基于可持续生计的精准扶贫分析方法及应用研究——以四川凉山彝族自治州为例[J]. 地理科学进展, 2017, 36(2):182-192.

何仁伟, 李光勤, 刘邵权, 等. 可持续生计视角下中国农村贫困治理研究综述[J]. 中国人口·资源与环境, 2017(11):69-85.

何仁伟, 刘邵权, 陈国阶, 等. 中国农户可持续生计研究进展及趋向[J]. 地理科学进展, 2013, 32(4):657-670.

何仁伟, 刘邵权, 刘运伟, 等. 典型山区农户生计资本评价及其空间格局——以四川省凉山彝族自治州为例[J]. 山地学报, 2014, 32(6):641-651.

京津冀区域差距测算分析

刘小敏①

摘　要： 京津冀协同发展是我国当前重要的国家战略。促进区协同发展重要政策基础是以区域社会发展差距的客观评价。本文利用建立一个简要的社会发展差距评估指标体系，并利用塞尔熵指数对各指标项的代表参数的差距值进行测算，通过专家评分法对各项差距设置权重，得到1990年以来京津冀社会发展差距的综合得分以及变化情况，并分析差距形成重点，给出相应的对策建议。结果发现，京津冀区域差距是全面的，不同侧面类别差距程度不一样，而且部分类别的区域差距有扩大趋势，值得重点关注。

关键词： 京津冀协同发展　发展差距　塞尔熵指数　指标体系

引　言

推动京津冀协同发展是党的十八大以来我国的一个重大国家战略，对于打造新型首都经济圈、推动京津冀一体化发展、促进全国区域协调发展、提升国家形象和国际竞争力具有重大意义。实施京津冀协同发展的重要依据在于京津冀三地区域间的严重发展差距，以及由于差距而形成的首都“虹吸效应”导致的“大城市病”。量化分析差距大小，探索减少差距工作举措是实施京津冀协同发展的重要政策基础。本文通过利用差距估算模型，测算京津冀区域内部的发展差异，评估差异重点以及动态趋势，为

① 北京社会科学院市情研究中心助理研究员，博士，北京世界城市研究基地专职研究员

进一步探索差距分布重点，提出对应政策建议。

区域差距指区域内部或区域间在经济社会发展上存在的差异，是广泛存在的共性问题，内涵广泛，可泛指到自然条件、历史因素、经济、社会和文化等多个方面。长期以来，区域差距是我国经济社会的重要问题，也是理论与政策研究的热点问题，目前，区域间的差距成为影响我国全面建成小康社会的严重障碍，有大量的学者从不同的层面针对我国在区域层面存在的不同类型的发展差异展开过丰富的研究，陈秀山与徐瑛（2004）通过计算基尼系数、变异系数、塞尔指标描述了区域差距变动状况，分阶段研究了不同时期区域差距形成过程中起主导作用的影响因素。管卫华（2006）分析中国经济层面的发展差异。许月卿（2005）通过量化估算我国经济发展空间差异变动，发现 1990 年以来，我国经济区域差异程度扩大。

区域间的差距研究从维度看可分为国家层面的东部、中部以及西部三大经济带（陈 钊 1999），区域层面主要有长江经济带、长三角、泛珠三角以及三峡库区、新亚欧大陆桥沿张等，省域层面有山东、江苏、广东、河南、新疆等，从时间演变的角度来分析中国区域间的差距变化情况，这些研究相对较多，有 Friedman（1987）（ 则认为改革开放以前中国的地区差异在扩大，Max. L 等 认 为 1978—1990 年中国省域之间差异缩小，自 1990 年起又开始扩大许多学者认为改革开放后中国东中西三大区域之间以及沿海与内陆之间的差异不断扩大。另一个主题是区域经济发展差异的形成原因研究，包括经济溢出效应，即在要素流动条件下，受外部规模经济和本地市场效应的作用，经济聚集形成差异，边界效应，即行政区域对发展差距的影响，以及梯度推移黏性等多方面问展开过研究。

京津冀区域协同发展应该包括社会经济建设在内的全面协同，因此，进行区域内社会发展的基本要素进行全面评估是必要的，区域间的综合差距表现为关键要素之间的差距，区域协同发展也是关键要素之间的协同。评估京津冀区域发展差距涉及经济社会文化等多个方面，选择关键指标构建指标评估体系可得到综合的差距。各个关键指标的差距值可利用塞尔熵指数方法估算得到。

因此，本文的安排如下，首先，概述京津冀区域发展差距内涵，选择描述区域发展差距的综合性指标，构建指标评估体系，并针对指标设置相应权重。其次，利用塞尔熵指数方法对代表各指标的关键变量差距进行估算，最后计算并分析发展差距的综合得分，根据分析结果，给出相应的政策建议。

一、京津冀区域差距的指标评测指标体系

（一）区域发展差距内涵

区域差距内涵广泛，囊括自然、历史、经济、社会以及文化多方面的综合差异，可从多因素、多时段进行比较，有着绝对差距和相对差距之分。为此，构建区域经济综合实力的评价指标体系来对京津冀区域社会发展差距的综合比较是比较合适，通过合理的指标设计，既可重点考虑某些具体代表性的指标，也可以通过合理的权重设计得到指标性的综合指标。

（二）区域社会发展差距指标评价体系

区域社会发展差距的指标体系的构成，从社会发展差距的基本含义看，首先，应该能表达经济发展实力的差距指标，既 GDP 或人均 GDP。其次，表达城市发展水平差距的城镇人口占比，表达社会发展潜力差距的研究与试验发展经费支出；表达社会公共服务发展差距的医院、卫生院床位数（万张/万人）；表达城镇人民生活差距的城镇居民人均可支配收入（元）和表达农村居民生活水平差距的农村居民人均可支配收入（元）；表达社会消费能力差距的社会消费总量，可见，该指标体系具有较充分性的代表性，能分别从经济、社会、城镇、消费、收入以及公共服务六大方面广泛描述区域发展差距。具体框架如图 1。

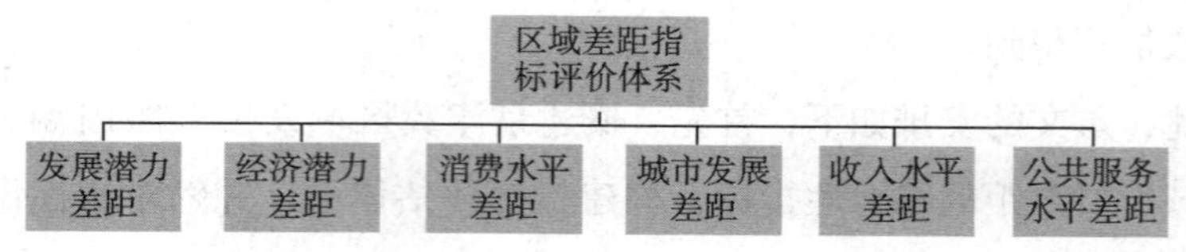

图1　区域社会发展差距的结构

（三）指标权重设计

目前国内外关于指标权重确定的方法有数十种之多，从大类上区分，根据计算权重时原始数据来源以及计算过程的不同，可以分为主观赋权法、客观赋权法和综合赋权法。由于客观赋值法所表现的“客观性”，使得其颇受一些学者的欢迎，然后，客观地说，客观赋权法也并非真正客观，首先受数据质量影响，其次受赋权方法的影响，不同的方法对结果会形成较为明显的差距，如因子分析法，这样的处理方法受数据量纲以及数据质量影响较大，结果也会存在着差距。本文倾向于主观权重法特征的德尔菲法。该方法由美国学者 I. Saty 提出的层次分析法（AHP）来确定各指标的权重为基础，通过专家评分法或专家咨询法，采取匿名的方式征求专家的意见，经过反复多次的信息交流和反馈修正，使专家的意见逐步走向一致，最后根据专家的综合意见，从而对评价对象作出评价的一种定量与定性相结合的预测、评价方法。

德尔菲法，具有如下三个特点：第一，资源利用的充分性。由于吸收不同的专家与预测，充分利用了专家的经验和学识。第二，最终结论的可靠性。由于采用匿名或背靠背的方式，能使每一位专家独立地做出自己的判断，不会受到其他繁杂因素的影响。第三，最终结论的统一性。预测过程必须经过几轮的反馈，使专家的意见逐渐趋同。

首先是聘请有关熟悉此方面情况的专家，根据上述指标体系的递阶层次结构逐层采用1—9标度法通过专家定性的经验判断分析，确定因素间两两比较相对重要性的比值，建立比较判断矩阵，通过矩阵运算和一致性检验，即可得到比较令人信服的各因素相对于上一层次其对应因素相对重要性的权值，即层次单排序。当计算出各指标的单排序权值后，按照层次结构自上而下逐层与所对应的上层因素的权值进行加权，具体包括计算出各要素相对于总目标的权值，即层次总排序，也即各个指标的权重。

德尔菲法的运用大致采取如下流程：

（1）组成专家小组。按照课题所需要的知识范围，确定专家。专家人数的多少，可根据预测课题的大小和涉及面的宽窄而定，一般不超过 20 人。本课题选取了 10 位长期在信访领域工作的专家。

（2）设计调查问卷，向所有专家提出所要预测的问题及有关要求，并附上有关这个问题的所有背景材料，同时请专家提出还需要什么材料。然后，由专家做书面答复。

（3）各个专家根据他们所收到的调查问卷，对相应的调查项进行重要性分析，提出自己的判断意见。

（4）将各位专家第一次判断意见汇总，列成图表，进行对比，再分发给各位专家，让专家比较自己同他人的不同意见，修改自己的意见和判断。

（5）将所有专家的修改意见收集起来，汇总，再次分发给各位专家，以便做第二次修改。逐轮收集意见并为专家反馈信息是德尔菲法的主要环节，直到每一个专家不再改变自己的意见为止。本课题一共采取了两轮问卷调查。

（6）对专家的意见进行综合处理。

经过专家的打分，我们得出了区域发展差距的指标权重表，见表 1。

表 1　指标体系的最终权重值

项目	社会发展潜力差距	经济发展差距	消费水平差距	城市发展差距	收入差距（农村）	收入差距（城镇）	公共服务发展差距
权重	0.21	0.25	0.13	0.08	0.06	0.06	0.21

二、关键因素的塞尔熵指数估算

（一）应用塞尔熵指数估算关键因素的差距

上述指标体系是由六个一级指标构成的简要指标体系，这六个一级指标本身是具备高度抽象的综合性指标，理论上每个一级指标均由多个二级指标综合求得。研究区域差异的方法很多，归纳起来可以分为四大类：一是众所周知的统计学方法，如变异系数（coefficient of variation）、基尼系数（Gini coefficient）、塞尔熵指数（Theils entropy index）等；第二类是公理法，它试图推导出适合一组合乎愿望特征的不平衡指标；第三类是建立社会安全函数，并根据这一函数推导出不平衡指标；第四类是模型法，通过建立空间分析模型、经济增长模型等模拟区域发展的不平衡性。

本文将选择塞尔熵指数

$$I_{theil} = \sum \left(\frac{y_i}{Y}\right) \times lg\ [\ (\frac{y_i}{Y})/(\frac{x_i}{X})\ ]\ C=1$$

或者，

$$I_{theil} = \sum \left(\frac{x_i}{X}\right) \times lg\ [\ (\frac{y_i}{Y})/(\frac{x_i}{X})\ ]\ C=0$$

其中，x_j，y_j 分别是第 j 地区的人口总量和经济总量。

该方法中，y_j 可能被替换而用来表达其他参数的差距大小，如当 y_j 收入、城市化、公共服务、消费以及收入参数时，可以用来表达该类参数的差距。朱凤凯（2014）将其应用到土地城市化与人口城市化匹配程度（即建成区人口密度）的区域差异研究，并以此来反映各省区土地城市化与人口城市化速率协调性的演变，及其对全国城市化区域差异造成的影响，可见，将 Y 的值用不同的参数替换可以估算该参数所代表的问题的差距分析。

该指数的内在含义是，以 Y 为收入参数为例，当区域间收入占比与人口占比相等时，经 Lg 函数计算为 0 ［LG（1）=0］，当区域间收入占比大于人口占比值时，且比值越大，Lg 函数估算值也越大，说明该区域以较少的人口占比获得较大的收入占比，当区域间收入占比少于人口占比相等时，Lg 函数计算为负值。可见，经加权求和（按收入份额或者人口份额均可）塞尔熵指数的值越小，说明该区域的差距越大。

（二）对区域发展差距的塞尔熵估算处理

首先，数据选择的年份。根据北京、天津以及河北地区的统计年鉴数据，可获取 1990 年、1995 年、2000 年、2005 年、2010 年、2015 年以及 2016 年关键节点年份的数据，共 7 个序列数据。这样既可表达区域发展差距的阶段性表现，也使得数据获取代价相对较少。

其次，数据选择方法。根据塞尔熵的估算方法，各社会发展潜力差距的计算参数应选择量计量单位，这样避免在估算时，过度人均化。因此，表达经济发展实力的差距指标，应选择 GDP，而非人均 GDP，表达城市发展水平差距应选择城镇人口总量，表达社会发展潜力差距应选择研究与试验发展经费支出额，表达社会公共服务发展差距应选择医院、卫生院床位数（万张/万人），表达城镇人民生活差距的城镇居民人均可支配收入（元）和表达农村居民生活水平差距的农村居民人均可支配收入（元）；表达社会消费能力差距应选择社会消费总量。

（三）处理结果

1. 计算体系估算综合结果

通过估算各一级指标的发展差距的值，结果本文设计的权重系数，通过加权求和的方法，可计算出综合差距值，具体见表 2。可见，从综合情况看，从 1990 年以来，京津冀区域发展差距总体表现出差距近十年来有扩大的趋势，从细节上看，前阶段有所缩少，2010 年以后发展差距不断扩大。具体见图 2 及表 2。

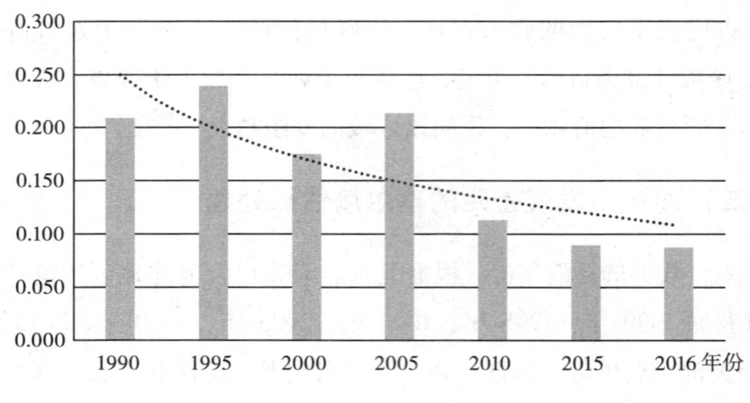

图 2　综合指标

表 2　综合差距结果

综合差距	1990	1995	2000	2005	2010	2015	2016
指标	0. 209	0. 240	0. 175	0. 214	0. 113	0. 090	0. 088

2. 各指标体系分项值结果及分析

下面给出各一级指标的估算结果，汇总见表 2。根据处理结果，从总体趋势来看，所有的指标均表出缩少的趋势，尽管部分指标在部分年份有所波动，但各指标的变化趋势与综合得分趋势基本一致。

从各一级指标单项看（见表 3），经济发展水平是通过 GDP 总量指标估算得到，从结果看，从 1990 年以来，经济发展水平差距变化不大，从 1990 年的 0. 056，到 2005 年达到最高值 0. 0249，但是到 2015 年又回到 0. 0534，可见，经济发展水平的差距变化不大，除 2005 年有所扩大之外，其他年份均处于 0. 53 上下。

城市发展水平的差距在不断缩少，1990 年差距在 0. 08 值，但是到 2015 年该值缩少到 0. 013，城市发展水平的差距有所减弱。以北京、天津为例，1990 年，就有着较高的城市发展，而河北省域城市化率进展相对要快得多，大量的新农城以及新城填建设，使得城市化水平总体得到提升。

社会消费水平表明为明显的扩大，1990 年为 0. 148，区域间的整体差距虽然较大，但也与2016年的0.041差距值要少得多，差距的变化主要是2010年以来，区域间消费差距不断扩大。

从发展潜力看，发展潜力相比其他参数的差距要少很多，1990年，发展潜力差距值为0.617，整体差距并不大，到2016年，该值仍高达0.257，但是与1990年相比，差距要大很多。说明，京津冀区域在研发投入的差距近10年有不断扩大的趋势，应给予足够的重视。

城市居民收入差距相对比较稳定，1990年差距为0.203，到2005年期间，指数有所上升，到2010年持平后，到2016年值有所下降，不过仍高达0.174，农村居民收入差距比较明显。农村居民收入差距相比城镇居民之间的差距要大一少，但是这种差距正在缩少，1990年农村居民收入差距为0.287，比城镇的0.203略高，到2016年，这种差距指标值缩少到分别为0.185和0.174。

以医院、卫生院床位数（万张/万人）为代表的公共服务供给的区域间差距，与其他因素相比是差距最少的，说明京津冀区域在卫生公共资源的差异上与其他的因素比并没有那么大，1990年，差距值高达0.375，到2005年其值仍为0.361，但是从2010年后，差距开始扩大，2016年为0.124。另外，可以理解的是早期我国区域间的以医院为代表的公共服务供给数量差距并不明显，差距主要是供给质量。

表3　各一级指标差距值

年份	1990	1995	2000	2005	2010	2015	2016
经济发展水平	0.056	0.077	0.056	0.025	0.048	0.053	0.053
城市发展	0.080	0.125	0.059	0.058	0.021	0.013	0.011
社会消费	0.148	0.186	0.116	0.097	0.068	0.044	0.041
发展潜力	0.617	0.447	0.433	0.940	0.323	0.258	0.257
城市居民收入	0.203	0.248	0.240	0.230	0.192	0.173	0.174
农村居民收入	0.287	0.290	0.262	0.277	0.231	0.184	0.185
公共服务	0.375	0.477	0.329	0.361	0.181	0.130	0.124
综合指标	0.209	0.240	0.175	0.214	0.113	0.090	0.088

三、政策建议

京津冀区域在经济社会发展水平、居民收入、城市发展、公共服务供给能力、区域消费能力等多方面均存在着不平衡，这种不平衡在不同侧面差距程度不一样，通过本文应用塞尔熵指数选择代表参数对以上方面进行差距估算，并利用指标评估体系进行加权求和，得到京津冀区域经济社会发展的总体差距，经过分析，本文得到以下几点结论及政策建议。

（一）主要结论。

第一，京津冀区域的综合发展差距从1990年以来，中期阶段有所缩少外，总体趋势是差距在不断扩大，这种扩大趋势在最近几年有所加速，说明，京津冀区域协同的压力在不断增大，这同北京的产业发展转型后以服务业为主的经济形态有关，而仍处于重化工业阶段的河北产业近年来面临着环境与转型的双重压力，这使得两者之间的差距有所扩大。

第二，从不同侧面的差距估算看，京津冀差距是全面的，但差距的绝对值与相对值均有所不同，从差距的绝对值看，发展潜力以及农村居民收入、公共服务之间的发展差距相对较少，差距明显的是城市发展水平、经济发展水平、社会消费水平。

第三，从1990年到2016年的差距变化程度看，经济发展水平、城市居民收入水平以及农村居民收入水平差距变化不大，而城市发展水平、社会消费水平以及公共服务水平差距增大明显。

（二）政策建议。

第一，以绿色产业为纽带共同促进河北城镇化发展。相对而言，河北是京津冀中最为薄弱的，而且是全面的，过去河北选择重化工业作为主导产业，在经济发展上取得不错的成绩，但是，由于生态环境压力不断趋强，提升河北的产业发展模式，减少贫困人口，缓解生态压力，实现京津冀协同发展，已成为京津冀区域协同发展的重要抓手。

第二，深化公共服务重点项目共建，促进公共服务资源共享。公共服务供给差距为京津冀开展公共服务共建共享提供重要的社会基础，针对京津在医疗服务上的供给优势，三地相关部门加强合作，在河北实施一些医疗的重点项目，对结医保结算，实现合作共享，既可提升河北医疗服务水平，也有利于缓解北京的公共服务供给不足。

第三，加强京津冀区域之间标准化建设。区域差距形成重要原因是京津冀在社会经济发展的政策、法规以及标准的上不统一，区域内部信息流、资源流难以实现共享，因此，加强京津冀之间的标准化建设，统一标准、统一政策，减少阻碍区域间经济协同发展的一切不一致政策、条文与法规等。

参考文献

陈秀山，徐瑛．中国区域差距影响因素的实证研究[J]．中国社会科学，2004(5)：117 –129.

管卫华，林振山，顾朝林．中国区域经济发展差异及其原因的多尺度分析[J]．经济研究，2006(7)：117 –125. .

许月卿，贾秀丽．近 20 年来中国区域经济发展差异的测定与评价[J]．经济地理，2005(5)：600 –603.

朱凤凯等．1993 –2008 年中国土地与人口城市化协调度及区域差异[J]．地理科学进展，2014(5)：647 –656.

陆大道，刘毅，樊杰．我国区域政策实施效果与区域发展的基本态势[J]．地理学报，1999，54(6)：496 –508.

陈国阶．我国东中西部发展差异原因分析[J]．地理科学，1997，17(1)：1 –7.

杨开忠．中国区域经济差异变动研究[J]．经济研究，1994，(12)：28 –33.

魏后凯，刘楷，周民良，等．中国地区发展：经济增长、制度变迁与地区差异[M]．北京：经济管理出版社，1997：39 –40.

覃成林．中国区域经济差异研究[M]．北京：中国经济出版社，1997：35－42.

贾琦，运迎霞．京津冀都市圈城镇化质量测度及区域差异分析[J]．干旱区资源与环境，2015(3)：8－12.

周虹，董少瑞．京津冀城市群经济发展区域差异综合评价分析[J]．区域经济评论，2015(6)：136－139.

京津冀协同发展背景下北京市旅游公共服务提升

赵雅萍[①]

摘　要： 旅游是城市功能的重要组成部分，而旅游公共服务是城市旅游功能得以实现的基础和保障。因此，无论是在建设以首都为核心的世界级城市群，还是在推进京津冀协同发展的过程中，都需要旅游公共服务的助力。近年来，北京市旅游公共服务发展的体制机制持续完善，政策环境不断优化，旅游公共服务体系渐趋完善。但与世界级旅游城市相比，与日益增长的游客需求相比，北京市旅游公共服务仍面临着供给不充分、分布不均衡、运营效率不高、科技支撑不足等发展困境。通过创新供给方式，增加有效供给，优化空间布局，强化科技支撑等路径提高旅游公共服务效能和水平，提升旅游者的满意度和获得感。

关键词： 京津冀协同发展　旅游公共服务　提升路径

当前，中国旅游业面临着从粗放型旅游大国向集约型旅游强国转变的战略任务。[②] 2017 年，在世界经济论坛公布的《全球旅游业竞争力报告（2017）》中，中国在 136 个国家中排名第 15 位，其中，在“文化资源及商务旅行”（Cultural resources and business travel）和“自然资源”（Natural resources）两个指标上排名领先，分别位列第 1 位和第 5 位，而“旅游服

---

① 赵雅萍，北京市社会科学院市情调查研究中心助理研究员，北京世界城市研究基地专职研究员。

② 李金早．推进全域旅游，实施三步走战略［EB/OL］．http：//www.cnta.gov.cn/xxfb/jdxwnew2/201702/t20170212_814570.shtml，2017－02－12/2018－05－10.

务设施”（Tourist service infrastructure）则排名第92位[①]。旅游服务设施是衡量目的地旅游公共服务水平高低的重要指标之一，与西班牙、法国、德国、日本、英国等排名前十的旅游强国相比，中国旅游公共服务的完善度和便捷性等都与其存在着显著的差距，旅游公共服务已经成为中国实现旅游强国梦的重要制约因素。北京是世界旅游的重要目的地和客源地，建设世界级旅游城市是中国建设世界旅游强国和北京建设世界城市这两大命题中的应有之义。而北京尚存在着旅游公共服务体系建设不完善，难以满足游客日益增长的便捷性、多样性要求等突出问题。因此，要以旅游公共服务体系建设为契机，提升北京在世界旅游业中的竞争力，助推世界级旅游城市的建设，乃至中国旅游强国梦的实现。

一、京津冀协同发展背景下北京市旅游公共服务面临的机遇

（一）区域发展战略为旅游公共服务提供有利发展环境

在新一轮的区域发展总体战略中，尤其是在“南快北慢”的发展格局下，南北平衡成了我国实施区域协调发展战略的重要突破口和解决我国地区差距过大等改革与转型发展问题的主要战略支点。[②] 京津冀地区与长三角、珠三角鼎足而立，是我国北方经济规模最大、开放程度最高、创新能力最强、吸纳人口最多的区域，也是我国优化区域发展格局，实现区域协调发展的重要节点。北京是京津冀地区的核心，是辐射和驱动京津冀地区，乃至北方经济发展的重要引擎，在平衡南北发展差距，促进我国区域协调发展中扮演着重要的角色。然而，由于行政壁垒、区域分化政策等因素的存在，各种资源在北京过分集聚，其极化效应明显大于扩散效应，与周边环京津贫困带形成了强烈反差，造成发展不均衡，产业结构不合理，

---

① World Economic Forum. *The Travel & Tourism Competitiveness Report*（2017）［R］. Geneva：the World Economic Forum，2017.

② 李兰冰，郭琪，吕程．雄安新区与京津冀世界级城市群建设［J］．南开学报（哲学社会科学版），2017（4）：22－31.

环境污染严重等问题，并严重制约着京津冀区域的可持续发展。为了解决上述问题，《北京城市总体规划（2016—2035 年）》提出，要深入推进京津冀协同发展，建设以首都为核心的世界级城市群。旅游业是综合性产业，产业关联度高、辐射面广，其发展可以牵一发而动全身，在促进区域协同发展、推动公共服务衔接等方面都具有不可小觑的作用。此外，旅游本身就是城市功能的重要组成部分，而旅游公共服务是城市旅游功能得以实现的基础和保障。因此，无论是在建设以首都为核心的世界级城市群，还是在推进京津冀协同发展的过程中，都需要旅游公共服务的助力。

（二）供给侧结构性改革为旅游公共服务提升提供动能

中国特色社会主义进入新时代，我国社会主要矛盾已经转化为人民日益增长的美好生活需要和不平衡不充分的发展之间的矛盾。旅游公共服务的发展实际上也正面临着不平衡不充分的问题。随着休假制度的调整、《国民休闲纲要》的实施，旅游市场呈现出大众化、散客化、常态化的新趋势。2017 年，国内旅游人数达 50.01 亿人次，同比增长 12.8%，国内旅游收入 4.57 万亿元，同比增长 15.9%，不断攀升的数据表明，普通老百姓已成为旅游的主体人群。京津冀地区集中着大量高品质旅游资源，并拥有数量庞大的潜在旅游人口，加之 2022 年冬奥会的成功申办，丝绸之路经济带等多重效应的叠加，该区域已经成为我国区域旅游发展格局中的重要一极。但在旅游、休闲日渐成为大众日常生活的“新常态”的背景下，旅游公共服务结构性供给不足与日益增长的多元化的公共服务需求之间的矛盾日益明显。供给侧结构性改革是我国应对经济社会发展“新常态”的一种改革新思路。旅游业也应当引入供给侧结构性改革发展思路，改善和优化旅游公共服务供给结构，提高旅游公共服务供给的质量和效率，以此来补齐我国旅游业发展的“短板”，不断提升旅游者的满意度和获得感。

（三）全域旅游的全面实施为旅游公共服务提升提供指引

2016 年，在全国旅游工作会议上，原国家旅游局局长李金早指出，传统的以抓点方式为特征的景点旅游模式已不能满足现代大旅游发展的需要，必须从景点开发模式转变为全域旅游模式。全域旅游是指将一定区域作为完整旅游目的地，以旅游业为优势产业，进行统一规划布局、公共服务优化、综合统筹管理、整体营销推广，努力实现旅游业现代化、集约化、品质化、国际化，最大限度地满足大众旅游时代人民群众消费需求的发展新模式。[①] 全域旅游涉及全要素、全方位、全过程、全部门，是新时期指导我国旅游业发展的重要战略。完善的旅游公共服务体系是全域旅游发展的核心要义。完善的旅游公共服务贯穿于游前、游中、游后服务的全过程，范围涵盖了食、住、行、游、购、娱等旅游六要素，内容涉及信息咨询、交通、安全救援等所有环节。优质的旅游公共服务“穿针引线”，将原本零散的旅游资源和旅游服务环节“串联”起来，为旅游者提供无缝化的旅游体验。因此，在全域旅游全面实施的背景下，提升旅游业发展的质量和效率，促进区域旅游协同发展，要以旅游公共服务领域为突破，通过区域之间共建共享优质旅游公共服务，吸引优质旅游公共服务资源的不断聚集，增强区域吸引力，并对旅游业发展起到重要支撑作用。

二、北京市旅游公共服务发展现状

近年来，以北京市旅游委为主导，不断优化旅游公共服务发展的体制机制和政策环境，加大对旅游公共服务的财政投入，使得北京市旅游公共服务体系得以持续完善。

（一）旅游公共服务发展的体制机制持续完善

北京市旅游委自2011年成立以来就设立了旅游环境与公共服务处，来专门负责推进旅游公共服务建设，并推动设立首都旅游产业发展联席会和旅游委兼职委员体制，形成创新联动的旅游综合协调机制，为北京市旅游

① 曾博伟，李柏文. 以供给侧结构性改革为指引推动全域旅游发展［J］. 红旗文稿，2017（17）：20－22.

公共服务发展提供了良好的体制机制保障。

（二）旅游公共服务发展的政策环境不断优化

同时，旅游委相继出台了《北京市旅游环境与公共服务体系三年建设指导意见（2012）》《北京旅游信息化发展规划（2014—2016 年）》《北京市旅游条例（2017）》《北京市旅游厕所建设管理三年行动计划实施方案（2018—2020 年）》《北京市进一步加强旅游市场秩序综合治理工作方案（2018—2020 年）》等政策，为北京市旅游公共服务的发展提供了良好的制度环境。

（三）旅游公共服务体系不断完善

在持续完善的体制机制与不断优化的制度环境的保驾护航下，北京市旅游公共服务体系发展持续向好。

1. 旅游要素保障服务体系建设现状

在旅游交通体系建设方面，目前北京市初步建立了以公交、地铁、出租车、旅游大巴、自行车等传统交通工具为主，城市观光巴士、“胡同游”三轮车等特色交通工具为补充的旅游交通系统，为旅游者提供了更多的出游选择。

在旅游集散体系建设方面，目前北京市已初步形成旅游集散中心、旅游集散站、停靠站点为辐射网点的三级旅游集散体系。其中，北京旅游集散中心推出了包括市内游、世界文化遗产游、京郊观光游、周边省市游、定制游等兼顾大众需求和小众意志，覆盖全市并辐射周边地区的共计 30 条旅游线路。

重点推进旅游厕所革命。自 2015 年习近平总书记就“厕所革命”做出重要指示，截至 2017 年底，北京市旅游委共计投入 7130. 78 万元资金对全市 615 座厕所进行改造；在 817 个景区、民俗村、乡村旅游新业态，共建设各类旅游厕所2438座[①]，5A景区做到了第三卫生间[②]全覆盖。

在旅游无障碍设施建设方面，以2022年北京冬奥会和冬残奥会的召开为契机，北京市从交通、商业设施、景区/点等环节入手，在食、住、行、游等方面完善了方便游客的无障碍设施体系。2017年，全市的三星级以上饭店已经全部完成无障碍设施改造，改造范围囊括了停车位、出入坡道、厕位以及客房、餐桌等，全市三星级以上饭店专供残疾人士使用的友好客房共有460间；全市60个主要景区已经完成了无障碍坡道和扶手改造工作，大部分景区实现了从下车到游览完毕的全程绿色无障碍。

2. 旅游公共信息服务体系建设现状

在旅游咨询服务方面，截至2017年底，北京市旅游委在已有的遍布16个区的347家旅游咨询站的基础上，分别在首都机场3号航站楼、北京西站和王府井步行街建立了三个市级旅游咨询站。在此基础上，形成了由主中心、分中心、咨询站点、触摸屏等组成的“i+n”模式旅游咨询服务体系[③]。

在旅游网络信息服务方面，北京市充分利用网络、物联网、蓝牙、二维码等科技手段，为旅游者提供信息服务，使之成为智慧型世界旅游城市建设的重要组成部分。到目前为止，北京市已建成了含有英、日、法、西、阿、德、韩七种外语版本的北京旅游信息网网站群，并与中国移动合作推出移动信息服务平台等措施，使得信息发布渠道逐步拓宽、信息内容不断充实。

在旅游投诉服务方面，北京市建立了24小时值班运转的旅游投诉信息处理机构，结合电话、网络、手机等通信工具搭建了全方位的旅游投诉服

---

① 宋宇．紧盯游客需求，推动北京旅游厕所革命走向深入［N］．中国旅游报，2017－12－21（5）．

② “第三卫生间”是指在厕所中专门设置的、为行为障碍者或协助行动不能自理的亲人（尤其是异性）使用的卫生间。

③ i即咨询服务主站点，由政府出资，主要布局于重点商业街区、重要旅游景点和交通枢纽周边，发挥示范及辐射带动作用；n是各分中心、站点等其他咨询服务设施或形式，由旅游企业提供日常运营资金和地点，政府提供基本办公设备和免费旅游宣传资料，征集旅游咨询志愿者。

务平台。此外，北京还将旅游相关单位与旅游业处理投诉服务功能加以整合，积极探索旅游投诉服务新举措。2017 年初，北京市公安局成立了环食药旅安保总队，设立了专门的旅游警察队伍来维护北京的旅游秩序，有效地保障了旅游者的合法权益。

3. 旅游应急救援服务体系建设现状

在旅游安全预警服务方面，北京市目前已制定了一系列相关应急预案，还成立了由市旅游委牵头的假日领导小组，每逢重大节假日都会启动旅游安全预警系统，在全市开展旅游安全大检查，并通过定期开展全市旅游行业“宣传周”、旅游安全“大讲堂”等活动，强化旅游安全教育。

在旅游救援服务方面，除国际 SOS 救援中心和法国优普环球援助公司以外，北京市还设有中国国旅总社旅游救援中心、神州旅游救援公司等商业旅游救援机构。相对而言，北京市在旅游救援服务体系建设方面已处于国内领先地位。

三、京津冀协同发展背景下北京市旅游公共服务发展困境

近年来，北京市旅游公共服务有了明显提升，但与世界级旅游城市相比，与日益增长的游客需求相比，旅游公共服务供给能力仍然不足。在京津冀协同发展的背景下，北京市旅游公共服务面临着供给不充分、分布不均衡、运营效率不高、科技支撑不足等发展困境。

（一）有效供给不足

由于旅游者对旅游公共服务权利意识缺乏，对旅游公共服务诉求表达机制和渠道不畅通，以及政府等供给主体“一刀切”的供给模式等问题的存在，导致旅游公共服务有效供给不足，主要表现在以下三个方面：

第一，传统的以入境、观光及团队游为导向的旅游公共服务供给多，面向大众化、散客化、定制化发展趋势的旅游公共服务供给少。2017 年，北京共接待游客 2.9 亿人次，对旅游公共服务的便利性、及时性、移动性

等要求不断增强，传统的旅游公共服务难以满足现实需求，特别是在旅游旺季和热点景区/点，出行难、停车难、如厕难等问题长期存在。

第二，惠及普通大众的旅游公共服务供给多，面向弱势群体，特别是老年人口的旅游公共服务供给少。截至2016年底，北京60岁及其以上户籍老年人口约329.2万，占户籍总人口的24.1%，户籍老龄化程度居全国第二。错峰游、郊区游都是老年人喜爱的旅游方式，但是针对老年人的旅游公共服务设施供给相对不足，这点在郊区游中表现得更为明显。

第三，面向传统业态的旅游公共服务供给多，以新业态为导向的旅游公共服务供给少。作为无边界产业，旅游业与信息化、生态化、农业现代化等相融合，催生了诸多"旅游+"业态，而目前针对这些新业态的旅游公共服务供给还较少，例如，针对线上旅游新业态如"微信组团旅游"等，政策性的旅游公共服务尚处于缺位状态，旅游者的安全和自身权益一旦受到侵害，往往投诉无门，得不到法律的保护。

（二）空间不均明显

从宏观尺度来看，由于区域分割、条块分割，跨区域旅游公共服务共享共建的体制机制不畅，北京聚集了大量优质的旅游公共服务资源，且这些优质资源无法发挥其辐射带动作用。因此，空间不均衡的现象在京、津、冀三省市之间表现得十分明显。从产业发展数据来看，北京凭借着首都地位、交通枢纽和资源禀赋等优势，旅游业发展远远领先于河北，乃至天津（见表1）。与区域旅游产业发展格局相似，京、津、冀三省市之间的旅游公共服务建设也存在着明显的不均衡，有些研究甚至用"断崖式"来形容差距之大。

表1　2016年京、津、冀三地旅游接待情况

类别	北京	天津	河北
星级饭店数（家）	723	651	622
旅行社（家）	1344	400	1360
旅游从业人员（万人）	14	2.9	11.3

续表

类别	北京	天津	河北
国内游客人次（亿）	2.8	1.9	4.7
国内旅游收入（亿元）	4683	2913.5	4610
入境游客人次（万）	416.5	82.4	147.6
国际旅游收入（亿美元）	50.7	35.6	6.7

资料来源：根据《中国旅游统计年鉴（2017）》、三省市国民经济和社会发展统计公报、旅游委官网等资料整理。

从中、微观尺度来看，由于北京城乡二元结构明显，城市中心区功能过度集中，北京城市与郊区之间、乡镇之间、景区/点之间也不同程度地出现旅游公共服务空间不均衡现象。上述现象的存在导致不同区域之间的旅游公共服务无法实现"无缝式"的对接，例如，旅游交通的"最后一公里"难题，极大地削减了游客的旅游体验。

（三）体制机制掣肘

长期以来，我国采取的政府主导型旅游发展战略，是导致体制机制掣肘的重要原因。在旅游业发展的初始阶段，由于旅游资源的稀缺性和垄断性，全国上下都采取政府主导型旅游发展战略，政府的主导作用更多地体现在产业促进层面，对把旅游业"培育成国民经济战略性支柱产业"的认知高于把旅游业培育成"人民群众更加满意的现代服务业"的认知①。北京也存在着这样的问题，政府的关注点更多地放在旅游产业促进和市场监管上，在一定程度上忽视了对旅游公共服务体系的建设，导致在建设中或多或少地存在着重建设、轻管理，重数量、轻质量，重硬件、轻软件等问题，这一点在基层旅游政府层面表现得更为明显一些。

政府主导旅游业发展的体制机制对旅游公共服务的掣肘，最明显的表现就是造成了旅游公共服务供给效率低下。旅游业涉及六大环节，在旅游公共服务建设中，承担着旅游行政主管职责的北京市旅游委需要不断协调

① 蔡萌，杨传开．大都市旅游公共服务体系优化研究——以上海为例［J］．现代城市研究，2015（10）：125－130.

与财政、工商、公安、交通、环保等诸多部门之间的关系，由于行政壁垒、信息壁垒的存在，导致信息不对称，有效供给不足，供给效率偏低。例如，作为旅游吸引物的景区，从隶属关系上就涉及住建、林业、宗教、水利等国家部委的各个部门，条块分割、多头管理带来的行政壁垒导致在旅游公共服务建设过程中，过度管理及管理缺失现象并存，加之政府主导旅游公共服务供给刚性较强、需求与供给之间信息不对称、政府失灵等因素导致了供给效率低下。再比如，在旅游公共信息服务供给过程中，各旅游公共信息服务平台之间，以及旅游公共信息服务平台与酒店、旅行社、景区等信息化体系之间存在信息壁垒，缺乏数据连接与共享，每个节点都是一个信息孤岛，导致信息不对称，信息资源的利用效率偏低。

（四）科技支撑不足

到目前为止，尽管北京市旅游委已发布了《北京“智慧旅游”行动计划纲要（2012—2015 年）》《北京旅游信息化发展规划（2014—2016 年）》等政策，但仍存在着规划引领不够，落实不到位的现象，导致以信息技术为代表的新技术、新产品在旅游公共服务管理、决策等各个领域推广和应用不充分。具体表现在以下三个方面：

第一，传统技术应用较多，大数据、云计算、人工智能、区块链、可穿戴智能等新技术、新产品在旅游公共服务的应用和推广较少；

第二，信息技术在旅游公共服务体系中应用的领域有限。目前，大多用于旅游公共信息服务领域，而在旅游交通、旅游应急救援、旅游惠民便民等领域应用的较少；

第三，即使是在旅游公共信息服务领域，信息技术应用的环节也有限。例如，目前信息技术更多地被应用在旅游基础资源数据的收集环节上，而在信息共享、服务交互、效果反馈等环节应用较少，没有建立从“信息搜集——信息交互——信息反馈”的回路，良好的旅游公共信息服务“供给 - 需求互动”模式没有被建立起来。因此，旅游公共信息服务往往存在着信息不对称现象，旅游者的利益诉求无法被很好地传递给供给方，导致供需错位。

四、京津冀协同发展背景下北京市旅游公共服务提升路径

（一）以供给侧结构性改革为指引，健全体制机制，创新供给方式

以供给侧结构性改革为指引，改变旅游公共服务体系单一由政府供给的局面，构建多元参与、共建共享的供给机制，充分满足游客多样化、个性化、特色化和精致化的需求，促进旅游公共服务供需有效对接。重点可从以下三个方面来着手：

首先，要明确政府职责，即哪些服务是必须由政府来提供的，哪些是可以引入市场主体来建设的。对于旅游基本公共服务，要坚持政府主导，服务直接延伸到基层一线；对于旅游非基本公共服务，在加强政府监督引导职能的基础上，可通过 PPP、BOT、政府参股、招标购买、委托代理、经济资助（财政补贴、优惠贷款、减免税收）等多种形式，创新供给模式。如上海市旅游委员会建设的官方旅游热线 962020，即旅游呼叫中心，就是政府和私人签订合同，私人负责生产，政府采购后再向公众提供公益性咨询服务。①

其次，要激活市场的积极性和创造性，鼓励和引导各类私人资本和社会资本参与到旅游非基本公共服务的供给中来。例如，可以在坚守公益性底线的原则下，鼓励旅行社与各个区级信息咨询服务中心共建，为市民和旅游者提供最大程度的便利。

最后，要建立以旅游公共服务为导向的绩效评价体系和问责机制。经验表明，有监管、有考核、有评估，各项举措的落实才有保证。应研究制定旅游公共服务综合评价指标体系，加强对各级政府旅游公共服务供给的

① 李爽，黄福才，钱丽芸．旅游公共服务多元化供给：政府职能定位与模式选择研究[J]．旅游学刊，2012，27（2）：13－22.

监测和评价，把旅游公共服务数量和质量指标纳入政府绩效考核体系。

（二）以建设服务型政府为导向，以人民对美好生活的向往为目标，增加有效供给

从政府的角度来看，首先，要以建设服务型政府为导向，重新认识和界定包括旅游者在内的公众在旅游公共服务供给中的角色和作用，以需求为导向，把人民对美好生活的向往作为目标，构建自下而上再自上而下的“双向互动”供给机制，提升旅游公共服务供给决策的科学性和准确性，为旅游者提供“精准服务”，避免供需之间出现错位。在具体的操作环节，为了避免“众口难调”，可由政府统一建设、配置、采购基本旅游公共服务项目，而非基本的旅游公共服务项目则可交给市场。相应的放权既可以避免“一刀切”的供给模式，又能提升旅游者满意度和获得感。其次，要完善旅游者参与旅游公共服务建设的平台和渠道，使其多样化、便捷化、流畅化。可发挥“互联网＋”的优势，充分发挥北京旅游委官方网站及微博、“北京旅游”微信公众号、客户端等作用，多渠道搜集和倾听旅游者的声音。

从旅游者的角度来看，要增强在旅游公共服务建设中的权利意识，充分运用旅游信息公共服务平台等各种渠道来表达自己的利益诉求和主张，实现从“被动参与”到“主动点菜”的转变；同时要充分发挥公众的监督作用，减少政府主导旅游公共服务的随意性，帮助其提高公共服务的意识和效率。

（三）以疏解非首都功能为契机，以全域旅游建设为抓手，优化空间布局

首先，加强与周边区域的协同化发展，积极促成京津冀旅游公共服务资源优化布局。京津冀旅游公共服务协同化发展的核心在于北京，要立足北京，以疏解非首都功能、冬奥会召开为契机，以服务全程全域的思想为导向，利用核心区外的疏解腾退土地建设辐射整个京津冀区域的旅游集散

中心、咨询中心；基于《京津冀协同规划纲要》和《京津冀旅游协同发展行动计划（2016—2018年）》，推动京津冀地区旅游交通体系建设，构建基于旅游交通体系的京津冀区域内阶梯网状集散结构，并以此推动京津冀旅游公共服务空间布局的优化。具体包括以下两个步骤：其一，构建以“高铁+汽车租赁”为主，城市立体化公交等为辅的区域间旅游大交通体系，打造“一小时经济圈”和“半小时通勤圈”[①]；其二，构建以旅游直通车、旅游观光巴士等为主的区域内、景区/点之间的旅游小交通体系，实现区域内旅游景区/点的交通闭环连接，解决“最后一公里”问题，通过区域间的旅游大交通体系和区域内景区/点之间的旅游小交通体系建设实现京津冀旅游公共服务无缝化衔接。

其次，在《北京城市总体规划（2016—2035年）》指导下，以疏解北京非首都功能，城市副中心文化旅游功能区建设为契机，控制和降低核心区的旅游密度，加大生态涵养区和新区旅游公共服务的供给；通过落实乡村振兴战略，加大京郊乡镇旅游公共服务的供给。

（四）以建设智慧型政府为导向，强化科技支撑，实现服务泛在化

以建设智慧型政府为导向，借助互联网等现代信息技术，提高旅游公共服务效能和水平，实现管理智能化、决策科学化、服务泛在化[②]。

运用“互联网+”思维，鼓励、支持和推动科技与旅游公共服务相融合。具体来说，其一，要加大探索云计算、大数据、区块链等新技术在旅游公共服务领域的应用；其二，要加大智慧技术在旅游公共信息服务之外领域的应用与推广，探索可穿戴智能、移动支付、金融IC等新产品、新技术在旅游公共交通服务、旅游应急救援等领域的应用；其三，要将信息技术普及到旅游公共信息服务的各个环节中，具体地，要借助智慧管理平台

① 殷平，高欣娜．高铁引导下的京津冀旅游一体化［J］．2016，15：66－67.

② 泛在化（Ubiquitous）原为拉丁文，意思是“神无所不在”。起初被用于形容网络形成一个“无时不在、无处不在，而又不可见”的环境或状态，此处是指随时随地都可享受到服务。

进行深入分析，打造集需求采集、服务交互、效果反馈于一体的旅游公共服务供给-需求互动模式，从而使旅游者能够自助导游、自助导航、自助导购等，获得全程、全时、全方位的流畅的、无障碍的旅游体验；同时，要建立跨部门的数据交换系统、信息发布系统等，完成旅游公共服务信息的汇总和整合，并借助智慧管理平台实现旅游公共服务数据的资源共享，消灭信息孤岛，提高旅游公共信息利用效率。

参考文献

World Economic Forum. *The Travel & Tourism Competitiveness Report* (2017)[R]. Geneva: the World Economic Forum, 2017.

蔡萌，杨传开．大都市旅游公共服务体系优化研究——以上海为例[J]. 现代城市研究，2015(10):125-130.

李兰冰，郭琪，吕程．雄安新区与京津冀世界级城市群建设[J]. 南开学报(哲学社会科学版)，2017(4):22-31.

李爽，黄福才，钱丽芸．旅游公共服务多元化供给：政府职能定位与模式选择研究[J]. 旅游学刊，2012，27(2):13-22.

宋宇．紧盯游客需求，推动北京旅游厕所革命走向深入[N]. 中国旅游报，2017-12-21(5).

宋宇．在新的起点上推进旅游业更好更快发展[J]. 前线，2017(12):49-51.

夏杰长，徐金海．以供给侧改革思维推进旅游公共服务体系建设[J]. 河北学刊，2017，37(3):126-130.

徐菊凤，潘悦然．旅游公共服务的理论认知与实践判断——兼与李爽商榷[J]. 旅游学刊，2014，29(1):27-38.

殷平，高欣娜．高铁引导下的京津冀旅游一体化[J]. 2016(15):66-67.

曾博伟，李柏文．以供给侧结构性改革为指引推动全域旅游发展[J]. 红旗文稿，2017(17):20-22.

基于地域特色的京津冀“城中村”治理研究

刘　洋　任　超①

摘　要：在城市发展过程中，出现了“城中村”现象，这破坏了当地的历史文化。本文着眼现代化城市建设中出现的“城中村”现实，从传承京津冀区域的文化特色和历史记忆的角度出发，对廊坊市三河市燕郊开发区的燕郊行宫村进行改造设计的探讨，意图将地域特色和历史记忆引入“城中村”的规划改造中，结合廊坊市燕郊开发区“城中村”改造实践，提出促进改造成功的设计建议。

关键词：京津冀　地域特色　历史记忆　城中村

引言

京津冀协同发展作为国家发展的重要战略，对协调各地文化，促进各地文化发展都有着积极意义。而“城中村”是我国城乡发展中不可回避的重要问题。十九大报告提出要实施乡村振兴战略，2018 年“两会”推出关于新农村建设的扶持政策，都在强调如何改善在城市发展中农村建设所出现的问题。因此，在大力发展新农村建设和城市中的“城中村”改造是急需我们解决的重要课题。

本研究通过实地调研廊坊燕郊行宫村，结合燕郊当地历史发展概况，分析场地改造后新旧元素的融合共生，探讨基于延续地域特色和历史记忆

① 刘洋，燕京理工学院艺术学院环境设计系主任，讲师。任超，北京市社会科学院市情调查中心助理研究员，博士，北京世界城市研究基地专职研究员。

的“城中村”改造模式，做出整体方案设计以及简要评述与展望。探讨新型城镇化形势下，“城中村”的空间价值、环境规划整治问题，提出打造具有京津冀协同特色、重拾历史记忆的整体思路，使“城中村”成为城市人居环境中宜居、宜业的空间组成部分。希望能够为廊坊市及其他京津冀经济圈快速发展地区的“城中村”改造工作提供一定的参考和借鉴，以期推动我国城镇化进程的全面健康发展。

一、行宫村村落概况

燕郊经济技术开发区（国家级高新技术开发区）位于北京市通州区东面，隶属于河北省廊坊市三河（县级市），与北京市中心天安门的直线距离约为30千米，距北京首都国际机场25千米，拥有得天独厚的地理优势。土地面积105.2平方千米，人口为60万人。在京津冀一体化大环境下，环北京经济圈的重要地理位置廊坊燕郊，城市发展快速，人口剧增，出现了很多“城中村”，行宫村便是其中之一。在燕郊中心地带，具有特殊的历史背景，问题也较为突出，“城中村”是现代化城市与传统农村的连接地，形成了现在环境恶劣、人流混杂，基础设施不完善，给人留下“脏、乱、差”的场地印象，失去了原有的地域特色和历史记忆。

（一）现状问题

燕郊虽属于廊坊市三河市。由于与北京通州只有一河之隔，具有优越的地理位置优势，2006年开始，10年间是燕郊房地产的黄金期，在政府鼓励和市场需求的情况下，燕郊城市发展迅速，住宅小区密布，楼房林立。同时在城市高速发展的进程中，有很多滞后于城市发展步伐、游离于现代城市管理之外的农民仍在原村居住而形成的村落，形成燕郊特殊的“城中村”现象。

在燕郊“城中村”现实存在的情形下，以行宫村为例，在行宫村中除居住区以外，主要有花鸟鱼虫市场、行宫市场以及二手家具市场，商品种类繁多，交通拥堵，有很多违章建筑。具体现状如下：（1）存在大量的违章违规建筑，而没有任何规划与建设部门的批准；（2）存在大量乱占、乱圈地现象；（3）行宫市场杂乱、脏旧；（4）大量的自建房充斥，满满的租客；（5）存在大量的安全隐患。

在行宫村的改造中，行宫市场的改造尤为重要。在整体改造中，行宫市场所在位置较为中心，也是重要的商业区，本文以行宫市场为中心辐射周围进行改造设计。

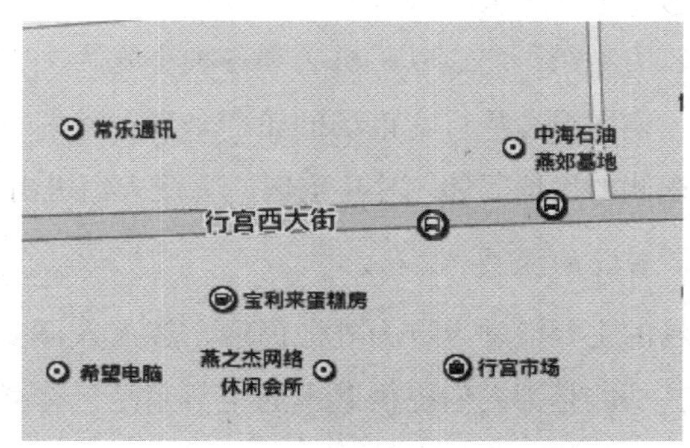

图1　燕郊行宫市场地

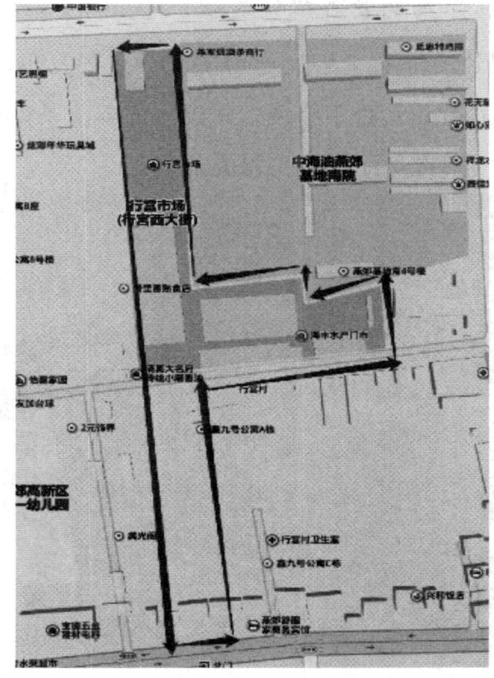

图2　燕郊行宫市场轮廓

1. 燕郊行宫市场周边及交通

燕郊行宫市场的周边交通便利，北门有813路、814路等公交车可以直接到达北京的CBD商圈，行宫市场的建筑改造就显得意义非凡，因为此地直接连接全国比较优秀的商圈，而燕郊得天独厚的地理位置和文化底蕴也为行宫市场的改造增加了更多的必要性。行宫市场与中海石油基地隔路北望，周边环境较为嘈杂，北边以手机店和各种小吃为主，南边紧邻燕郊人民医院和两个大型网吧。从行宫市场的轮廓来看，市场有一条从南到北贯穿的流线，而东侧的用地紧邻一片住宅区，方便人们进出市场。

2. 燕郊行宫市场的主要人群

燕郊行宫市场的主要活动人群为外地商贩，客人人群多为一些周边住宅区的本地人，其功能是为人们提供基本的生活用品，客群还有一些批发商等，为做生意，来此地进货，因为此地成本较低！

3. 燕郊行宫市场的景观建筑现状

市场的景观建筑非常老旧，通透的大棚是简易的铁皮建筑，建筑低矮，混乱，与周边建筑严重不搭调，建筑内部卫生条件极差，商贩在这种建筑里面做生意大多是为了节约房租成本。

图3 燕郊行宫市场现状（一）

图 3　燕郊行宫市场现状（二）

其中也不乏一些中式建筑的风格，如燕郊行宫市场的南大门，但是都已非常破旧，需要大修。整体的建筑已残破不堪。

图 4　燕郊行宫市场

图5　燕郊行宫市场大门

（二）燕郊行宫市场的调研结果分析

燕郊行宫市场地理位置优越，周边众多居民区环绕，交通便利，作为燕郊唯一的一座商业百货集贸市场已经经营了30年左右。昔日繁荣的景象早已不见，现在的行宫市场俨然成为城市中发展滞后的一部分，与周边区域的发展格格不入，原本两边宽敞的街道已经被私搭乱建的铁皮棚挤占，车辆与消费者都难以通行，道路凹凸不平，给周边居民的生活环境造成巨大影响，加之燕郊毗邻北京，所以将已被居民区包围且具有“城中村”性质的行宫市场改造是适应燕郊地区未来经济发展需要，满足人们供应需求的必然之路。

（三）地域文化特点

燕郊自古为京都重镇，因春秋战国时地处燕国都城（今北京）城郊而得名。这里历史悠久，底蕴深厚，唐宋以来，借助潮白河码头和京榆古道而兴起。清康熙年间在此修建出京首站行宫，为清朝历代帝后出巡拜谒东陵驻跸之所，素有“天子脚下，御驾行宫”之美称。三河市县志记载燕郊行宫建于康熙年间，占地约80亩，仿故宫格局，建有三大殿和偏殿99.5间。朱红色宫门镶嵌铜钉81颗，宫门两侧各有深25米，直径1.5米的水井1眼，称“龙眼”。门外左右各建一座朝房，宫墙四角建有4座更房，西北角有5层眺望楼，宫外东侧有御膳房。宫内外共建房359间，均为汉白玉、蓝砖琉璃瓦，富丽堂皇，雄伟壮观。为清帝后东巡东陵出京后歇驾第一站，行宫村因此得名。

二、行宫村改造利用的原则与策略

（一）改造利用原则

通过规划设计，改变行宫村行宫市场“脏、乱、差”的现状，在城市保留一块具有地域特色的记忆空间，建设美好人居环境，推动行宫村可持续发展。通过合理规划、环境美化、建筑立面改造、场地整治以及完善设施，进行科学可行的景观方案规划设计，将行宫市场改造成一个具有历史记忆和地域文化的商业空间。

以尊重文化、尊重现实、延续文脉为原则，与行宫村特有的历史文脉相结合，尽可能保留恢复原有空间格局，做到保护与更新有机平衡，因地制宜，满足人们对居住、休闲、购物、文化交流等方面的需求。

（二）景观建筑改造策略

1. 道路交通改造策略

由于行宫市场道路狭窄，车流、人流无法顺畅通行，首先，拓宽道路宽度，将小摊位的个体经营户分类、规划与整合放入建筑内部。其次，建造一座人行景观桥，使行人桥上走，车辆桥下过，实现车流与人流的分流。这样不仅解决了交通堵塞、行人安全得不到保障的问题，还使得人行景观桥成为燕郊地标性的景观，为整个燕郊地区带来极大的宣传作用。此外，在景观桥周围布满多种颜色的气球形状的景观灯，使夜晚的行宫市场格外光彩夺目，给前来购物的人们以高品质优雅的购物环境，购物的同时，也可在桥上驻足观赏。整个行宫市场的设计流线完整有序，南边从燕灵路进入，改造了南入口；北边从行宫西大街进入，改造了北入口。进入性街道两边设有导向标，展示了整体项目的形象特点，增强了仪式感。同时还设置室外餐吧区、烧烤区、私宴区、小型建筑展览馆等满足游客需求的区域。

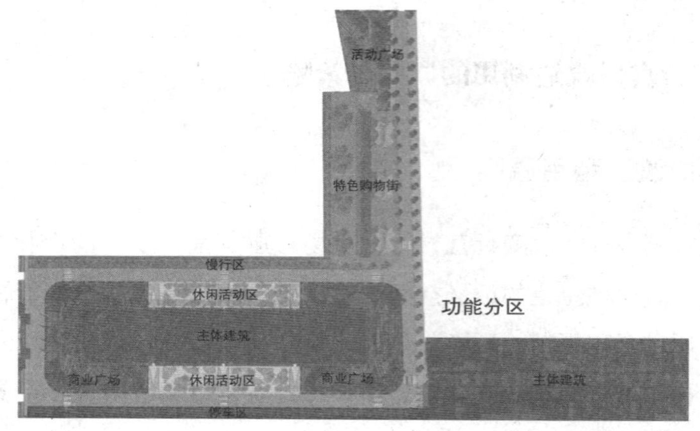

图6　功能分区

2. 地形塑造策略

为了增强行进的仪式感，将地面由南到北分为三个阶梯，每个阶梯依次上升20厘米，以地形的抬升巧妙地依次分出每一个比较大的分区。东侧开一个入口，方便东侧居民区的人们进入市场。

3. 建筑与景观的整合策略

北侧的用地较大，且处于地势的最高处，所以在此地起四栋商业建筑，方便八类商业活动人群的分类与整合。

南侧的街道相对北侧来说显得更加狭长，为了不浪费用地，在南侧起古建筑群，其主要作用还是商业，新引进一些类似于锣鼓巷古建筑群商业性质的商人，形成一条有趣味性、文化性的古文化街！

东侧的用地保留市井文化的感觉，起一条小吃街，其建筑风格为新中

图7　行宫市场文化街效果

式建筑，与周边的景观结合在一起，形成一条有玩味景观性的娱乐区。

图8　行宫市场小吃街效果

最东侧与居住区接壤，起一片阳光活动区，剪掉入口，使其成为居住区与市场区的过度区域。

图 9　行宫市场阳光活动区效果

4. 市场建筑设计策略

市场建筑设计为本项目最具特色的建筑设计，市场区起的四栋新中式建筑，高度为 12 米，分为三层，基层采用的形式是底座形，配上八个入口，寓意为商业空间的四平八稳。围合全部采用清水混凝土的形式，以递减的形势向上逐渐变小，接上二层的围合。二层的围合采用的是钢化玻璃的模式，要全部采光，解决调研现状的建筑低矮，背光等问题。三层的围合形式与二层一样，但其外围加穿插榫卯的中式建筑元素，以方形镂空为设计元素。整套设计的建筑屋顶采用砖瓦结构以及南方的尖顶建筑结构特点，建筑侧面采用木质结构与现代透明玻璃相结合，景观部分大多采用现代化的材质与风格特点，二者相互作用、相辅相成，使整个设计古朴、存新、古代浓厚的建筑色调与现代清新的景观色调相互配合。

从北到南依次为市场 1 号楼，市场 2 号楼，市场 3 号楼与市场 4 号楼。根据人行线主要是从东侧和南侧进，而车行线主要是从北侧进，市场 1 号楼主要分为烟酒茶行，厨具电器；市场 2 号楼主要分为杂货批发和布料衣着；市场 3 号楼主要分为粮油调料和杂货批发类；市场 4 号楼主要分为瓜果生蔬和海鲜生肉。这样分类既方便送货或进货的车流，也方便人们在市场购物。

图10　市场建筑效果（Ⅰ）

图11　市场建筑效果（Ⅱ）

5. 文化街建筑设计策略

文化街的建筑设计主要以传统中式风格为主，我们意再现中国传统建筑中的亭台楼阁，此处的建筑也是最能体现燕郊行宫市场文化底蕴的地方，以古老的燕赵文化为背景，用建筑的厚重感为底气。

此处应吸引一批外来的商铺，打造一条商业性质的古文化街，此处的商户品质相对市场建筑里的商户品质是较高的，让燕郊行宫市场除了只满足人类生活必需品的条件下还能满足人类对精神文化的需求。

整体建筑色调以原木色调为主，建筑的顶部以传统中式的坡式屋顶建造，顶部的色调以黑色为主，现代感厚重，底蕴足；楼梯的方式以潇洒的外凸形式建造，形象的体现了传统中式的美感，更能体现移步换景，多角度品味建筑带给人类的美感！

图 12　文化街效果图

以沥青石作为文化街的地面铺装，体现文化的历史感与传承感，仿照案例为成都宽窄巷子，北京南锣鼓巷等商业文化镇，文化街等。

6. 景观绿植设计策略

在商业街的空间处理上，绿化可以使空间具有尺度感和空间感，反衬出人所在空间的位置，同时也可以美化环境，达到增加街道景观的效果。

在整个行宫市场的边缘区域种植24棵国槐，既可庇荫乘凉，又体现了浓厚的文化底蕴。除此之外，整个商业街中放置多样化的种植，与建筑穿插进行并环绕周围，多重种类的树木与花朵，视觉上颜色的丰富多彩吸引人们的眼球，游神于整个商业街中，给人以视觉的享受。又遵循了可持续发展的原则，生态环境建设与改造同步进行，尤其在空气质量指数严重超标的河北地区，绿植的光合作用能够降低二氧化碳的排放量，提高植被的覆盖率，净化空气，又能对前来购物的消费者起到保护生态环境的警示作用。

图13　景观种植效果

7. 增设水文景观，提升文化品位

在入门的文化广场增设大型喷泉景观，使人进入商业街就感受到商业与自然生态的相互结合，水的流动增加了整条商业街的活力，与古朴的建筑形式，大片的绿色植被相辅相成，整个改造区富有生机与活力。整个喷泉造型由多层台阶组成，视觉上给地面一个抬升，划分上与周边景观相区分，更有层次感。台阶的周围布满花簇，错落有致，水的流动与花的开放形成一幅美丽的景象，营造了一个高雅个性以及休闲娱乐的商业街氛围，增添了生活情趣。

图 14　喷泉效果

商业街中三座景观荷花灯的设置，在夜晚起到照明的作用，给整个商业街赋予文化艺术气息和一丝神秘感。荷花在历史上被称为“活化石”，是优雅高贵、出淤泥而不染、不与世俗同流合污的象征，荷花外观的人造景观灯不仅富有崇高精神的象征，也代表了人类应与自然和谐相处、保护生态环境的意义。整条商业街中多样化的植物造景融合了社会美、自然美，满足了人们的审美要求、生理与心理需求，建筑景观与植物景观设计相融合，凸显了“以人为本”的设计理念，一个源于自然、高于自然的休闲娱乐之地应运而生。水景部分通过水的流动使整个行宫市场更具有空间感，达到了动静结合的美感。

图 15　水景效果

三、结语与启示

结合燕郊当地历史发展概况，分析场地改造后新旧元素的融合共生，基于延续地域特色和历史记忆的城中村改造模式，通过对燕郊行宫村改造设计，将行宫市场改造成功能完备的商业购物街、古文化商业街，保留其原有的百货商贸市场部分，既可以满足人们日常购物、休闲娱乐的需求，保障原本个体经营老板的正常营业，又可以将燕赵文化融入其中，吸引更多的人聚集于此，带动当地的经济发展。可以说，它既满足了“城中村”发展的现实需求，也满足了城镇化过程中的“城中村”发展走向。最重要的是这为京津冀地区具有相似情境的“城中村”内的商业地区景观如何融入区域性文化与历史文化、如何打造提供了可供参考的案例。正是基于此，它也给京津冀地区具有相似情况的“城中村”改造提供了重要启示。这种启示主要表现在宏观与微观两个方面。从宏观方面讲，整体考虑京津冀地区的历史文化记忆，即燕赵文化记忆与现代文化发展问题，把整个设计放在燕赵文化区域进行考察，在把握区域的历史与现代文化下，融合地方文化，突出地方文化特点。更好做到整体与局部相结合的“城中村”改造利用设计。从微观方面讲，在把握改造地区的实用性同时，增加审美体验，还要深入挖掘代表京津冀地区的燕赵文化的象征符号，通过象征符号在景观中的嵌入，突出三地的发展与融合。总之，行宫村以及行宫村内商业街区的改造策略，不仅利于本地的发展，更为京津冀地区，尤其是环京地区的“城中村”改造、“城中村”商业街区改造，在宏观与微观层面提供一种可供参考的思路。

参考文献

关牧村．增强京津冀文化协同成长[J]．人民音乐,2018(4):15.

王红英,李瑞琪．特色城中村景观设计初探——以建荣村为例[J]．现代园艺,2018(2):89.

黄治．城中村改造模式与策略研究[D]．武汉:武汉大学，2013.

厉基巍．北京城中村整治初步研究[D]．北京:清华大学，2011.

孙梦水．基于复杂系统理论的“城中村”发展研究[D]．北京:中国农业大学，2013.

兰宗敏，冯健．城中村流动人口日常活动时空间结构——基于北京若干典型城中村的调查[J]．地理科学，2012(4):409－417.

文化发展篇

世界级城市群视角下的城市文化传播与再生产

任　超①

摘　要：立足于当前国际与国内的城市群文化传播与生产现象，从宏观角度揭示出城市群内文化的传播与城市群的文化生产规律。城市群内的文化传播主要受城市传播媒介、信息流动与媒介素养因素影响，并依靠这些因素使市民完成对城市共同体的想象。同时，借助城市群文化的生产，让市民进一步对自身身份得到认同。最后，本研究通过对世界级城市群中城市文化传播与再生产规律的把握，进一步为京津冀城市群的文化发展提供一定依据。

关键词：世界级城市群　城市文化　传播　生产

一、引言

20世纪初，随着学者对城市研究的深入，关于城市聚焦现象的探讨已经成为学术研究的主要对象。不仅包括空间位置相近的城市间关系研究，也包括由相邻城市形成的形态、功能、地理位置、经济等多方面研究。近年来，尤其在20世纪60年代后，由于空间区域理念思潮对城市研究的影响，城市与城市之间关系的问题往往使学者愿意站在城市群的视角进行解读。

而这方面的探讨又主要沿着20世纪以来对于城市聚焦现象，包括诸如对城市与城市间的结构形态、功能、地理空间关系、经济关系等方面的问

① 任超，北京市社会科学院市情调查中心助理研究员，博士，北京世界城市研究基地专职研究员。

题来考察。可无论是60年代之前，对城市与城市间关系的研究，还是60年代后，对于城市群的研究，学术上关于城市与城市间的文化传播、文化生产的问题一直都没有成为城市群研究的重点问题，造成当前学术体系内没有形成一套可以解释城市群文化传播与生产的理论。

但目前来看，关于城市群间的文化传播与文化生产研究又是极其重要的问题。因为，随着现代社会城市文化的发展，城市与城市间文化形式的沟通将成为日后城市群研究的重要方向。同时，弄清城市群间的传播规律与生产规律，就可以清楚的解释出城市群地域间市民的身份认同、城市文化如何形塑等问题。毕竟，文化不仅是沟通物质世界和社会世界的手段，它更是维持城市间交流与认同的重要工具。

为此，本研究立足于当前国际与国内的城市群文化传播现象，结合当前城市群文化的消费主义和实用主义倾向，以图1所示，将从宏观角度揭示出城市文化传播演进路径，城市文化的消费主义传播、扩散，到消费主义文化再生产，寻求城市群中文化的变迁与生产规律。

二、城市群与城市文化

（一）城市群

所谓城市群，最早在格迪斯的《进化中的城市》一书中提出，他认为工业革命后的英国人口正呈现出向中心城市集聚的现象，并且城市与城市间的空间距离由于铁路与公路的连接变得更近，工业分工正在每个城市中形成。他把城市团块表现出的这一现象称为“集合城市”或称之为“城市群区域”。之后的芒福德在《城市发展史——起源、演变和前景》中，认为城市与城市间的组织结构将不同于工业化时期中心倾向的城市组织形式，而是在一定空间内聚散分布的城市团块，这些团块可称之为城市群。

正是依据对城市群概念的解释，许多城市研究者又提出了相关的城市群理论。芒福德的城市自组织理论，他认为城市群是自发形成的城市团块聚落，这个团块聚落维持与支撑着城市人们的物质需求与生活满足。

斯特勒提出城市资源传递理论，他认为城市群是以一个城市为中心，通过自身的不断演化使中心城市周围发展出众多满足中心城市发展的卫星城，并围绕中心城市发展出层级性城市系统，而各个城市间的资源也随着层级展开传递。根据斯特勒城市群的资源传递理论，约翰·肖特对美国东部地区城市带向东北海岸地区的资源流动进行解释，并最终得出异质性地区的资源流动情况。当然这种资源的流动不仅包括人口、物质上的流动，它也包含着不同城市间的文化流动。

保罗·平齐提出城市文化融合论，他指出，城市在相对有限的空间中集中了许多不同文化，而这些文化之所以汇聚到此，正是由于相邻城市的人群常常在城市间流动让不同文化相互作用产生，并通过各种渠道传播到周围城市。

通过学者对城市群概念的解释，以及对城市群理论的提出，可以发现城市群间的资源流动不仅是物质上的也包括文化上的，城市中的各种文化不是相互排斥的而是相互融合的，并且通过城市自身也可以把各种文化组织起来形成共同文化。这些理论观点为本研究奠定了理论基础。

（二）城市文化

什么是城市文化？在强调城市文化之前，有必要对文化这个概念进行阐释。文化通常被分为广义文化与狭义文化，所谓广义文化主要指知识、信念、艺术、道德法则、法律、风俗以及其他能力和习惯的复杂整体。所谓狭义文化则通常指绘画、雕刻、艺术、文学、思想、学术、教育出版等文化。一般来讲，所谓的城市文化则依据广义文化进行定义，较为容易理解的解释就是城市中人们的价值观念、行动准则、物质实体。换句话讲，城市文化就是城市人们的生活方式。

但本文研究的文化概念，则建立在狭义基础上，并融合了符号学关于文化的概念。

符号学中的文化概念主要由格尔茨提出，他认为文化是指历史地传承的，体现于符号中的意义模式，体现为各种符号形式传承下来的概念系统，依据它们的符号形式，人们交流维持发展有关生活的知识和对待生活的态度。他指出，“文化概念……实质上是一个符号学的概念。”同马克斯·韦伯一样，他认为人是悬在自己纺织的意义之网中的动物。在他看来，文化就是这些意义之网。文化分析并非寻求规律的实验科学，是探求意义之解释科学。同时格尔茨也指出文化与文学艺术这些狭义文化间存在着相互依存的内在联系。他说，文化就文学艺术等作用发生的角度来看，它是一个意义和象征的有序系统。城市文化，对个人而言，其界定、情感的表达、判断的决定等，其实就是一种文化符号的象征。正是，基于格尔茨对文化的符号理解，才可以更好地解释出城市文化中具有各种抽象性的文化象征符号。

为此，本研究所谓的城市文化就是指一种起源于城市的文化样式的符号。它与城市市民的消费观念相联系，如广告、大众电视节目、电影、流行音乐都是城市文化的符号代表。总而言之，城市群间会产生资源流动的现象。根据斯特勒的资源传递理论，其实每个城市的文化作为一种城市资源在城市群之间也会产生相互流动传播。

三、城市群的文化传播与建构想象

城市群内部城市的文化传播主要依靠现代化的通信媒体，现代通信媒体既让各个城市间的市民们了解其城市动态、传播价值观念，也为文化产品的消费提供服务。尤其当广告、大众节目、电影这种城市流行文化在当前越发流行时，各种媒体渠道在相应城市之间的传播，其功能体现愈加明显。同时，信息的流动与接受者的素质都会对城市文化传播起到重要作用。这都为城市群中的市民建构想象提供基础。为此，以下将从文化传播媒介、传播过程与市民如何建构想象这一传播结果三个层面分析，具体阐释出世界级城市群间的城市文化传播规律。

（一）大众媒体：文化传播媒介

20 世纪 50 年代以后，全球重工业地位呈现下降趋势，其地位正在被服务业所取代。这促使以文化创意产业、新闻业、电影业为主的服务业迅速发展壮大起来。随之而来的是传播其文化样式的媒体日益增长，并受到重视。如此就发展出从中心城市向周边卫星城市依靠媒体进行快速文化扩散的模式。

以美国的波士顿——华盛顿城市群为例，当20世纪50年代，以纽约·华盛顿为中心发展出城市群后，通过媒体传播与城市文化外溢，很快纽约的城市文化样式迅速通过广播、媒体、报纸等传统媒体，外溢到周边城市。这种传播模式并不复杂，其核心趋势就是沿着文化中心向外围扩散，最终在波士顿——华盛顿城市带形成以纽约文化为代表的城市群特征。

尽管城市群间依靠广播、媒体、报纸等对广告、电影、大众音乐进行传播。但之所以得已传播的主要因素，便是城市群间的文化特质具有极强的相似性。相似性的形成除地域、历史影响之外，还有一个重要原因便是以城市群中共同产业为基础，尤其以城市群中互相补充的高收入服务业模式，更容易创造接受共同文化样式的前提条件。以波士顿——华盛顿城市带为例，由于服务业发达，95%的地区都以金融服务业为主，让城市群间的收入并没有展现出过大差距。因此，以创新创意性文化观念与文化产品，更容易在此城市群中得已扩散传播创造了社会基础。基于此，20世纪50年代之后，波士顿——华盛顿的服务业带来了整个城市群间经济的增长，经济消费的增加，促使大众传播媒体更容易进入城市家庭，并且这些媒体进一步促进城市市民的消费与文化体验。

表1 2016年波士顿—华盛顿城市群工人与中产阶级的人均收入

单位：美元

城市名称	中产阶级人均年收入	工人阶级人均年收入
纽约	74897	52611
华盛顿	76732	49452
波士顿	78654	53198

显然，经济收入差距小，促使大众传媒很容易在城市群内产生影响。因

为城市中的中产阶级与工人阶级人均收入差小，城市群间的收入差也较小，这让城市创意文化产品、创意理念，都可以通过媒体进行传播，这些大众媒体也能在城市群地区进行文化传递，大众传媒作为媒介的主要依赖连接每个人。

（二）信息流动与媒介素养：文化传播过程

当前多种不同传播技术合并在一起，构成了信息的传输系统。它既包括通过网络连接和数字媒体的服务业前端，又包括以沟通设备的手机为搭载平台的后端。但无论怎样，一种文化观念与产品，在城市群中快速流动，基于两个重要条件。

第一，信息流动的社会条件与经济基础。越来越多的证据证明，信息能得以流动就是较为自由开放的社会条件。以国内的长三角城市群为例，可以发现城市不仅被看作革新和创造力之源，它也通过自由的、开放的空间，让城市文化得已以各种形式传播，这些文化不在区隔人们，而是以媒体、产品的形式面对每个人开放。在中心城市中的各种文化形态与人们自然紧密的联系在一起，并共同构成一个密集网络，通过网络逐渐延伸到整个城市圈。显而易见，自由开放的社会条件，让人们与城市文化、产品紧密结合在一起，并容易让信息快速流动。

同时，城市群中市民经济基础也是与文化传播过程联系在一起的。城市市民的经济基础决定着信息流畅程度与沟通程度。例如，一个智能手机下所承载的沟通与新闻软件，完全可以成为城市市民了解文化，城市群中文化相互扩散的物质实体平台。但如果把智能手机换成仅仅具有通话功能的手机，那么传播平台将无法发挥作用，信息的流动将受阻，而使用智能手机还是通话手机，很大程度上又取决于市民的经济基础。

第二，媒介素养的不同。媒介素养决定了文化传播的效果。每个城市中都存在着不同的群体，青年人、女性群体、工人群体、外来务工人员。那么源于中心城市的文化在不断传播中，面对不同人群肯定存在不能有效传播到每个人的信息。其主要原因在于中心城市内，不同群体由于知识背景、素养、阶层、经济收入等多方面的差异，造成各个群体对中心城市的文化持各种观念与想法、不同的内化过程与消费水准。如此差异，导致各群体立场、价值观无法完全与城市文化相符。中心城市文化产品、样式在城市内部由于个体因素形成了区隔。这种区隔并非仅在中心城市出现，中心城市在依靠媒体向城市群边缘城市传播时，由于城市群内部城市间空间距离的存在，每个城市内部的群体也存在着分化、存在着各自稍与中心城市文化不同的文化特点，导致各个城市间的市民对文化的理解方式不一，中心城市的文化可能在边界城市中被转化或转意。尤其，当一种文化产品不是通过现代媒体直接传达到市民耳中，而是通过内部的传媒渠道如城市内部公共空间的交流、自媒体对媒体的主观转述，这使城市群间的文化流动，很容易受到“文化操控者”或“媒体领袖”所操控，他们在城市文化间的传播过程中往往主导文化表达内容、意见的流向，致使他们成为“信号放大器、流向调节阀、意见气候营造者”，如此状况，作为市民其媒介素养，对文化产品、文化样式的判断力很容易受到干扰。这将成为城市群间文化传播过程的重要影响因素。

（三）建构想象共同体：衍生出的文化传播结果

尽管每个城市中各个群体的媒介素养不同，导致在一定程度上阻碍了城市文化在城市内的传播和城市间的传播，但这并不能阻止城市群中的市民通过城市文化构建一个想象的共同体。围绕城市的文化内容与文化形式所产生的价值，以及叙事功能满足市民在文化体验中的要求，即使不同城市群体充满反对或排斥，但现代的城市文化具备一种操控性，市民在城市文化长期反复影响下，无论何种群体，其精神很容易形成一致。正如，安德森所说的那样：“现代的城市文化具备了国家的权力操控，在现代传媒即是使用时，它更促使了想象共同体的神话制造和传播。”

如此，中心城市文化向边缘城市的流动，以及城市群间的文化流动都促使了城市群间的市民形成了一种建构想象共同体的基础。所谓想象共同体，就是根据对同一文化样式、文化产品形成共同的文化理解。因为在传播力量的作用下，城市内部、城市群间很容易被人们联想到一起，城市群内的市民，总会把各个城市群落作为一个整体进行看待，并通过相似的生活方式、文化理解等具有共同体化的想象成分。如此想象的共同体就被建立起来，而这也是城市群间文化传播与互相影响的重要结果。

总而言之，依靠城市的传播媒介，在信息流动加速与媒介素养趋同的情况下，中心城市文化更容易在城市群中扩散。最终更易以中心城市文化为核心，在整个城市群区域构建一种以文化为依托的想象共同体。

四、城市群的文化生产与身份认同

从中心城市向边缘城市的文化扩散，以及各城市间的相互影响，促使了城市群中各个城市的文化生产，同时这种文化生产的相似性也进一步促进了城市群中市民的身份认同。

（一）城市群的文化生产

中心城市的文化生产与边缘城市的文化生产，两者共同构成整个城市群的文化生产。关于中心城市的文化生产主要围绕刺激城市消费的文化生产方面展开。在现代社会中，中心城市作为城市群中的核心，主要目的是生产消费与创造消费，通过消费带动经济的增长，进而维持整个城市的运转。在中心城市中，文化生产通常与经济关系密切，文化生产也常常被作为一种类似工业生产的过程生产出来。因此作为城市文化样式的电视、电影、音乐、广告的生产就具有工业化特点。劳动技术分工、工作模式、营销模式等工业化特征在城市文化的形成变成一种生产展映出来。在城市群中的边缘城市，尽管也负责文化生产，但更多时候，他们的主要工作是在模仿中心城市的文化样式与内容，在此基础上进行文化改造。通过城市群边缘城市自身的文化生产，他们把文化传递给城市内的市民。同时，他们也在生产文化时，把一定的产品返销到中心城市之中，这样就形成一种城市群内部的文化生产模式。

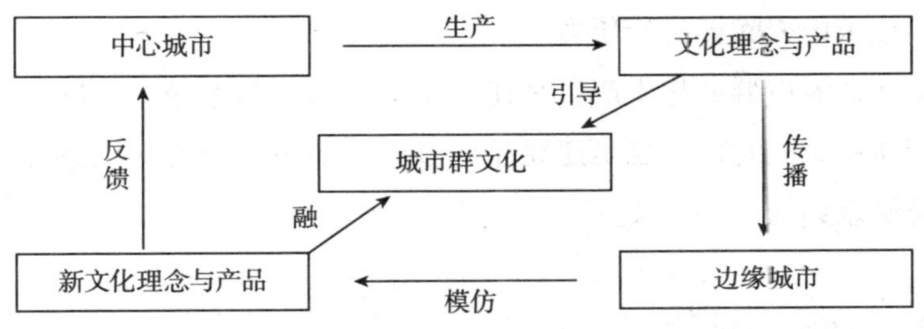

图 1　城市群文化生产模式

（二）市民的身份认同

通过对城市群文化生产的陈述，当前城市文化在城市群中的文化形塑不仅体现出一种文化性，更体现出一种围绕市民的消费性与实用性，以此表现出一种满足城市群体心理需要的文化的工业式生产。

对于城市群中的市民来讲，城市群所制造出的文化产品，在很大程度上形塑了市民对自身的身份认同。这种认同感源自于城市文化以消费为主导，它把产品的定位放置在市民的消费欲望上面，为了刺激市民的消费往往文化产品是适应市民胃口的。这样就形成了一个后果，当城市群内的市民具有相同的文化体验，满足相同的文化欲望，这让人很容易产生一种一致感。例如，在以“上海—南京—杭州”所形成的长三角城市群，一种以都市文学为背景的文化消费品能很快的在整个城市群范围内被消费者接受。特别是在上海开埠以后，由租界带来的西洋生活方式和审美趣味，更是极大地促进了都市化进程，使“十里洋场”成为上海现代社会生活和整个长江三角洲区域的基本象征。

除此之外，中心城市主义作为现代国家的共同特点，也让处于中心城市之外的人把中心作为标准，更认为中心城市是优秀的象征。很容易使城市圈内的人们形成一种观念，就是边缘城市是一种稍逊于中心城市的地方。在此情况下，当整个城市群的人们在享受城市群生产出的一种共同文化，形成一致文化体验时，就很容易消解掉城市间、市民间的身份差距。所以，城市群内的文化生产，正是调节城与城，市民与市民的认同感与身份感，让市民去除掉身份压力。

总之，城市群文化生产，是建立起中心城市与边缘城市的一种联动文化生产体系。同时，它也是建立起城市群内部市民身份认同感与消解城市居民身份差异的主要手段。

五、结论与讨论

本研究在对城市群视角下的城市文化传播与生产进行仔细分析后，阐释出了作为城市文化传播的媒介、过程、结果与文化生产与最终形成市民的身份认同。基于此，本研究的结论如下：

城市群文化的传播是通过媒体媒介进行传播的，在此过程中信息流动与媒介素养决定了城市文化传播的决定性因素。社会结构为信息流动创造了空间条件。同时，如果没有媒介素养作为基础，城市群文化传播很难让大部分社会群体接受，这都会阻碍城市群内部文化传播。为了满足最大城市群体的接受条件，大众化的音乐、艺术相继被生产出来，进一步为城市群内的人们构建想象共同体创造了条件。

城市群内部的中心城市生产文化内容与样式，流动到边缘城市。沿着中心城市的生产文化逻辑，边缘城市对中心城市文化进行融合、加工、创造，生产出相应的城市文化内容与样式，返流到中心城市中，由此形成了城市群内部的生产与流动机制。如此，就形成了一个相似的城市群文化，而市民通过这种相似群文化获得了自己的身份认同。

根据上述研究所得出的相关结论，我们也可以试着解释出当前京津冀协同发展中区域间巨大的文化的异质性问题。这种解释可以被归结为：一方面，由于京津冀地区市民个体的收入差距，造成北京的信息流动速度与媒介素养要高于其他两个地区，整个城市群的文化并没有达到整体的相似性，而是存在巨大差异。另一方面，由于城市群文化的异质性过大，导致城市群内的人们对城市群的身份认同度较低。但无论怎样，城市群的文化传播与再生产不应仅仅停留在理论分析层面，更应在城市群的建设与实践中去应用它们，如此才能真正地解决城市群文化应该如何传播与生产的问题。

为此，本研究认为搞好京津冀地区文化协同，国家政府应从以下四个方面进行把握。

第一，建立京津冀地区文化的协同机制。建立京津冀地区文化协同机制可以拉近京津冀地区的文化流动与传播。因此，在政府层面应努力建立起京津冀地区文化协同机制，配合北京的文化功能与国际交往功能，带动其他两个地区的文化发展。

第二，出台京津冀地区文化协同发展的法律法规。无规矩不成方圆，在文化协同发展方面，政府应先立规矩引导城市文化企业、创意文化机构等组织为文化协同发展服务。规范企业与文化机构的责任义务，遏制不良企业传播低俗、落后、反动的文化理念与文化产品。

第三，打造京津冀地区文化流动依靠的物质基础。物质基础是文化流动的基本条件，没有符合文化传播与流动的物质基础作为途径的话，文化的传播与流动，京津冀地区的文化协同就很难实现。为此，政府除了加大互联网、新媒体在京津冀地区的统一布局外，还应加大津冀地区的高质量、国际化的文化交流空间等实体空间的打造，让这两个地区的人们能享受到与北京同样的文化产品与文化体验。

第四，提升京津冀地区文化媒介素养。京津冀地区人们文化媒介素养提高，能有效的接受文化产品与文化理念，提升人们对京津冀地区的文化认同。同时，津冀文化媒介素养的提升也更利于对作为中心城市的北京文化的发展。

参考文献

王保平，徐伟，黄亮．全球价值链：世界城市网络研究的新视角[J]．城市问题，2012(9)：9－12.

周振华．全球城市区域：全球城市发展的地域空间基础[J]．天津社会科学，2007(1)：67－71.

盛蓉，刘士林．当代世界城市群理论的主要形态与评价[J]．上海师范大学学报(哲学社会科学版),2015(3):37-44.

保罗·诺克斯.城市社会地理学[M].北京:商务印书馆,2012:51.

董天策,刘晓伟.传播与“共同体想象”[J].南京社会科学,2013(9):101-105.

刘士林.海派文化与江南文化论略[J].江苏行政学院学报,2010(5):34-38.

美国东北部城市群文化产业结构布局与启示

田　蕾[①]

摘　要：以纽约为核心的美国东北部沿岸城市群作为六大世界级城市群之一，也是具有全球影响力的世界文化中心。通过分析纽约、华盛顿、波士顿、费城、巴尔的摩这五大都市区之间的艺术与文化产业聚集状况，研究发现该城市群经济发展与人口分布相协调，为文化经济的发展奠定基础，空间上产生了“一核两翼”的发展格局，形成了分工明确的城市群文化协作生产模式，并享受强大的政府支持力度。这一布局对京津冀城市群的文化发展主要有四点启示：促进地区发展平衡，培育区域文化经济；提升核心区集聚水平，优化文化产业结构；推动资源整合，强化文化分工协作与定位；创新文化资助模式，激发区域文化活力。

关键词：世界级城市群　美国东北部　文化经济结构　京津冀

一、引言

2015年出台的《京津冀协同发展规划纲要》明确提出要“打造以首都为核心的世界级城市群”，这是京津冀协同发展的终极目标。北京作为国家的首都，要成为世界级城市群的核心，也必然要成为世界城市。根据首都功能战略定位，北京作为全国文化中心，在发挥全球文化影响力、提升国家在全球中的文化地位方面肩负着义不容辞的使命和责任。在打造世

---

① 田蕾，北京市社会科学院市情调研中心助理研究员，博士，北京世界城市研究基地专职研究员。

界级城市群的战略背景下，北京不仅要提升自身的文化实力，更要与天津、河北紧密协同，在文化经济方面形成良好的产业分工明确、结构布局合理的共赢格局，共同培育成具有创新活力、具有全球文化影响力的世界文化中心。

纽约是公认的世界城市，所在的纽约大都市区也是全美经济贸易实力最强的核心地带。伴随纽约的发展，波士顿、华盛顿、费城和巴尔的摩也逐步繁荣，形成了以纽约为中心的美国东北部大西洋沿岸城市群，成为首屈一指的世界级城市群。本文将以美国东北部城市群为研究对象，研究文化经济结构状况及城市群分工特点，并据此分析京津冀协同发展中北京作为全国文化中心和世界城市在文化经济方面扮演的角色地位及发展方向。

二、文献回顾与评述

世界级城市群，又被称为“全球城市区域（Global CityRegion）”，是21世纪初期伴随着全球化和信息化带来的功能性分工不断深化产生的，即在高度全球化下以经济联系为基础，由全球城市及其腹地内经济实力较雄厚的二级大中城市扩展联合而形成的独特空间现象（Scott，2001）。现有世界级城市群相关文献主要可以分为两类。

一类是侧重理论探讨，研究世界级城市群的特点、形成机制与演化过程。城市与区域之间高度联系，有机分工，相互促进，在全球化作用下，城市群从区域性的空间演化为全球性的战略地域。20世纪初以来，世界城市体系的发展基本经历了三个阶段：世界城市、世界城市网络和世界级城市群（全球城市区域），从最初仅关注少数、单一世界城市的属性特征，到研究世界城市体系个体之间的相互联系，再发展到兼顾不同层级城市或区域的世界级城市群。如今，区域已经成为参与全球竞争的基本单元。李兰冰等（2017）总结了六大世界级城市群的三大典型特征：综合发展水平全球领先、国际影响能力非常强大、城市间具有明确的功能定位和清晰的分工合作网络。一些学者（魏也华等，2005；武前波和马海涛，2016）进一步关注到世界级城市群中二级城市的功能定位问题。除了经济方面的关联，刘靖和张岩（2015）认为城市群在空间整合与功能整合方面逐步统一，涵盖了空间、经济、社会、文化、环境、信息、制度等多方面。Martinus& Sigler（2017）提出，地理邻近、组织距离、社会文化距离、制度距离、认知距离在全球城市区域网络的构建中发挥重要作用。

另一类是比较研究，国内研究（尹德挺和史毅，2016；安树伟和闫程莉，2016；石敏俊，2017；李震和刘品安，2016）重点分析京津冀、珠江三角洲城市群、长江三角洲城市群与世界级城市群的差距和发展方向。若干都市连绵带的连接是形成世界级城市群的关键步骤。多数研究认为，当前京津冀地区，北京与其他城市发展能力梯度落差较大，经济密度较小、产业结构偏重，产业关联松散、区域经济差异过大，尚未形成世界级城市群一般具有的多核心、星云状、网络化空间结构。

综上所述，已有关于世界级城市群的研究多是关注人口分布、经济规模、产业结构与布局等方面，而对文化经济关注较为少见。随着数字经济的兴起，文化产业发展更加迅猛，现已成为美国的支柱产业，且主要集中在加州和纽约州两大区域。研究美国东北部沿岸城市群文化经济和核心城市——纽约的文化产业分工合作、空间合理布局、要素有效配置、创新能力培育和政策体系引导等方面对北京更好服务京津冀协同发展提供有益的经验借鉴和启发。

三、美国东北部城市群文化经济结构分析

（一）范围界定

在六大世界级城市群中，最典型的是以纽约为中心的美国东北部沿岸城市群。本文所研究的美国东北部世界级城市群，包括以纽约、费城、波士顿、华盛顿、巴尔的摩为核心的五大都市统计区（Metropolitan Statistical Area）或称为绵延区、都市圈，不包含农村地区。据美国联邦管理与预算办公室（OMB）界定，都市统计区（MSA）是指以某一大型城市为核心绵延而成的一大片相邻区域，内部经济与社会高度一体化。根据美国联邦经

济分析局（Bureau of Economic Analysis）统计，2016年五大都市统计区经济总量约为2.8万亿美元，约占全美国都市区经济总量的18.8%，人口总量约4000万人，约占美国都市统计区总人口的14.4%。

（二）经济发展与人口分布相协调，奠定文化经济发展基石

这五大都市绵延区之间形成了以纽约大都市区为核心，以华盛顿、费城、波士顿三大都市区为二级城市，以巴尔的摩为外围地区的分工合理、布局完善的世界级城市群体系。纽约—纽瓦克—泽西地区经济规模位列全美382个都市区的首位，经济实力雄厚，人才密集，对外联系密切，是面向全球产业的重要窗口。2016年常住人口2000万人，实际GDP为1.4万亿美元，经济总量和人口总量均占美国东北部城市群的50%；出口总量高达1510亿美元，占美国东北部城市群的比重约为60%，被称为世界经济与金融枢纽，是名副其实的世界城市。

第二位是横跨华盛顿特区、弗吉尼亚州、马里兰州、西弗吉尼亚州的华盛顿特区—阿灵顿—亚历山大都市区，是全美第五大都市区，虽然GDP规模不足纽约大都市区的1/3，但人均GDP水平较高，且人口比重与经济比重相适应。费城—卡门登—威尔明顿和波士顿—剑桥—牛顿，这两大都市区像纽约的两翼一样，发挥了二级城市、副中心的作用。两者的经济规模相当，均不足纽约的1/4，约占全国的2.5%，但人均GDP水平较高，甚至超过纽约。波士顿地区著名学府云集，128号公路两侧遍布研究机构和高科技企业，被誉为“美国东海岸的硅谷”。经济规模最小的巴尔的摩—哥伦比亚—托森GDP总量仅为纽约—纽瓦克—泽西地区的1/9，但也是位列全美第19强都市区。

根据理查德·佛罗里达的“3T”创意阶层理论模型，除了技术创新和人才汇聚，宽容的环境也是创意阶层崛起的重要因素。以纽约市区为例，2016年外国出生人口比例高达37.5%，纽约与华盛顿都市区外国移民比例均超过20%，其余的三大都市区外国移民比例也超过10%。这种文化多元化的开放且宽松的环境，更有利于创意的诞生与孵化。参见表1。

可见，良好的经济条件与人口聚集水平为文化经济的发展奠定了坚实的基础，不仅资金、人才、技术等关键文化要素实现跨国流动和汇聚，而且本地文化消费需求旺盛，文化产品需求结构类似，文化市场发育完备且国际化程度较高，为文化创意产业的发展繁荣乃至参与全球化竞争提供了肥沃土壤。

表 1　美国东北城市群五大都市区经济水平（2016 年）

大都市区	排名	实际 GDP/百万美元	经济比重/%	人均 GDP/百万美元	人口比重/%	外国移民比例/%
纽约—纽瓦克—泽西地区（New York - Newark - Jersey City, NY - NJ - PA）	1	1426027	9.6	70758	7.3	28.7
华盛顿特区—阿灵顿—亚历山大（Washington - Arlington - Alexandria, DC - VA - MD - WV）	5	449293	3.0	62817	2.2	22.3
费城—卡门登—威尔明顿（Philadelphia - Camden - Wilmington, PA - NJ - DE - MD）	8	381332	2.6	73270	2.2	10.3
波士顿—剑桥—牛顿（Boston - Cambridge - Newton, MA - NH）	9	371577	2.5	77502	1.7	17.7
巴尔的摩—哥伦比亚—托森（Baltimore - Columbia - Towson, MD）	19	164545	1.1	58789	1.0	9.9

注：1. 实际 GDP 是根据 2009 年价格为基期计算出的，单位是百万美元。2. 表中的“经济比重”“人口比重”均是指占美国所有都市区的比重。3. 数据来源：Bureau of Economic Analysis 和 the U. S. Census Bureau's pooled 2012—2016 American Community Survey.

（三）“一核两翼”的艺术与文化产业发展格局

艺术与文化是东北部城市群的重点优势产业之一，在美国具有相当大的文化影响力。根据美国劳工统计局（US Bureau of Labor Statistics）就业统计（见表2），东北部沿岸城市群在艺术、设计、娱乐、体育与媒体行业领域从业人数约有 34 万人，约占全美同业就业人口比重的 18%，与该城市群在全国的经济比重接近。该地区文化经济发展较为成熟，已经形成以纽约为核心，以华盛顿和波士顿为“两翼”的稳定发展格局。

纽约与华盛顿两大都市区的艺术、设计、娱乐、体育与媒体产业集聚程度较高，从业人数约占整个东北部城市群的3/4，且从业人员工资水平在8 万美元左右，远远高于美国平均职业工资。纽约作为世界三大艺术中心之一，其文化魅力享誉全球。Currid（2006）曾分析指出，纽约之所以成为世界城市并一直保持领先地位，其区域竞争优势并不是来源于其顶尖的金融业、管理类控制、发达的生产者服务业或是工程业，而是来源于时尚设计、艺术与文化领域。2017 年纽约大都市区约有 20 万人从事艺术与文化行业，约占全美的 10%，每千人就业人口中即有 21 人从事这一行业。

华盛顿作为美国的政治、文化中心，拥有丰富的文化与艺术资源，文化产业发展优势显著。虽然从业人数不及纽约大都市区的1/3，但产业集聚程度较高，每千人就业人口中约有26 人从事艺术、设计、娱乐、体育与媒体业，且工资水平与纽约不相上下。波士顿以科技教育、金融和商业服务闻名，而艺术与文化产业也有一定集聚规模。虽然从业人口仅为华盛顿从业人口规模的一半，但每千人就业人口中就有 18 人从事艺术、设计、娱乐、体育与媒体，高于美国平均水平。行业工资水平却要比纽约和华盛顿低一些，仅为6.7 万美元，显示波士顿可能有与之不同的就业岗位类别。

费城和巴尔的摩两大都市区在艺术、设计、娱乐、体育与媒体行业的从业人口规模比较小，也没有表现出明显的产业集聚，行业工资水平也较低，接近美国平均行业工资。

表 2 美国东北部城市群艺术、设计、娱乐、体育与媒体行业就业分布（2017 年）

大都市区	从业人数/人	每千人就业人口中的从业人数/人	区位熵	年平均工资/美元
纽约—纽瓦克—新泽西	197430	21.2	1.57	79220
费城—卡门登—威尔明顿	30200	10.7	0.79	55990
华盛顿特区—阿灵顿—亚历山大	64350	25.5	1.89	81200
波士顿—剑桥—牛顿	32910	17.9	1.32	67090
巴尔的摩—哥伦比亚—托森	15820	11.6	0.86	58320
美国	1925140	13.5	–	58950

数据来源：2017 年 5 月美国劳工统计局职业就业统计调查（OES）。

（四）分工明确的文化协作生产模式

根据细分职业的区位熵，纽约大都市区的优势领域主要体现在艺术导演、时尚设计、布展设计、演员、制作人与导演、音乐总监与作曲家、音乐家与歌手、广播新闻分析员、编辑、作家作者、广播技术员、电影与视频编辑岗位（见表 3）。可以看出，这些优势岗位多处于创意内容的源头，位于文化创意产业价值链的顶端环节，属于知识密集型，产业附加值高，劳动报酬丰厚。这表明，纽约大都市区专注于文化内容生产，艺术与文化产业领域竞争力较强。

华盛顿都市区的优势领域集中在艺术家及相关工作者、布展设计师、广播新闻分析员、记者与通信员、公共关系专家、编辑、文档工程师、作家作者、口译与翻译人员、广播技术员、摄像师。其中，公共关系专家、广播新闻分析员、记者与通信员、口译与翻译人员、摄像师职业高度聚集，这均与华盛顿特区作为政治中心的定位密不可分（见表 4），尤其是带来了媒体业及周边产业的繁荣。与纽约都市区的优势领域相比，两地的布展设计师、广播新闻分析员、编辑、作家作者、广播技术员这五个职业，都表现出较强的聚集特征，属于共同优势区域，而华盛顿的主要优势则在于首都特区带来的媒体业繁荣和政策咨询业的兴旺。

波士顿都市区的优势领域是在艺术导演、运动员与体育竞赛者、技术文档工程师、作家作者、广播技术员，但没有特别突出的集聚行业。值得注意的是，区位熵比较显示出波士顿地区的体育产业具有一定优势，而且在文化生产环节也有一席之地。

相对而言，巴尔的摩在媒体与通信设备人员、技术文档工程师、艺术家及相关工作者等岗位表现出比较弱的集聚特征。而费城大都市圈却没有明显集聚的特征。

可见，美国东北部城市群的艺术与文化领域表现出差异化的发展格局。纽约大都市区占据了艺术与文化创意的内容源头，华盛顿大都市区凭借政治中心的优势在内容传播方面更为擅长，而波士顿大都市区则在运动竞技等领域更胜一筹。在艺术与文化产业领域，纽约、华盛顿与波士顿均以文化内容生产见长，但根据自身优势和发展渊源，彼此之间又形成了特色鲜明、功能清晰、分工合理的协作模式。

表 3　纽约—纽瓦克—新泽西地区艺术与文化职业集聚状况

序号	职业名称	区位熵（LQ）
1	艺术导演	3.2
2	时尚设计	5.4
3	布展设计师	2.0
4	演员	2.25
5	制片人与导演	2.8
6	音乐总监与导演	2.05
7	音乐人与歌手	2.6
8	广播新闻分析员	3.3
9	编辑	3.1
10	作家与作者	2.5
11	广播技术员	2.2
12	电影与视频编辑	2.1

注：受限于篇幅，仅列出了熵大于2的职业，下同。

表 4　华盛顿特区—阿灵顿—亚历山大地区艺术与文化职业集聚状况

序号	职业名称	区位熵
1	艺术家及相关工作者	10.8
2	布展设计师	2.0
3	广播新闻分析员	4.0
4	记者与通信员	3.5
5	公共关系专家	5.2
6	编辑	3.2
7	技术文档工程师	3.2
8	作家与作者	2.4
9	口译与翻译人员	2.0
10	广播技术员	2.2
11	摄像师	2.1

表 5　波士顿—剑桥—牛顿地区艺术与文化职业集聚状况

序号	职业名称	区位熵
1	艺术导演	2.2
2	运动员与体育竞赛者	2.3
3	技术文档工程师	2.2
4	作家与作者	2.4
5	广播技术员	2.1

(五) 强大的政府支持力度

艺术与文化经济已经成为美国经济增长的重要引擎。2015 年，美国艺术与文化经济活动达到 7636 亿美元，约占国内生产总值的 4.2%，同比增长 4.9%，远远高于其他产业部类。根据美国经济分析局（BEA）统计分类，艺术与文化生产产业包括核心、支持性和被认定为艺术和文化的加工工业。纽约是美国艺术与文化生产业规模第二大州。2015 年纽约州艺术与文化生产业规模达到 1141 亿美元，仅次于加州的 1746 亿美元，约占地区经济增加值的 7.8%，是当之无愧的支柱性产业。华盛顿艺术与文化生产业规模较小，仅为 356 亿美元，尚不及纽约州的 1/3。

纽约州艺术与文化产业内部结构表现出以下特征。一是电影、广播和设计服务占绝对主导地位。包括电影、广播、出版等活动的信息服务和设计服务是纽约文化竞争力的核心，两者约占文化经济总量的七成。而在华盛顿州，艺术与文化生产业的优势来源于出版和零售业，两者约占总量的2/3，电影、广播、广告宣传等活动则没有太大经济比重。这表明，纽约州和华盛顿州的文化经济结构表现出很强的互补性。

最值得注意的是，无论是加州、纽约州还是华盛顿州，政府均扮演了重要的购买者角色，所占产业增加值介于8%～10%，成为艺术与文化生产的重要需求方。这种稳定的政府投入或购买，不仅为艺术和文化产业的发展提供了稳定的资金支持，而且促进了居民与优质文化产品的联结，在政府、居民、文化企业之间形成良好的生态圈，保障了文化经济的良性运转和创新发展。

表6　纽约州与华盛顿州艺术与文化生产业内部结构（2015年）

单位：%

<table>
<tr><th colspan="3">产业类别</th><th>纽约州</th><th>华盛顿州</th></tr>
<tr><td colspan="3">艺术与文化生产行业</td><td>7.8</td><td>7.9</td></tr>
<tr><td rowspan="11">核心艺术与文化生产产业</td><td rowspan="4">表演艺术</td><td>表演艺术公司</td><td>3.3</td><td>0.9</td></tr>
<tr><td>表演艺术和类似活动的推广机构</td><td>2.2</td><td>0.4</td></tr>
<tr><td>艺术家的经纪人或经理</td><td>0.5</td><td>0.0</td></tr>
<tr><td>独立艺术家、作家和表演艺术家</td><td>2.8</td><td>0.3</td></tr>
<tr><td colspan="2">博物馆</td><td>0.8</td><td>0.3</td></tr>
<tr><td rowspan="3">设计服务</td><td>广告宣传</td><td>6.9</td><td>1.1</td></tr>
<tr><td>建筑服务</td><td>1.9</td><td>1.5</td></tr>
<tr><td>其他设计服务</td><td>4.2</td><td>1.9</td></tr>
<tr><td colspan="2">美术教育</td><td>0.5</td><td>0.3</td></tr>
<tr><td colspan="2">教育服务</td><td>0.8</td><td>0.1</td></tr>
</table>

续表

<table>
<tr><th colspan="3">产业类别</th><th>纽约州</th><th>华盛顿州</th></tr>
<tr><td colspan="3">艺术与文化生产行业</td><td>7.8</td><td>7.9</td></tr>
<tr><td rowspan="13">支持性艺术与文化生产产业</td><td rowspan="3">艺术支持性服务</td><td>租赁服务</td><td>0.5</td><td>0.3</td></tr>
<tr><td>政府</td><td>8.2</td><td>9.6</td></tr>
<tr><td>其他支持性服务</td><td>0.3</td><td>0.3</td></tr>
<tr><td rowspan="5">信息服务业</td><td>出版</td><td>7.2</td><td>34.4</td></tr>
<tr><td>电影</td><td>24.7</td><td>1.1</td></tr>
<tr><td>录音</td><td>2.6</td><td>0.4</td></tr>
<tr><td>广播</td><td>16.7</td><td>7.0</td></tr>
<tr><td>其他信息服务</td><td>6.2</td><td>5.8</td></tr>
<tr><td colspan="2">制造业</td><td>1.3</td><td>0.6</td></tr>
<tr><td colspan="2">建筑业</td><td>0.5</td><td>0.6</td></tr>
<tr><td colspan="2">批发与交通运输业</td><td>2.6</td><td>1.1</td></tr>
<tr><td colspan="2">零售业</td><td>3.7</td><td>30.3</td></tr>
</table>

数据来源：美国商务部经济分析局。

四、对推进京津冀世界级城市群文化建设的若干启示

美国东北部世界级城市群的文化经济结构与布局经验，为京津冀加快世界级城市群建设带来四个方面的启示。在世界级城市群建设视角下，京津冀的文化经济建设不仅要重视经济发展的区域协调性，还要优化核心城市的文化产业结构、探索分工协作模式和持续加大政府支持力度。

（一）促进地区发展平衡，培育区域文化经济

发展京津冀世界级城市群的文化经济，务必要从解决区域平衡的角度入手解决。以纽约为核心的世界级城市群，五大都市区之间经济差距较小，总体经济发展较为平衡，有利于增强城市群内文化经济关联，形成文化产业内分工，共同面向统一市场。然而，当前京津冀区域发展严重不平衡，无论是文化产业供给能力还是文化消费能力都参差不齐，彼此之间难以相互协同。从经济发展水平上看，2017 年河北省人均可支配收入仅为

2.1万元，不仅低于全国平均水平2.6万元，而且与北京的5.7万元、天津的3.7万元形成鲜明对比。从产业规模上看，2014年京津冀三地文化产业比重分别为13%、9%和4%（张晓星和郝鹏飞，2016）。当前北京与河北之间存在的断崖式落差，割裂了文化生产与文化市场的天然外延，束缚并削弱了北京的文化产业发展动力和发展潜力，不利于形成以北京为核心的文化经济发展带，不利于培育统一开放的京津冀文化市场。正确认识文化与经济的关系，破除要素流动壁垒，激发文化要素活力，扩大文化市场空间，有效依托艺术与文化资源优势，通过深化文化产业分工，培育文化经济。

（二）提升核心区集聚水平，优化文化产业结构

纽约的文化经济在东北部城市群中占有举足轻重的地位，艺术、设计、娱乐、体育与媒体从业人口占全美国的10%，人才聚集程度较高。其产业结构较为“软”，以电影、广播、出版和设计服务业为主，集中在文化生产环节，上下游文化影响力大。相比之下，北京作为京津冀城市群的核心城市，拥有二十个文化创意产业功能区和三十个集聚区，其文化创意产业已经成为主导产业，2016年文化产业实现增加值2105.77亿元，占地区生产总值的比重为8.2%，居全国各省市首位。但是从全国文化产业增加值的占比来看，北京却仅占6.8%，与全国文化中心的地位还有一定差距。

以疏解非首都功能为契机，北京立足首都优势和文化资源特点，进一步增强文化产业的集聚水平，强化文化内容生产、文化生产服务和文化传播渠道建设，优化产业结构，进而提升产业效率，扩大产业规模。2017年北京规模以上文化创意企业收入同比增长10.8%，从业人员数却只增长了0.3%，意味着文化生产效率在不断提高。从结构上看，软件和信息技术服务业比重近半，广告和会展服务、文化用品设备生产销售及其他辅助为优势领域。虽然设计服务和文化艺术服务增长迅猛，但产业规模还较弱。从文化产业价值链的角度看，北京目前的优势产业多为非核心文化产业类

别，文化附加值不高，基本属于文化传播渠道和文化生产服务领域，而在文化内容生产环节却尚未形成足够的产业规模，更难以辐射到周边区域。文化内容生产是文化产业的核心，也是文化产业分工的源头，更是北京地区文化产业竞争力的短板。

表7　2017年北京市规模以上文化创意企业情况

项 目	收入合计/亿元		从业人员平均人数/万人	
	2017年1－12月	同比增长/%	2017年1－12月	同比增长/%
合计	16196.3	10.8	125.1	0.3
文化艺术服务	323.4	11.1	5.7	0.6
新闻出版及发行服务	853.2	8.2	7.7	－1
广播电视电影服务	867.2	3.9	5.5	－0.8
软件和信息技术服务	7015.8	16.7	68.1	0
广告和会展服务	1998.1	8.1	6.5	－5.6
艺术品生产与销售服务	1249.2	2.1	1.9	1.3
设计服务	335.6	20.9	9.3	21.7
文化休闲娱乐服务	1051.6	1.0	8.4	－2.3
文化用品设备生产销售及其他辅助	2502.2	6.7	12.0	－5.6
注：各领域数据按2011年国民经济行业分类（GB/T 4754—2011）标准汇总				

注："规模以上文化创意企业"是指营业收入1000万元及以上（工业企业指年主营业务收入2000万元及以上，文化、体育和娱乐业年营业收入500万元及以上）的文化创意产业法人单位或年末从业人员50人及以上的服务业文化创意产业法人单位。

数据来源：北京市统计局。

（三）推动资源整合，强化文化分工协作与定位

以纽约为核心的世界级城市群之间通过分工与协作，将文化产业的生产、传播与消费纳入同一个区域框架下，而且与各自经济体系紧密关联，彼此繁荣共生，却没有形成此消彼长的同质竞争关系。这种文化经济布局离不开纽约作为创意内容生产中心对华盛顿、波士顿关联产业的辐射及带动作用。

当前京津冀文化产业协同程度不高，文化资源没有得到充分整合利用，重复投资和同质化竞争状况普遍，文化产业的关联性和互补性还不

强。北京在文化艺术、新闻出版、影视业、广告业、旅游业等传统文化产业领域和游戏动漫、网络传媒、创意设计等新兴文化产业领域均享有优势，虽然占国内份额比重较大，但产业规模还较小，发展实力有限，辐射带动能力不足。天津市的竞争优势在于民俗文化、广告会展、互联网产业，以内容创意、发行展示、加工复制环节为主，具备发展高端文化装备制造业的基础。河北省历史文化资源丰富，但由于经济发展水平所限，文化资源利用率不高，文化产业以文化创意不足、科技含量不高的文化用品生产和文化产品生产的辅助生产为主，而新闻出版发行服务和广播电视电影服务等文化内容生产环节比重小。要推进京津冀城市群的文化产业协同，一方面，要革新发展理念，破除体制机制障碍，促进文化要素流动，构建统一的区域文化市场，焕发文化生产与创造活力。另一方面，要立足产业优势特色，科学定位，确立差异化发展思路，进一步强化北京作为文化内容生产中心的定位，加强天津与河北在文化传播、文化制造领域的特色分工，形成协作与交流，提升京津冀区域文化产业链的关联度和互补性。

（四）创新文化资助模式，激发区域文化活力

美国各级政府在地方艺术与文化生产中发挥了重要的资助与引导作用，通过国家艺术基金会、国家人文基金会等社会中介组织对非盈利文艺团体进行有限拨款资助或政府购买。这种模式不仅为艺术和文化产业的发展提供了稳定的资金支持，保障了文化经济的良性运转和创新发展，而且调动了艺术家或艺术团体的积极性，将优秀文艺产品融入居民的公共文化生活，提升文化获得感。

当前我国政府职能正处于由“办”文化向“管”文化转变阶段，以完善政策体系，提升服务效能为主要任务。为激发全社会文化创造活力，政府可以借鉴美国的文化资助模式，创新扶持资金投放方式，将大额专项资金转为引导基金、艺术基金、出版基金等中介组织形式，探索管理权与财权分离；在资助对象上，以定向资助和奖励为主要形式，支持重点文化活动和重大题材创作等，鼓励文化艺术创新。此外，京津冀城市群内部文化

发展水平参差不齐，财政实力强弱不一，创新文化资助模式，更重要的是破除孤立思维，增强文化合力，共惠共享，大力激发区域文化创新动力，培育区域文化大市场。

参考文献

Currid, Elizabeth. New York as a Global Creative Hub: A Competitive Analysis of Four Theories on World Cities [J]. *Economic Development Quarterly*, 200620(4): 330 - 350.

Martinus K, Sigler T J. Global City Clusters: Theorizing Spatial And Non - Spatial Proximity In Inter - Urban Firm Networks [J]. *Regional Studies*, 2017.

Scott, A. J. eds. Global City - Regions : Trends, Theory, Policy [M]. New York: Oxford University Press, 2001.

安树伟，闫程莉. 京津冀与世界级城市群的差距及发展策略[J]. 河北学刊，2016(6):143 - 149.

李兰冰，郭琪，吕程. 雄安新区与京津冀世界级城市群建设[J]. 南开学报(哲学社会科学版)，2017(4): 22 - 31.

李震，刘品安. 珠三角世界级城市群建设路径创新[J]. 开放导报，2016(2):55 - 58.

刘靖，张岩. 国外城市群整合研究进展与实践经验[J]. 世界地理研究，2015，24(3):83 - 90.

石敏俊. 京津冀建设世界级城市群的现状、问题和方向[J]. 中共中央党校学报，2017(4):49 - 55.

魏也华，吕拉昌，冯雨锋. 国际城市区域中二级城市的功能——以波士顿为例[J]. 世界地理研究，2005(2):32 - 37.

武前波，马海涛. 长三角全球城市区域二级城市的产业功能与发展战略[J]. 世界地理研究，2016(1):104 - 114.

尹德挺，史毅. 人口分布、增长极与世界级城市群孵化——基于美国东北部城市群和京津冀城市群的比较[J]. 人口研究，2016，40(6):87 - 98.

京津冀一体化战略下北京城市文化建设理念研究

贾　澎[1]

摘　要： 城市文化建设对京津冀一体化战略的实施具有至关重要的作用。北京作为首都，又是京津冀城市群的核心，北京的城市文化建设对京津冀协同发展起着引领、示范作用。京津冀三地的文化具有深厚的关联性，又呈现出各自的特点，在协同发展中尚未形成统一的城市群文化符号，文化发展相互脱节，缺乏合理的整体布局。北京的文化建设走在全国的前列，但在京津冀一体化战略下，仍存在缺乏支撑城市群发展的文化理念、文化产品和服务、尚不能充分满足城市群发展的多层次文化需要、市民的文化素养有待进一步提高、公共文化资源布局不合理等一系列问题。在京津冀一体化战略下，北京城市文化建设应具有首善意识、人文意识、生态意识和协同意识。

关键词： 京津冀一体化　北京　城市文化建设理念

建设以首都为核心的京津冀世界级城市群是我国“十三五”规划纲要和《京津冀协同发展规划纲要》中明确指出的战略目标。京津冀协同发展是建设京津冀世界级城市群的路径选择。伴随我国经济的飞速发展和绿色可持续发展理念的深入，文化在整个经济社会发展中的作用日益凸显。文化发展与经济发展不协调所引发的各种社会问题层出不穷，这引起人们的

---

① 贾澎，北京市社会科学院市情调查研究中心助理研究员，博士，北京世界城市研究基地专职研究员。

深度担忧。文化建设成为当前迫切需要重视的问题。在京津冀协同发展中，文化建设是重要一环，对实现京津冀地区政治、经济、文化、社会、生态的“五位一体”全面发展和践行创新、协调、绿色、开放、共享的“五大发展理念”具有十分重大的理论意义和现实意义。北京作为我国的首都，是全国的政治中心、文化中心、国际交往中心、科技创新中心。可以说，文化中心一直是重要的首都功能。在京津冀协同发展的战略布局下，北京的城市文化建设对京津冀城市群的文化建设不仅起到引领、示范作用，更以其辐射力、带动力决定了京津冀城市群文化建设的方向和水平。

一、京津冀的文化关联

（一）历史性关联

京津冀地脉相连、文脉相通，自古以来就有着紧密的联系。从地理位置上，京津冀三地共处于燕山山脉、太行山腹地、华北平原以及渤海湾环抱地带，又是西北、东北与华北三地联系的交通要道，地理位置优越。从文化习俗上，京津冀三地千百年来浸润在燕赵文化氛围的滋养中，形成了共同的文化积淀和相近的生活习俗，这种潜移默化的影响使京津冀三地形成默契的社会文化网络。

（二）现实性关联

城市群的发展模式已经成为全世界城市发展的主流模式之一。首都北京是全国的政治中心，其经济建设、社会建设、文化建设均处于全国领先水平，同时北京既是京津冀城市群的核心又是发展龙头；天津具有独特的地理位置优势，是环渤海经济圈的中心，也是重要的国际港口；河北则环绕京津，连接西北、华北和东北，可以发挥规模经济和产业集聚的优势。依托北京的强大势能和三地的沟通优势，京津冀地区完全具备协同发展的现实性基础。

（三）文化协同建设现状

当前京津冀三地的文化发展呈现出各自的鲜明特点，缺乏协同建设的共性特征，文化建设相互脱节，尚未形成统一的城市群文化符号，缺乏合理的整体布局。例如，北京既具有典型的“皇城文化”，又具有鲜明的首都政治文化，还具备“世界城市”的国际性文化；天津则深受“漕运文化”影响，虽具有一定的进取性和创新性，但依然处于相对保守的状态；河北处于“直隶文化”的影响下，呈现出典型的内陆特征，比较缺乏开放性和创新性。三地文化建设的协同合作潜力尚未充分挖掘。

二、北京城市文化建设的现状和困境

北京文化资源基础雄厚，市场潜力巨大，文化发展前景广阔。2016 年 6 月 3 日，北京市正式发布实施《“十三五”时期加强全国文化中心建设规划》。“十三五”时期，北京市首次将加强全国文化中心建设规划列为市级重点专项规划，并提出文化中心的五个核心功能，即凝聚荟萃、辐射带动、创新引领、展示交流和服务保障功能，明确了文化中心建设新的功能定位。诚然，当前北京城市文化建设无论从深度还是广度、硬件还是软件方面都取得了很大的成绩，各方面都走在全国的前列。但问题依然存在、形势依旧严峻。

（一）北京城市文化建设的现状

1. 公共文化建设

人均文化事业费稳定增长。从人均数据看，2016 年，北京市人均文化事业费达到 162.36 元，排名全国第 3 位，与 2015 年相比，人均费用增加了 35.28 元，增长了 27.8%，增长速度提高了 18 个百分点，全国排名持平。文化投入的逐步增长，为全市文化的发展与繁荣打下坚实的基础。从分功能区看，首都功能核心区和城市发展新区人均文化事业费增长较快，增幅超过了50%；而城市功能拓展区由于常住人口较多，占到了全市常住人口的48%，人均文化事业费为51.27元，在四个功能区中最低，反映出人口的相对集中，拉底了城市功能拓展区的人均文化事业费。

截至2016年底，北京地区25个公共图书馆（含国家图书馆）总藏量6229万册，全年总流通人次1800万人。其中北京市24个公共图书馆总藏量2594万册，全年总流通人次1402万人，为读者举办各种活动2962次，外借书刊1025万册，新购藏量226万册，各项主要指标均保持7%～15%的增长。2016年，北京市人均拥有藏书1.19册，比上年增加了0.07册；人均购书经费4.09元，比上年增加了0.22元，两项人均指标分别都增长了6%。人均拥有藏书全国排名第三位，人均购书经费全国排名第二位，全国排位均与上年持平。全市（不含国家图书馆）平均每万人拥有公共图书馆设施面积达到126.36平方米，超出103.01平方米的全国平均水平。

群众文化活动有序开展。截至2016年底，全市群众艺术馆1个，文化馆20个，文化站331个。提供文化服务次数69435次，惠及965万人，其中组织文艺活动30725次，参加人次638万人，举办训练班35682次，培训203万人次，举办展览2017个。

积极推进非遗保护立法工作，深化非遗整体性保护、系统性保护，大力推动非遗传承创新，不断提升非遗的影响力。2016年完成了10位国家级代表性传承人抢救性记录，包括口述、教学、实践等活动的拍摄，已获取相关资料近1300份，征集了非遗代表性作品11件，分别补助市级非遗项目单位10万元至80万元不等、市级代表性传承人每人2万元，用于非遗保护传承工作；奖励北京市非遗生产性保护示范基地每单位100万元、北京市非遗培训基地每单位30万元。自2010年至今已累计征集作品319件。目前国家级非物质文化遗产代表性项目126项、国家级非物质文化遗产项目代表性传承人82人。①

① 数据来源：北京市文化局公布的统计数据。

2. 文化产业建设

文化市场良性健康发展。2016 年，全市纳入备案的文化市场经营单位分别为：演出经纪机构 1894 家，比上年增长了 28%；互联网上网服务营业场所（网吧）1541 家，娱乐场所经营单位 2198 家，均与上年基本持平；网络文化经营单位 1987 家，比上年增长了 60%。良好的市场环境，是文化市场保持较快发展的保证。

文化产业转型升级，北京文化创意产业的整体实力持续增强。“十二五”时期，北京市文化创意产业增加值从 2010 年的 1697.7 亿元增加到 2015 年的 3072.3 亿元，年均增长 12.6%，占全市 GDP 比重提高到 13.4%，居于全国首位。2015 年全市规模以上文化创意产业收入合计 13451.3 亿元，同比增长 14.0%；资产总计 20140.2 亿元，同比增长 20.6%；从业人员 122.3 万人，同比增长 6.2%。2015 年全市文化创意产业实现增加值 3179.3 亿元，占地区生产总值的比重达到 13.8%，比上年提高 0.6 个百分点，在全国占比最高。利用文化部和北京市产业政策、资金政策，扶持动漫精品工程、动漫品牌、民族原创优秀内容的生产创作。2016 年，北京动漫游戏产业产值约达 521 亿元，约占全国总产值的 1/3，出口额约为 60.2 亿元，连续多年位居全国第一。①

此外，在文化消费、对外文化贸易、文化企业竞争力等多项指标方面，北京在全国均处于领先地位。经过“十二五”时期的持续健康快速发展，文化创意产业作为战略性支柱产业的地位更加突出，在拉动首都经济增长、推动经济转型升级、加快全国文化中心建设中的作用进一步凸显，北京的文化创意产业已经站在了一个新的历史起点上。新形势下，北京文化创意产业将积极适应和引领经济发展新常态，以提高发展质量和效益为中心，严格执行《北京市文化创意产业发展指导目录》，大力推进产业资源优化整合与引导疏解，推动形成发展速度与质量、发展规模与效益相统一的“高精尖”文化创意产业体系。着力强化创新驱动，提升文化供给品

① 数据来源：《北京文化创意产业发展白皮书（2016）》和北京市文化局公布的统计数据。

质，优化空间发展格局，壮大文化市场主体，扩大对外交流合作，进一步提升文化创意产业的整体实力和核心竞争力，彰显首都全国文化中心的影响力和辐射力。

（二）一体化战略下北京城市文化建设总体困境

1. 缺乏支撑城市群发展的文化理念

城市文化的发展必然离不开文化制度、政策和理念的支撑。随着城市化进程的发展，文化建设对整个社会进步的重要带动作用已成为社会共识，从国家层面的整个社会进入新常态论断的提出、转变经济增长方式、重视生态保护和文化强国战略，到省、市等地方层面的政策落实，应该说城市文化建设已具有比较好的文化理念基础作为支撑。在具体的京津冀城市群建设实践中，还需进一步将这些政策细化，结合城市的文化发展优势、劣势，因地制宜，形成更适应城市群发展的文化政策和理念。北京拥有非常丰富的文化资源和文化理念，在这些基础上，结合北京作为首都、世界城市、全国文化中心的定位，以及当前的京津冀协同发展战略的整体布局中北京的作用，应提炼出更有针对性和可操作性的适应城市群发展的文化理念。

2. 文化产品和服务尚不能充分满足城市群发展的多层次文化需要

城市群的存在是为了让人们生活的更好，因此城市文化建设首先是为了满足人们的基本文化需要。这种最基础的文化需要，包括市民接受基础教育的需要、开展基本文化活动的需要、享受公共文化的需要。从政府的角度来说，体现为对市民基本文化权益的保障体系（如义务教育、知识产权保护等）和公共文化服务体系。随着经济发展水平的提高和对文化的重视程度不断加深，有更充足的人力、物力投入到满足人们基本文化需要的事业中，人们的基本文化需要得到越来越好的满足，除了保障市民基本的受教育权利，城市中公共文化服务设施和服务的条件也得到了明显的改善。但是，在调研中发现，基本文化保障的提高与市民的文化需要相比还存在一定的滞后性，尚不能与市民的需要完全匹配，如基础教育资源分布不均、公共文化服务半径不能满足市民需要等。例如，大兴区黄村街道代表特别提出，当前的公共文化规划不应仅限于丰富百姓自身的文化生活，更要有回馈社会的功能；随着社会的进步，要积极探索更符合时代要求的文化形式、建设具有超前性的文化设施，规划要体现出与时俱进的特征。亦庄、高米店、观音寺街道代表都提到，群众对文化的诉求很强烈，期望很高，需要探索、发展高端的文化形式。城市文化建设不能完全满足人民群众多层次文化需求的问题在北京市的各个区县中广泛存在。

3. 市民的文化素养与世界级城市群的要求尚有差距

城市的存在是为了让人们生活得更好，世界级城市群的建设更是如此。因此城市文化建设应具有提升人们文化素养的功能。文化素养的提升不是一朝一夕可以成就的事业，而是在良好的文化氛围中长久的熏陶、感染、教化的结果。这就需要城市对文化的运作和发展具有良好的鼓励和保障机制，为文化产品的良性市场化竞争保驾护航，对文化艺术人才形成吸引力、形成集聚的效应。北京由于具有经济发达和人口众多的优势，可以吸引到更多的文化艺术人才、艺术团体等，因此在文化建设的较高层面相对发展比较好，市民可以比较便利的参与和欣赏到丰富的文化艺术活动，文化修养获得比较好的提升；但同时北京每年都涌入大量的外来人口（见图1），这其中有很大一部分是文化程度不高的外来务工人员，文化素养普遍较低，而获得提升的机会又相对较少。京津冀世界级城市群建设的程度很大程度上取决于市民的文化素养。因此，完善普惠性的文化措施、进一步提高市民的文化素养也是北京城市文化建设必须面对的问题。

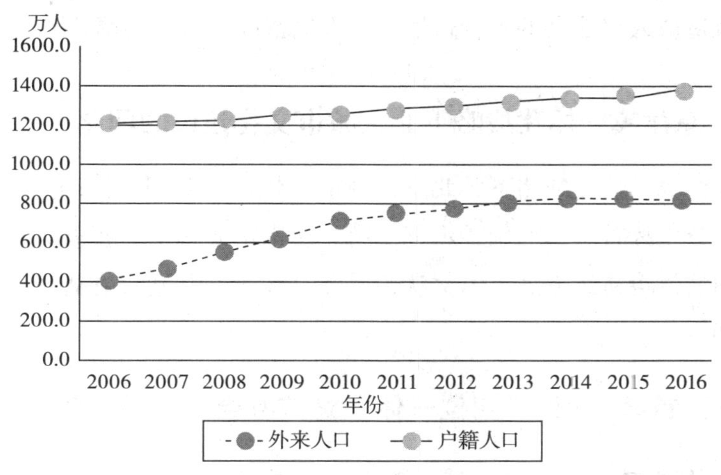

图1　北京市近十年外来人口与户籍人口对比

数据来源：北京统计年鉴2016。

4. 公共文化资源布局不合理

这里所说的公共文化资源，不仅指城市的公共文化服务体系，还包括城市一切公共文化资源，是广义的文化概念。作为京津冀城市群核心的北京，公共文化服务体系建设依然存在着重设施建设轻服务管理、设施分布不均衡、服务效能低、缺少专业公共文化服务人才、经费不足的实际问题。以密云县为例，在2013年的调研中发现，密云县文化馆建筑面积为2724平方米，有60名员工（其中35名在编），其设施和文化活动情况在区（县）级馆中属一流，深受群众欢迎。但是县财政每年给其拨付的经费只有130万~140万元，不能满足其不断增长的群众文化需求，导致他们不得不采取“限流”措施——各场馆和设施轮流开放，未能达到应有的利用率。从全市范围来看，北城相对密集，南城相对稀疏；三环内相对密集，三环外相对稀疏；核心城区相对密集，远郊区县相对稀疏。首都图书馆专业人才只占总员工的10%左右，影响了员工整体业务素质和服务水平的提高。密云县图书馆、文化馆也反映了类似问题。一些乡镇文化站缺少专职人员，一些有专职人员的文化站其专职人员也不是专业人才。在教育资源方面，布局的不均衡也比较突出，优势的教育资源集中在几个中心城区，这就造成人口流动的不合理性，对人口密度的疏解和调整造成压力。

三、京津冀一体化战略下北京城市文化建设的理念

在京津冀一体化战略下，北京的城市文化建设要围绕协同发展的历史主题，充分发挥首善、引领、示范作用，注重增质提效、提升人民的幸福感和全面协调可持续发展。本文认为，北京城市文化建设在理念上应具有四种内涵。

（一）首善意识："四位一体"适应社会主义核心价值理念

北京的城市文化建设在京津冀协同发展中要突出首善意识。作为中国特色社会主义文化的一部分，应与"富强、民主、文明、和谐"的社会主义核心价值理念相适应，从文化顶层设计—文化战略—文化政策—市民文化认同"四位一体"贯彻落实社会主义核心价值理念。首先，在文化制度的顶层设计上必须贯彻社会主义核心价值理念，使其成为文化顶层设计的内在要求，建立平等、先进、全局性的文化顶层设计。其次，在文化战略上必须贯彻社会主义核心价值理念。社会主义核心价值理念不应只是体现在策略、办法的层面，应贯彻在超越性、前瞻性的战略制定和实施上；不应只是体现在对阶段性目标的追求上，应贯穿在整个京津冀一体化建设的全过程。再次，在文化政策上必须贯彻社会主义核心价值理念。文化政策是保障文化发展和走向的直接依据，在文化政策上贯彻落实社会主义核心价值理念的要求，就是要建立普惠的、合作的、开放的、公开透明的文化发展政策，保障文化发展的成果惠及全体人民、促进社会主义各项事业的发展、增强我国的国际竞争力。最后，在市民文化认同上必须贯彻社会主义核心价值理念。社会主义核心价值理念具有提升民族凝聚力和向心力的作用，应成为广大市民共同的精神支柱，引导市民树立爱国爱家、尊老爱幼、敬业爱岗、勤奋创新、健康向上的精神追求。

（二）人文意识：贯彻“以人为本”的文化观

在京津冀协同发展战略下，文化建设要立足于人民群众的根本利益和迫切需求，北京应起到示范作用。马克思主义的文化观是“群众的文化观”①，“以人为本”观念的提出则是马克思主义中国化的科学成果。党的十七届六中全会《决定》指出，“人民是推动社会主义文化大发展大繁荣最深厚的力量源泉”。继而论之，要保证人民群众的主体地位。一方面，人民群众是文化创作、文化传播的主力军，是工具性的主体；另一方面，人民群众有享受文化成果、消费文化产品的权利，是目的性的主体。因此，在城市文化建设领域贯彻“以人为本”，不仅是对马克思主义文化观和建设社会主义文化强国的落实，更是保证人们群众主体地位的内在要求，也是营造健康良好社会氛围的有效途径。具体来说，就是要一方面，让文化建设服务于广大市人民群众的日常生活，让人民群众在城市文化建设中充分展现其主人翁地位、发挥其创造力并结合其历史传统与民族特色，创造出新的健康向上的文化内容、文化形式；另一方面，要坚持以为人民服务为城市文化发展的导向，大力发展公共文化事业，健全公共文化服务体系，加快推进文化惠民工程，面向基层、服务市民，开展群众性文化活动，发展为市民所喜闻乐见的城市文化，让全体市民拥有享受文化发展成果的权利。

（三）生态意识：符合“绿色—科技”的城市群发展目标

城市化是每个国家不可逾越的发展阶段，而城市化过程中最突出的矛盾就是城市人口、资源、环境发展不协调导致的一系列问题。京津冀三地都面临这一问题，京津冀一体化战略的目标之一也是为了缓解这一历史性不可避免的矛盾。当前国际上对城市发展的探讨十分广泛，其中所形成的

---

① 牟成文．论马克思文化观的本质［J］．社会科学研究，2013（6）：44－47．马克思在《德意志意识形态》中指出：“全部人类历史的第一个前提无疑是有生命的个人的存在”。

一条共识即为用绿色和科技引领智慧城市发展。例如，美国联邦政府在2009年9月发表了《美国创新战略（2009）》，将新能源技术开发和应用列为国家发展的重点方向，计划在10年内凭借其强大的科技创新能力全面提升美国在全球产业中的竞争力。2010年，《欧盟2020战略》公布了欧盟在未来十年的发展重点，其中就有“通过提高能源使用效率和竞争力实现可持续发展”。这些支撑可持续发展（即绿色发展）的科技战略满足了智慧城市建设的需求。党的十八届五中全会创造性地提出创新、协调、绿色、开放、共享五大发展理念，特别是创新和绿色两大理念对城市发展具有重大而现实的指导意义。可以说，绿色和科技是对城市发展提出的更高要求，是当前全球公认的高层次城市发展目标。城市的绿色—科技发展需要系统的解决方案作为支撑，因此城市文化建设必须符合当前城市发展的需要，即文化建设应促进“绿色—科技”的城市发展目标，支撑起城市发展的绿色科技体系。北京是京津冀一体化的龙头，具备更先进的科技储备和智慧储备，在文化建设的理念上应率先体现这一高层次的城市发展目标，带动京津冀城市群的发展。

（四）协同意识：增强文化认同，培养文化自信

京津冀协同发展，要在新的历史起点推进三地文化的共同发展和繁荣，这关系到建设京津冀世界级城市群的进程。实现三地文化的繁荣发展，要坚持传承和发展并举的发展战略，用城市传统文化精髓塑造城市文化灵魂、弘扬城市精神、彰显城市个性、激发城市发展的活力，更好提升京津冀城市文化认同感和归属感，将各地的丰厚文化资源整合为京津冀文化的特色和核心竞争力，打造京津冀城市文化符号，培养高度的文化自信、形成深度的文化自觉。一方面，要重视城市文化发展的地域性，注重对历史文化遗产的保护、挖掘并传承各地文化的精华；另一方面，要整合文化资源，以发展的眼光、包容的态度吸纳其他文化优秀成果，与时俱进的摒弃阻碍京津冀一体化的文化因素。总之，在以北京城市文化建设促进京津冀一体化建设的过程中，要坚持兼容并包，找准京津冀城市群的文化

特色，以开放的态度打造共同的文化形象、形成城市群文化的竞争优势，保持自身城市文化发展活力，实现自身文化建设与协同文化发展的统一。

参考文献

北京市社会科学院课题组,王学勤,杨奎,唐鑫,等. 以习近平首都建设思想为指导推进北京城市副中心建设[J]. 前线, 2018(1):25 – 29.

李建盛. 以习近平首都建设思想为指导推进全国文化中心建设[J]. 前线,2018(4):16 – 19.

谭日辉. 北京要充分发挥龙头作用[J]. 前线, 2018(3):74 – 75.

石敏俊. 京津冀建设世界级城市群的现状、问题和方向[J]. 中共中央党校学报, 2017(4): 49 – 55.

牟成文. 论马克思文化观的本质[J]. 社会科学研究,2013(6): 44 – 47.

陈旭霞. 京津冀都市圈文化软实力建设思考[J]. 济南大学学报(社会科学版),2012,22(1):25 – 28.

京津冀协同背景下大运河文化带保护研究

刘作丽[①]

摘　要： 大运河是世界上里程最长、工程最大的古代运河，是在世界范围内具有广泛影响力的中国文化符号。协同做好大运河文化带保护建设，京津冀三地应从以下几方面入手：一是加强区域统筹，二是强化空间管控，三是守住绿色底线，四是注重系统保护传承，五是深入挖掘文化内涵。

关键词： 运河文化带　保护　建设　京津冀协同

中国大运河由“京杭大运河”“隋唐大运河”和“浙东运河”三段组成，流经北京、天津、河北、山东、江苏、浙江、河南、安徽 8 个省（直辖市），连接海河、黄河、淮河、长江、钱塘江五大水系，全长 2700 千米，是世界上里程最长、工程最大的古代运河，与长城、坎儿井并称为“中国古代的三项伟大工程”，是在世界范围内具有广泛影响力的中国文化符号。2014 年 6 月 22 日，中国大运河正式列入《世界遗产名录》，成为中国遗产“走出去”的标志性品牌。2017 年 6 月 4 日，习近平总书记批示“大运河是祖先留给我们的宝贵遗产，是流动的文化，要统筹保护好、传承好、利用好”，大运河文化带建设拉下了序幕。这两个重要的节点，推动大运河文化保护传承进入新阶段，引起政界、学界和民间的广泛关注。

---

① 刘作丽，北京市经济与社会发展研究所副研究员，博士。

一、京津冀地区大运河概况

京津冀境内的运河，绝大部分属于京杭大运河，包括通惠河、北运河和南运河北段，此外还有属于隋唐大运河的卫河及永济渠遗址，总长度超过800千米（北京段80多千米，天津段近190千米，河北段530千米）。在京津冀境内，大运河沟通黄河和海河两大水系，流经北京、廊坊、天津、沧州、衡水、邢台等城市，沿途留有历史遗存500多处，其中价值较高的历史文物古迹近200处。

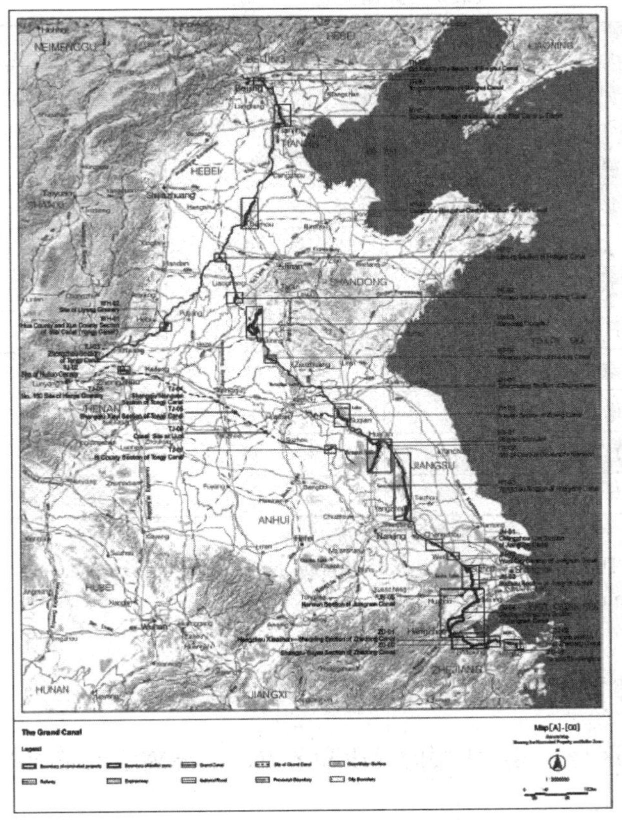

图1　大运河遗产分布

资料来源：The Grand Canal. World heritage convention cultural heritage nominated by People's Republic of China.

从大运河遗产的空间分布来看，存在明显的不均衡性，北方资源丰度明显弱于南方。大运河首批列入世界文化遗产名录的共有27段河道和58处遗产点，分布在31个遗产区。其中，京津冀地区内仅有4段河道[①]和4处遗产点[②]列入，分别占总量的14.8%和6.9%（见图1、表1）。从遗产控制区和缓冲区面积来看，京津冀地区也仅占整个大运河总面积的11.03%。这种情况并不能简单说明京津冀境内运河遗存数量较少，而是反映京津冀境内运河由于大部分断流导致河道原真性差，河道及其周边遗存荒废情况较为严重。

表1　大运河遗产空间分布

省（直辖市）	河道		遗产点	
	数量/段	占比/%	数量/处	占比/%
北京	2	7.41	2	3.45
天津	1	3.70	0	0.00
河北	1	3.70	2	3.45
山东	8	29.63	15	25.86
江苏	6	22.22	22	37.93
浙江	5	18.52	13	22.41
河南	4	14.81	3	5.17
安徽	1	3.70	1	1.72
京津冀合计	4	14.8	4	6.9
合计	27	100	58	100

注：其中，河北、山东有一条共同河道。

资料来源：The Grand Canal. World heritage convention cultural heritage nominated by People ’ s Republic of China.

二、京津冀地区大运河保护利用现状

京津冀地区是大运河重要的河段和节点，京津冀地区必须以历史与现

① 通惠河北京旧城段，通惠河通州段，北、南运河天津三岔口段，南运河沧州至德州段河道。

② 西城区澄清上闸（万宁桥），东城区澄清中闸（东不压桥），沧州东光谢家坝，衡水景县华家口夯土险工。

实的文化责任感和使命感，把大运河文化带战略同京津冀协同发展战略、“一带一路”倡议等国家战略整合一起，昭彰文化自信，彰显历史使命，为实现中华民族伟大复兴的中国梦贡献力量。

目前，京津冀地区大运河文化带保护建设已具备了较好的基础：一是遗产保护、内涵挖掘扎实推进。遗产保护规划相继完成，文化带保护建设规划正在编制，路县故城等考古工作取得重要进展，东不压桥、八里桥等一批重点文物得到保护修缮，白浮泉、什刹海等周边文物腾退工作进展顺利，运河主题文化作品日益增多。二是生态环境整治初见成效。实施了大运河水系上下游、干支流协同治理水污染，开展了相关河流环境治理监测、污染源溯源等工作，通惠河、北运河等环境整治工作有序推进，建成了一批滨河步道和亲水平台，两岸环境景观逐步提升。三是统筹协调力度进一步增强。京津冀三省市围绕大运河文化带保护建设积极深化合作，联合组织推出了“京津冀运河文化展”；三地有关区、市签订了《北运河开发建设合作框架协议》，携手开展北运河综合治理，为全线游船通航积极创造条件。城市内部统筹协调力度也不断增强，北京在市推进全国文化中心建设领导小组下设大运河文化带建设组，出台了《大运河文化带保护传承利用重点项目清单》，相关工作有序推进。

但是，由于大运河在三省市境内很多河道荒废已久，情况复杂，要保护好、传承好、利用好这笔丰厚的文化遗产，必定是一个长期、复杂、艰巨的系统工程，大运河文化带保护建设目前还面临一些亟待解决的问题：首先，大运河文化形象尚未充分展示，大运河文化景观没有成为标志性符号之一，对沿线城市品质提升支撑还不够。其次，大运河生态价值尚未充分体现，运河生态环境堪忧，部分河段水污染严重，有的成了排污干渠，有的则彻底干涸大部分断流，河道原真性较差。再次，大运河发展优势尚未充分发挥，依托运河的文化创意、旅游休闲等产业发展不足，运河的文化品牌效应和经济价值仍有待挖掘，对周边区域发展的带动作用发挥不足。又次，大运河廊道建设的理念仍需加深，大运河文化遗产是一条线，不是单一的文化要素，不是一个点，一个面，而是由点线面共同构成的线性文化遗产，大运河文化遗产保护不仅要保护宫殿、古建筑群、寺庙等纪念性建筑，沿岸区域的民间民俗、工业遗产、老字号、乡土建筑等文化要素也是需要保护的对象。最后，大运河文化带保护建设的统筹协调机制尚不完善，各点段之间缺乏统筹协调、整体设计；运河资源多头并管、缺乏有效的协调管理机制，社会参与的深度与广度不够。

三、京津冀地区大运河文化带保护建设的建议

大运河代表了人类的迁徙和流动，代表了多维度的商品、思想、知识和价值的互惠和持续不断的交流，并代表了因此产生的文化在时间和空间上的交流和互相滋养。在京津冀协同发展背景下，把握重点领域和关键环节，扎实推进大运河文化带保护建设，谋划大运河沿线区域发展，彰显大运河文化带在文化传承、生态环境、文化创意、旅游休闲以及带动区域合作等方面的价值，将其建成为三地标志性的文化品牌和沟通京津冀三地的重要纽带。

（一）加强区域统筹，建立文化带保护建设的制度框架

大运河是跨地域、跨学科、跨行业的大规模线性文化遗产，要想保护好、传承好、利用好，必须有跨区域的统筹协调机制。

首先，建立具有权威性的大运河保护建设统筹协调机构。党和国家高度重视京津冀协同发展，国务院专门成立了京津冀协同发展领导小组，突出解决非首都功能疏解以及协同发展中的交通一体化、生态环境保护和产业对接协作等问题，但尚未顾及京津冀地区运河文化带协同保护建设问题。考虑到运河文化带建设涉及面广、情况复杂，工作难度大，建议将其列为京津冀协同发展领导小组下一阶段需要统筹协调解决的重点事项，进行顶层设计，统筹谋划，综合协调。

其次，建立以规划、立法、政策为模式的保护利用的制度体系。2012年出台的《大运河遗产保护管理办法》内容侧重于原则性的规定，缺乏具有正对性、操作性的标准和规范，已经不能适应大运河入选世界文化遗产

名录后的客观形势和保护建设需要。在国家级高阶位法律尚未出台的情况下，2017 年杭州市率先出台了具有法规性质的《杭州市中国大运河世界文化遗产保护条例》，京津冀也应积极发挥示范作用，尽快研究制定大运河保护法律法规，以提高大运河区域性保护的法制化和规范化水平，为国家层面法律法规的制定积累经验。同时，京津冀三地可以以协同发展为契机，探索统一规划、统一管理、统一建设、统一利用的保护建设模式，共建大运河文化带，推动运河城市之间产生文化认同与价值共识。

最后，联合加强大运河学术研究、宣传，充分挖掘大运河承载的历史文化精髓，整理一批典籍、创作一批文化精品、保护一批非遗代表性项目，创造更多精品力作，增强三地大运河文化的社会认同。

（二）强化空间管控，确定文化带保护建设的区域范围

大运河遗产廊道不应是各种遗产点的简单集聚，而是具有共同历史主题，见证运河发展历程的文化长廊、标签性的线性共同体，是与运河具有某种联系的相关景观要素的集合。目前列入《世界遗产名录》的河段和遗产点为分散的空间布局，除此之外，运河沿线值得保护利用的内容还有很多。建议将大运河作为世界文化遗产的价值扩大辐射影响范围至全线，尽快研究明确大运河文化带核心区和辐射区的空间范围。参考国外的类似案例，遗产廊道边界通常由道路、水体、山脊、交通设施等比较明确的地理要素进行限定，宽度在 2 ~ 15 千米。明确空间范围后，实施沿线空间管控，对大运河文化带沿线土地保护利用提出指导性意见，制定大运河文化带核心区整体风貌管控导则，确保三地建设空间、建设边界等重要空间参数一致，以实现优化空间布局、有效配置和利用文化资源的目标，全面展示大运河文化魅力。

（三）守住绿色底线，建设区域性生态长廊

坚定不移的守住大运河的绿色底线，修复大运河生态环境，建设观水、近水的滨水休闲空间，整体打造两岸相依、人水亲和的大运河生态文

化景观长廊，推动有条件的河道实现游船通航，将京津冀境内的河道建成“有水的河、安全的河、生态的河、通航的河”。

首先，携手改善大运河生态环境。三地携手实施河道综合治理工程，通过疏挖修整河道、加高加固堤防，全面提高流域防御洪水的能力；通过实施污染源治理、河道水体治理、地下水源地保护与涵养、水质监测等，全面改善流域的水生态环境；结合疏解整治促提升专项行动，推动被占河道滩地逐步腾退及环境修复，保护河道原有的生态地貌，改善整体风貌。

其次，携手共筑大运河生态景观廊道。突出大运河文化带的整体风貌，加强两岸景观整体规划，系统绿化大运河两岸，增彩延绿，提高大运河沿线区域绿色廊道的连续性，增强绿色廊道的平行连续性、垂直可及性，提高重要河段和节点景观水平，营造富有魅力的特色文化景观廊道，形成贯通、便捷的京津冀大运河绿色廊道系统。

最后，携手实现部分河段游船通航。通过开展河道清淤、整治和护岸建设工程，加强古桥、古闸、古坝、古码头的保护利用和复建，实现部分航道的旅游通航，合理布局沿岸旅游休闲服务设施，加强两岸文化生态景观设计，新建、改建特色文化主题公园，打造大运河水上旅游精品线路，推动文化旅游向高端化、国际化、品牌化方向发展，促进旅旅游产品结构调整和协同发展。为保障复航计划顺利实施，通州、武清、廊坊三地已经签署总体发展框架合作协议，三地将通过堤岸整修、河道治理、水体改善，探索北运河京津冀段旅游性通航，通航时间预计为2020年。

（四）注重系统保护，凸显文化的整体价值

深入挖掘、研究大运河深厚历史文化，多措并举开展遗产保护，重现大运河风韵，植入具有大运河特色的现代文化元素，让大运河文化活起来、大运河品牌竖起来，把大运河打造成古老与现代交相辉映的美丽活画卷。

全面梳理京津冀地区大运河历史文化遗产资源，积极创造条件恢复重要点段历史风貌，有效保护大运河的历史真实性与完整性，建立京津冀地

区大运河历史文化遗产保护体系。完善沿线文化遗产保护体系，除已列入世界文化遗产名录的河道和遗产点外，再确定一批区域性的河道和遗产点，提高保护等级，推动保护管理标准化、规范化。大运河文化遗产内涵丰富，既包括有形的物质文化遗产，也包括无形的非物质文化遗产，京津冀三地，这两类遗产都有丰富的遗存，应同时予以保护和发掘，不可偏废。

物质文化遗产方面，包括河道、码头、船闸、桥梁、堤坝、纤道等列入遗产名录中的遗产，也包括历史城区、古城、历史文化街区、历史文化名镇名村和历史建筑等；无论是列入遗产名录的河道及遗存，还是白浮泉、万寿寺、延庆寺、积水潭、什刹海、通惠河、通州古城核心区、八里桥、张家湾古镇等都是重要节点，都需要保护好。

非物质文化遗产方面，包括文学、戏曲、音乐、美术、民俗、信仰、节庆等。如现今被称为“国粹”的京剧，就是大运河蕴育出来的一朵艺术奇葩。乾隆五十五年，为庆祝乾隆皇帝八十大寿，扬州四大徽班被征调入京演出，从此他们在北京扎下根来，并融合其他地方声调，形成京剧。作为国家级非物质文化遗产杨柳青木板年画，也是因为随着京杭大运河的开通和天津漕运的兴起，杨柳青成为南北商品交易的重要集散地，从而为木板年画的出现和兴盛奠定了基础。又如作为北京市级非物质文化遗产保护项目的通州运河船工号子，更是大运河漕运的直接产物。近些年来，京津冀三地对于非物质文化遗产都比较重视，但还没有自觉地把各种非物质文化遗产放大到大运河的这个大框架中加以认识和弘扬，这方面的工作还需要进一步加强和拓展。

（五）加强深入挖掘，打造世界级品牌符号

文化遗产的保护不仅仅是把它放在博物馆里完好的保存，而是要通过更好的传承才能得到更有效的保护。国际经验表明，优秀民族特色文化是文化创意产业原创力的重要来源，如日本、韩国依托自身民族文化和民族创作风格，以原创为主发展动漫产业，成为世界动漫强国。近年来，出现

了一些以中国文化为创作题材的文化创意产品成为国际文化创意精品的案例。如迪士尼版《花木兰》《功夫熊猫》，说明中国文化的独特性与其中蕴涵的普世价值有着强大的生命力，但它需要挖掘、需要新的阐释，而且更需要通过创新形式加以表现。对京津冀地区运河文化带建设来讲也如此，需要把大运河文化带放在建设社会主义文化强国的整体格局中、放到推动京津冀协同发展的整体格局中进行谋划，发挥文化的灵魂、引领作用，推动中华文明与世界各区域文明交流互鉴，进一步擦亮世界认可的国家文化符号，在保护和传承中寻找其文化的国际化"表述"，更好构筑中国精神、中国价值、中国力量。

首先，打造大运河旅游精品。依托大运河文化内涵，丰富旅游内容，提升服务品质，精心设计大运河旅游产品，以北运河旅游通航为契机，沿岸合理布局旅游休闲服务设施，加强两岸文化生态景观设计，新建、改建重要景观节点，合力打造若干主题文化旅游线路，推出大运河旅游品牌，提高大运河文化旅游的影响力。同时，拓展大运河沿线休闲空间，开展形式多样的大运河主题文化活动，促进文化体验、旅游休闲、体育健身等功能相互融合，唤起沿线城镇居民对大运河传统文化活动的记忆与热情，丰富人民文化休闲生活。

其次，促进大运河沿线文化创意产业发展。充分利用大运河文化带各区文化资源，培育一批有核心竞争力的文化企业，创新大运河保护利用发展模式，探索遗产廊道保护、考古遗址公园、历史文化街区、古镇古村、城市文化旅游综合体、水利风景区、湿地公园、风景名胜区、博物馆保护等多种模式，促进文化创意产业规模化、集聚化、专业化发展，实现文化与产业发展的深度融合，实现保护与利用并举，在创造性传承中更好地保护大运河文化。

再次，推进沿线特色小镇、美丽乡村建设。落实乡村振兴战略，统筹大运河文化带保护利用和沿线新型城镇化建设，整体开发张家湾、杨柳青等特色小镇、美丽乡村，促进遗产保护与区域发展协调统一。

最后，努力创造能世代相传的新的文化遗产。发挥北京的示范带动作用，全面加强京津冀地区运河沿线新城建设、新区开发、小城镇发展中的布局和形态规划，注重城市街区和建筑整体设计，打造与运河文化内涵风格协调的魅力建筑群和各具特色的街道及城市景观。不断丰富运河沿线建筑文化元素，努力创造出能世代相传的新的运河城市文化遗产。

参考文献

The Grand Canal. World heritage convention cultural heritage nominated by People's Republic of China.

大运河文化带建设与京津冀协同[C]. 京津冀社会科学界联合会第四届京津冀协同发展研讨会. 2017.

李伟,等. 遗产廊道与大运河整体保护的理论框架[J]. 城市问题,2004(1):28-31,54.

孙佳俐,孟祥彬. 京津冀一体化下的运河沿岸村镇保护与发展研究[J]. 小城镇建设,2017(4): 77-82.

吴欣. 中国大运河发展报告(2018)[M]. 北京: 社会科学文献出版社.

许瑞生. 线性遗产空间的再利用——以中国大运河京津冀段和南粤古驿道为例[J]. 中国文化遗产,2016(5):77-87.

俞孔坚,等. 中国大运河工业遗产廊道构建:设想及原理(上)[J]. 建设科技,2017(11):28-31.

俞孔坚,等. 中国大运河工业遗产廊道构建:设想及原理(下)[J]. 建设科技,2017(13):39-41.

世界城市视域下北京“三山五园”地区开发与利用研究

张　磊[①]

摘　要：“三山五园”地区历史文化悠久，有丰富的文化底蕴和区域特色。北京城市总体规划（2016—2035 年）中提出要把“三山五园”地区建设成为国家历史文化传承的典范地区，并使其成为国际交往活动的重要载体。但同时，“三山五园”区域属于典型的城乡结合部，与皇家园林景区的地位极不适应，迫切需要进行整治改造。根据“三山五园”的区域特点与建设情况，深入分析区域开发建设中面临的困难和问题，并提出注重科技和文化融合，布局重大高端文化旅游项目等措施，以期对“三山五园”开发与利用有所裨益。

关键词：“三山五园”　文化景区　经济发展　环境整治

一、“三山五园”基本情况

（一）三山五园区域组成

“三山五园”地区是指西郊清代皇家园林历史文化保护区，包括颐和园、圆明园、香山等著名文化遗产，以及北京大学、清华大学、中央党校、国防大学、军事科学院、中国林科院、中科院植物所等著名研究机构。近现代学界常用“三山五园”统称位于北京西北郊的清代皇家园林，即香山静宜园、玉泉山静明园、万寿山清漪园、畅春园、圆明园。2012 年

---

① 张磊，中共海淀区委党校副教授，博士。

6 月，“三山五园”历史文化景区建设首次写入北京市党代会报告，列为首都历史文化名城保护的重要组成板块之一。“三山五园”区域以“三山”和“五园”为核心，辐射周边 68.5 平方千米的范围。东界地铁 13 号线和京密引水渠，西至海淀区区界，北起西山山脊线和北五环，南至北四环，涉及 6 个街道，2 个镇，约 40 个村落，4 万多人。

（二）“三山五园”区域特点

“三山五园”地区历史文化悠久，有丰富的文化底蕴和区域特色，成为全国重要的历史文化景区和旅游胜地。区域特点主要有以下几个方面：

一是历史地位特殊。该区域伴随着北京 850 多年建都史而兴起，历经清朝五代皇帝的精心营造和扩建而成，与紫禁城共同构成了清代的政治、文化中心。1949 年 3 月 25 日，中共中央委员会与中国人民解放军总部从西柏坡迁至香山。此后，毛泽东主席在香山双清别墅居住并指挥解放全中国的伟大进军。

二是山形水系独特。“三山五园”园中有山，山中有园，山水人文景观和谐相融，是天然的生态园区。颐和园成为我国古典园林叠山理水的集大成之作，被世人冠以“万园之园”。

三是文化古迹众多。“三山五园”文化景区内文物资源丰富、特色鲜明。统计各级各类文物点 100 余处，其中颐和园是世界文化遗产，拥有以圆明园为代表的全国重点文物保护单位 9 处、双清别墅为代表的市级文物保护单位 9 处。

四是科教文化资源丰富。汇集了北京大学、清华大学为代表的国内顶尖、国际知名的高等院校和中央党校、国防大学等国家重要培训机构，驻有军事科学院、中国林科院、中科院植物所等著名研究机构，同时也是北京市乃至中国高科技产业的聚集地。

（三）“三山五园”区域建设成果

“三山五园”区域属于典型的城乡结合部，“城市病”问题集中凸显，与皇家园林景区的地位极不适应。近几年北京市和海淀区加大“三山五园”历史文化的力度，进行了大规模的整治改造，取得了很大成效。

一是成立建设指挥部。“三山五园”文化景区建设涉及面广，在北京市的指导下，海淀区成立区级层面的“三山五园”历史文化景区建设总指挥部和两个分指挥部。由区委书记、区长任总指挥，一名副区长任专职副总指挥，专门统筹协调景区建设工作，明确每年任务目标和完成时间节点。

二是准确定位。按照“三山五园”历史文化景区规划空间，分东部、中部和西部三个板块规划建设。

表1　“三山五园”历史文化景区版块规划建设

地区	范围	发展重点	目标
东部	北京大学和清华大学周边地区	发挥人才聚集优势，推进文化科技创新为重点	历史文化和科技创新区
中部	颐和园和圆明园周边地区	以核心历史文化资源的全面保护与科技阐释为重点	中华传统文化核心展示区
西部	香山地区	以历史文化、旅游休闲、生态涵养为重点	文化旅游休闲区生态涵养区

三是大力宣传。景区范围现存文物点众多，近年来北京市组织清华、北大及民间书院、智库，对景区的文脉资源进行全面深入的持续研究，开展编制并出版了《清代三山五园史事编年》《三山五园传说》系列书籍；以传播为重点，联合单位、媒体开展文化巡展品牌活动，先后到法国、台湾巡展，在国家图书馆举办“三山五园”历史文化景区展览，不仅提高了知名度，同时在国内外获得良好反响。

四是景区内，不断加大开发建设保护力度。多年来，北京市不断加大经费投入，对各个景区分别采取围起来、保护起来、建起来和合理利用起来。先后投入大量经费完成了圆明园正觉寺复建主体工程并对社会开放，完成九州景区修复，逐渐恢复山形水系、园林植被、桥涵闸路，对部分古建筑重修，许多景区修葺一新，重现辉煌。

五是景区外，综合治理，提升区域环境。例如，持续开展村民腾退工作。景区已完成党校西、普安店、六郎庄、一亩园等9个自然村的村民腾退，并疏解带动流动人口调减10万人左右，腾退出的土地主要用于公共配套服务和留白还绿。再如，北京市不断推动玉泉山周边生态提升工程，建设完成4个郊野公园，实现绿地面积约225公顷；景区的36千米绿道系统已全部建设完成；构建起玉泉山周边三圈层交通体系，组织实施了厢红旗路等9条道路、1座桥梁的大修，共计8.7千米、11.6万平方米，有效保障了道路设施正常运行；安排水系生态治理，通过河道治理，循环补水，完成玉泉山周边河道生态修复，形成15公顷水面。通过持续环境整治，有效提升了区域品质。

二、“三山五园”地区开发建设面临的主要问题

（一）规划各自为政，缺乏系统整合

“三山五园”地区虽然各相关部门已有一些规划，例如，景区功能定位、文化发展、旅游产业、公用基础设施、土地资源配置、拆迁腾退、人员安置、交通等方面都有相关规划，但这些规划均从各自管辖领域出发，个别规划还在前期调研完善过程中，有些规划迟迟难以推动实施，因此景区建设缺乏全面、宏观地系统整合及系统规划。

（二）资源分布分散，管理体制待完善

“三山五园”历史文化景区包含多个旅游景点和村落，资源分布分散，各旅游景点独立经营，各成系统，分属市、区、镇、街道等不同级别部门管理，多级管理机构尚未实现有效协调。例如，颐和园、香山、植物园都属于北京市公园管理中心管理，圆明园属于海淀区政府管理，玉泉山归军队管理，而景区周边村庄和社区则分属海淀镇、四季青镇、香山街道、青龙桥街道等管理，这种多头管理和城乡二元管理体制导致管理权属分散，发展各自为政，缺乏协调配合、整体规划和统一管理，土地使用效率较

低，资源整合度不高，管理体制有待进一步完善。

（三）环境脏乱严重，整治难度较大

随着北京建设世界城市步伐的日益加快，出现了景区内是世界级“文化明珠”，墙外是连片的城中村违章建筑，环境卫生、垃圾处理等问题非常突出，墙内墙外反差强烈，这与世界高端旅游区的国际声望和影响力不匹配。而整治范围面广、人多，涉及拆迁腾退、人员安置、公共设施建设等方方面面，资金压力大，整治工作难度加大。例如，青龙桥地区受绿隔和文物保护的限制，可建设量极少，但该地区的地域优势使得集体产业收益较高，如不能足量返还，拆迁难度很大，这些都给改造工作带来困难。

（四）海淀旅游文化产业融合度不高，旅游文化资源尚未得到充分利用

旅游产品文化含量低，缺乏大型精品旅游文化项目；皇家园林历史文化旅游产品的高端市场未得到充分开发；乡村旅游与郊区县相比特色不明显；会议商务、餐饮保健等专项旅游产品层次不高，缺乏吸引力。旅游消费结构不合理，门票、交通等基础消费比例高，购物、休闲娱乐比例较低。旅游重点区域缺乏精品文化项目和娱乐服务设施；在满足旅游者“求知、求新、求异、求特”的文化需求方面，有较大差异。

（五）高端旅游产业发展缓慢，潜力尚未充分挖掘

该地区旅游资源丰富，但旅游高端配套设施发展滞后，高端基础设施匮乏，重点旅游项目还有待培育，旅游服务质量和环境还有待完善。大多数景区接待设施设备陈旧，质量档次不高，景区范围内三星级以上酒店不足 50 家，大型购物中心和高档娱乐中心也较少，现有旅游基础配套设施已无法满足大众游客的需求，更限制了高端旅游市场的开发。旅游业整体与文化创意等产业结合不够深入，产业发展和旅游综合收入后劲不足。总体上缺少高端化、精细化，附加值高的产品。

三、“三山五园”历史文化景区开发建设对策建议

（一）落实“三山五园”核心区建设规划

一是核心园林的保护发展。应继续加强现存古典园林保护，积极推动部分有条件的景区局部复建。一些保存尚好的私家小园与核心园林有较为密切的历史渊源，应统筹考虑保护与发展的问题，更好地凸显核心园林的历史和艺术价值。二是历史景观的局部再现。选取条件满足的地域部分恢复历史景观，绿地建设在满足使用功能前提下应对地区的“场所精神”予以充分尊重。使绿地建设成为营造“三山五园”外围历史环境，传承历史文脉的有效手段。三是纳入到生态绿地系统。“三山五园”地区的林地、湖泊、河流与城市内部有紧密联系，要充分保护和利用这些自然资源，将区域内的河湖水域、农田防护林、风景名胜、皇家园林、私家园林都纳入到北京的生态绿地系统中去。

（二）以片区整治为重点，推动村庄腾退和就地改造，积极探索多种模式

“三山五园”大约可以分为香山片区、两园片区，情况各不相同，需要探索多元建设改造模式。按照“政府主导、镇村主体、部门协同、分工负责、单位配合、居民参与，以就地改造为主，结合异地安置”的工作思路，探索货币补偿、异地安置、政府补贴、政府租赁经营整体改造或现状保留多种形式进行改造。

（三）注重科技和文化融合，布局重大高端文化旅游项目

在发展传统的文化观光旅游的基础上，开发高端化、精细化，附加值高的项目。大力发展“数字遗产”和“智慧旅游”研发，营造文化产业发展平台。借鉴其他地区的成功经验，注重科技手段在景区虚拟展示、解说等方面的应用，通过演艺、数字模拟等手段，强调旅游活动的参与性与体

验性，推进数字圆明园体验中心、圆明园博物馆、“三山五园”文化展示中心等项目，发展“三山五园”历史文化题材文化演艺项目，打造独具特色的颐和园文化走廊，不断扩大海淀“皇家园林”的品牌影响力。

（四）配套设施建设为基础，优化区域发展环境

加强公共基础设施建设和高端旅游设施配备。将旅游业的发展与住宿、餐饮、交通、购物、娱乐等紧密结合，与文化创意、都市农业、商务会展等高端产业有机结合。引进世界知名酒店管理集团发展顶级酒店、商务会所等现代高端休闲度假项目，推出皇家特色餐饮、休闲保健、精品演出等产品，加大力度整治旅游秩序，打造现代化、国际化的人文环境、良好的旅游环境。

（五）成立高位协调统筹机构

景区内中央部委、军队、大院、大所等重要机构集聚，景区范围拆、建、管、服工作与驻区单位联系紧密，为全面推进“三山五园”景区范围整治和建设工作。建议在市委市政府的统一领导下，在北京历史文化名城保护专家委员会的指导下，成立市级层面的“三山五园”历史文化景区建设领导协调小组，国家有关部委、市有关职能部门、景区重点单位和海淀区政府作为成员单位，统筹领导景区规划建设，制订工作计划、明确责任分工和目标任务，加强工作协调，步调一致开展工作，指导历史文化景区的保护与发展。

“三山五园”历史文化景区开发与利用是一个渐进工程，许多问题都需要在实践中不断探索，在研究中重新认识，其间会需要长时间的磨合。但我们相信，只要我们紧密结合区域特点，在国家、市区和各方面力量的支持下，开发利用会不断深入推进，我们一定会把“三山五园”历史文化景区建设成为世界级的历史文化保护展示区、国家级重大文化设施的聚集区、国家级文化旅游和服务聚集区、国家级的文化产业发展示范区和国家级科技与文化融合示范区，建设成为风景更加优美、文化更加繁荣、经济

更快发展、社会更加和谐的历史文化景区。

参考文献

陈刚,朱嘉广．北京历史文化名城系列丛书[M]．北京:北京出版社, 2005.

李彦来．海淀历史文化研究[M]．北京:北京出版社,2012.

何瑜．清代三山五园史事编年:顺治—乾隆[M]．北京:中国大百科全书出版社, 2014.

张宝章,严宽．三山五园传说[M]．北京:中国社会科学出版社,2016.

生态环境篇

新理念视域下京津冀世界级城市群低碳发展研究

陆小成①

摘　要： 破解京津冀高碳排放、大气污染等突出问题，必须以习近平新时代中国特色社会主义思想为指导，以新发展理念推进京津冀低碳发展进入新时代，加快构建以首都为核心的世界级城市群。京津冀地区低碳发展存在的诸多问题主要表现为创新能力不足、协调机制缺失、绿色空间不足、区域开放不够、共享不够充分等。推进京津冀世界级城市群低碳发展，全面贯彻新发展理念，就是要尊重生态发展规律，加快构建创新驱动、统筹协调、绿色发展、开放融合、共建共享等新路径，切实推动京津冀协同发展，加快构建国际一流的和谐宜居之都和绿色低碳的世界级城市群。

关键词： 新发展理念　京津冀　世界级城市群　低碳发展

党的十九大报告明确指出，以城市群为主体构建大、中、小城市和小城镇协调发展的城镇格局，加快农业转移人口市民化。2017 年 9 月 27 日，中共中央国务院关于对《北京城市总体规划（2016—2035 年）》的批复提出，深入推进京津冀协同发展，发挥北京的辐射带动作用，打造以首都为核心的世界级城市群。中国作为世界第二经济大国，加快建设世界级城市群是中国经济社会持续发展的必然趋势。京津冀、长三角等地区已经具有

① 陆小成，北京市社会科学院市情调查研究中心副主任、研究员，博士，北京世界城市研究基地副秘书长。

建设世界级城市群的重要基础和发展潜力。特别是京津冀地区作为国家首都所在地，在我国经济社会发展中具有重要的战略地位，建设以首都为核心的世界级城市群是中国经济社会发展的重要战略任务。但该地区存在大面积雾霾频现、资源环境超载严重、生态恶化等诸多难啃的“硬骨头”，存在高碳排放、污染严重等现实困境。针对京津冀环境污染等诸多难题，习近平总书记提出要实现京津冀协同发展，大力推进生态文明建设和低碳发展。2014 年 2 月 26 日，习近平在北京主持召开京津冀协同发展座谈会上指出，实现京津冀协同发展是探索生态文明建设的有效路径、促进人口经济资源环境相协调的需要。2017 年 2 月 23—24 日，习近平总书记再次考察北京，强调对大气污染等突出问题，要综合施策。2017 年 10 月，习近平总书记在十九大报告中强调，以疏解北京非首都功能为“牛鼻子”推动京津冀协同发展。破解京津冀高碳排放、大气污染等突出问题，必须以习近平新时代中国特色社会主义思想为指导，以新发展理念推进京津冀低碳发展进入新时代，加快构建以首都为核心的绿色低碳世界级城市群。

一、世界级城市群与低碳发展模式

世界级城市群是现代超大城市集群发展的高阶空间结构，是以超大城市为核心支撑，依托高铁、高速公路等周边集聚多个大中城市形成密切关联的高度同城化的城市群落。世界级城市群在全球具有一定的影响力，成为多核心、多层次的城市集聚与都市区联合体。城市群作为区域一体化发展的重要载体和参与全球竞争的空间单元，将在新世纪发挥更为重要的经济引领作用，特别是世界上顶级的城市群将主导经济社会的发展趋势①。早在 1961 年，法国地理学家简·戈特曼就提出了世界级城市群应具有五大特征，即要求城市群总体规模大、区域内城市密集、多个都市区连绵、有一个或多个国际性城市、一个或多个国际贸易中转大港。这一界定为研究

① 杨建军，蒋迪刚，饶传坤，郑碧云．世界级城市群发展特征与规划动向探析［J］．上海城市规划，2014（1）：1－6.

世界级城市群提供了重要理论依据。当前，关于世界级城市群的界定比较多，但已获得公认的世界级城市群主要包括以纽约为中心的美国东北部大西洋沿岸城市群、以芝加哥为中心的北美五大湖城市群、以东京为中心的日本太平洋沿岸城市群、以伦敦为核心的英国城市群、以巴黎为中心的欧洲西北部城市群。1976 年，戈特曼依据人口规模和密度将以上海为中心的长江三角洲城市群列为世界第六大城市群。

有研究指出，这六大世界级城市群所表现的共同特征主要有①：一是具有一定的经济总量和人口规模，形成巨大的综合效益和市场发展潜力；二是形成了相对完善的城市群体系，世界级城市群中有核心城市和众多的周边城市，城市之间形成了便捷的交通联系和经济关联，在产业链中形成良好的功能互补和协同效应；三是核心城市发挥领头羊作用，成为具有全球影响力的世界城市，核心城市的专业化服务程度高，形成了区域乃至全球的经济中心、政治中心、科技创新中心、国际贸易中心、金融中心等；四是对外联系密切，对全球经济发挥着引领的国际影响力，拥有众多的航空港和港口，形成城市群对外交往、经贸往来、文化交流的重要通道。《京津冀协同发展规划纲要》和《中华人民共和国国民经济和社会发展第十三个五年规划纲要》均提出，建设以首都北京为核心的京津冀世界级城市群。京津冀地区建设以首都为核心的世界级城市群是提升京津冀地区乃至国家影响力的重要战略，能为全国经济社会发展形成良好的带动力和影响力。

建设世界级城市是超大城市区域自身发展的必然趋势，是人类社会空间发展的高级阶段。伴随着工业化、城市化进程的推进，城市化发展在一定程度上发挥了空间集聚效应、降低易成本、提高经济效率，促进了技术创新等，但也带来了人口、交通、产业等要素的过度集聚乃至过度膨胀，引发能源高耗、环境污染、生态恶化等诸多城市病难题。共同应对全球气

① 安树伟，闫程莉．京津冀与世界级城市群的差距及发展策略［J］．河北学刊，2016，36（6）：143－149.

候变暖、推进生态文明建设，加快城市特别是城市群的低碳发展成为世界各国面临的共同使命①。对此，国内外学者深入研究了城市的低碳发展问题。如 Jenny Crawford 和 Will French 研究提出要加快淘汰以煤为燃料的工厂，降低污染排放，实现低碳发展。伦敦气候变化署提出要加快建设低碳城市，依托低碳化的生产与消费，限制高碳产业发展、发展低碳技术等实现城市低碳发展。我国许多学者对城市低碳发展的基本内涵、战略意义、主要问题及其对策选择等进行了深入研究。如付允等认为要从实现能源低碳化、社会低碳化、经济低碳化、技术低碳化等四个维度构建城市低碳发展的系统化路径。傅钰、任继勤、李广等认为我国超大城市的绿色低碳发展需要加快产业结构调整、增加生态建设投入、加强文化发展、降低能源消耗②。陆小成认为城市低碳发展是必由之路，当前我国城市低碳发展面临多主体力量参与不足、多元化利益整合不够以及粗放发展模式下高碳排放锁定等管理碎片化问题，这些问题的解决亟需地方实践探索与创新③。庄贵阳、周枕戈认为着力推进低碳发展是中国特色新型城镇化建设基本要求之一④。控制我国城市群的碳排放水平，推动建设低碳城市群已经成为我国发展低碳经济和进行可持续发展的必然选择⑤。

实现城市低碳发展是人类社会共同应对生态危机、全球气候变暖的战略选择，是推进生态文明建设、实现可持续发展的基本要求。传统城镇化发展模式带来的生活方式转变，导致了人均能源消耗的大幅度上升和温室

---

① 田智宇，杨晶．我国城市绿色低碳发展：理论综述及引申［J］．中国经贸导刊（理论版），2018（2）：69－72.

② 傅钰，任继勤，李广．我国超大城市绿色低碳发展评价体系的构建及实证研究［J］．中国商论，2017（2）：131－133.

③ 陆小成．城市低碳发展的空间网络化治理路径研究——基于“兰州蓝”的经验考察［J］．中国行政管理，2016（8）：76－80.

④ 庄贵阳，周枕戈．城市低碳发展路线图编制：技术要素与改进建议［J］．中国人口·资源与环境，2016，26（1）：16－22.

⑤ 竹科幸，姚军峰．生态文明视域下城市群低碳发展模式构建［J］．特区经济，2015（11）：55－56.

气体排放的大量增加，城市环境面临的压力不断加大①。城市低碳发展是以尽可能少的温室气体排放实现经济社会的持续发展，改变传统高能耗、高污染、高排放的粗放型经济增长模式，重构低能耗、低污染、低排放的集约型、高科技型、生态型的新发展模式。如何实现城市低碳发展？由于不同的城市在低碳发展定位、理念和路径的选择上存在差异，所形成的发展模式也有所不同。从国内外现有的实践来看，较为成熟的城市低碳发展模式可以归纳为六种，如下表1所示②。借鉴现有城市低碳发展模式，加快构建以首都为核心的京津冀世界级城市群，破解大面积雾霾频现、生态恶化、环境污染等难题，需要坚持以新发展理念为指引，以低碳为关键战略，针对现有发展难题，选择科学的低碳发展路径。

表1　现有城市低碳发展模式比较

模式名称	模式特点	国内实践	国际实践
哥本哈根模式	以节能零排放为方向	上海崇明岛	丹麦哥本哈根、阿拉伯联合酋长国莫斯达尔市
伦敦模式	以低碳社区建设为中心	——	英国伦敦、德国弗莱堡市、瑞典韦克舍市
伯明翰模式	以产业低碳转型为支撑	苏州	英国伯明翰、美国波士顿
东京模式	以全面建设低碳社会为主体	杭州	日本东京
保定模式	以新能源为突破	保定、德州	西班牙巴塞罗那
上海模式	以重点项目带动	上海	——

二、京津冀世界级城市群低碳发展的主要问题

与世界公认的六大城市群相比，京津冀基本具备了建设世界级城市群的基础条件，人口规模和地域面积都位于六大城市群前列，航空港和港口的对外联系度较强，但京津冀对世界经济的影响力较低，核心城市的城市

① 宋祺佼，吕斌．城市低碳发展与新型城镇化耦合协调研究——以中国低碳试点城市为例［J］．北京理工大学学报（社会科学版），2017，19（2）：20－27.

② 宋德勇，张纪录．中国城市低碳发展的模式选择［J］．中国人口·资源与环境，2012，22（1）：15－20.

化和现代化水平不高，国际化水平也有待提高，环境状况依然严重①。对于京津冀世界级城市群而言，高碳排放、雾霾频现、生态恶化、环境污染等问题是困扰该地区经济社会持续发展的“硬骨头”。鉴于当代中国所面临的环境和生态问题的紧迫性，特别是京津冀等区域环境污染难题和生态环境保护的滞后性，习近平指出：环境保护和生态建设，早抓事半功倍，晚抓事倍功半，越晚越被动。那种只顾眼前、不顾长远的发展，那种要钱不要命的发展，那种先污染后治理、先破坏后恢复的发展，再也不能继续下去了。党的十八大提出把绿色发展、循环发展、低碳发展，作为建设生态文明、美丽中国的重要内容。2016 年，我国政府公布《国民经济和社会发展第十三个五年规划纲要》，明确提出创新、协调、绿色、开放、共享等新发展理念。基于新发展理念的视角，全面分析京津冀地区低碳发展存在的诸多问题，主要表现在以下几个方面：

（一）创新能力不足，经济发展质量和效益较低

创新能力不强，创新投入不足，导致生态文明建设的质量与效益较差。粗放型的经济增长与环境污染的加剧成为当前京津冀地区生态文明建设的重要矛盾。河北、天津等省市长期以来以重化工业为重要支撑的高碳产业结构实际上也抵消或恶化了整个京津冀地区的生态环境质量。如河北唐山、邯郸、石家庄、邢台、保定等城市是全国污染重灾区，河北省高能耗高污染产业的区域布局在一定程度上对北京和天津形成了“污染围城”的态势。如下表 2、图 1 所示，北京、天津已经实现了产业结构优化升级，形成了以第三产业为主的经济结构，特别是北京 2016 年的第三产业占 GDP 比重 80.23%，而河北依然是以第二产业为主的经济结构，作为工业大省，严重偏重于以钢铁行业为代表的重工业，如粗钢产量超出全国总量的 1/4，高新技术发展滞后，导致对自然资源的依赖程度较高，污染严重。

---

① 安树伟，闫程莉．京津冀与世界级城市群的差距及发展策略［J］．河北学刊，2016，36（6）：143－149.

京津冀整个地区的资源能源消耗强度大，环境污染没有得到有效控制，技术创新不够。特别是面向绿色环保的新能源技术和制度创新不足，传统能源消费转型缓慢，对太阳能、风能、地热能的开发、应用、推广严重不足，制约了京津冀地区的能源消费和产业结构转型。创新驱动不足导致经济发展质量和效益比较低，直接或间接制约了京津冀生态文明建设。

表 2 京津冀地区生产总值（2016 年）

地区	地区生产总值（亿元）	三次产业增加值（亿元）			三次产业结构比（%）
		第一产业	第二产业	第三产业	
北京	25669. 13	129. 79	4944. 44	20594. 90	0. 51：19. 26：80. 23
天津	17885. 39	220. 22	7571. 35	10093. 82	1. 23:42. 33:56. 44
河北	32070. 45	3492. 81	15256. 93	13320. 71	10. 89:47. 57:41. 54

数据来源：http：//www. stats. gov. cn/tjsj/ndsj/2017/indexch. htm。

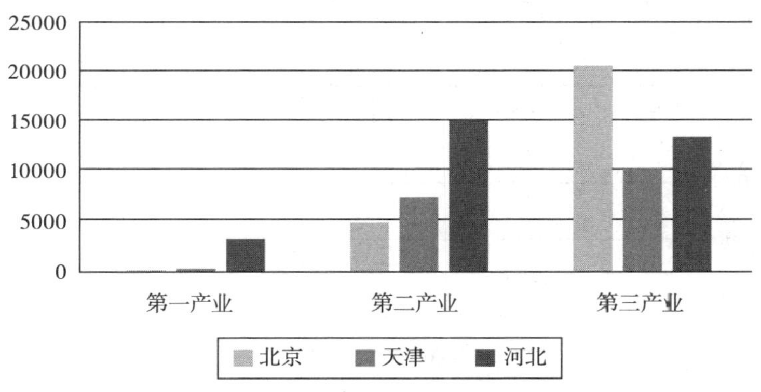

图 1 2016 年京津冀地区三次产业比较

（二）协调机制缺失，发展不平衡较为突出

因资源能源相对匮乏，行政分割和地方壁垒等因素，京津冀地区在发展中存在协调机制严重缺失现象，各自为政与各自发展，要素流动不够顺畅，沟通协调不够顺利，致使区域产业间的互动不足。在大气环境联防联控、水污染治理、土壤污染治理中缺乏利益的平衡性、协调性和发展的可持续性，难以改变传统的自我封闭、部门利益和地方保护主义，生态文明

建设与经济、社会、文化等建设未能实现均衡性、协调性、持续性发展，发展不平衡的现象比较突出，环京津贫困带的存在就是重要说明。从下表3、图2来看，京津冀地区居民人均可支配收入差距比较大，2016年京、津、冀三地居民人均可支配收入分别为52530.4元、34074.5元、19725.4元，河北省最低并且低于全国平均水平，比全国2014年平均水平还低。可见，构建以首都为核心的京津冀世界级城市群的发展不平衡、不充分问题还相当突出。

表3 全国与京津冀地区居民人均可支配收入

单位：元

地区	2013	2014	2015	2016
全国	18310.8	20167.1	21966.2	23821.0
北京	40830.0	44488.6	48458.0	52530.4
天津	26359.2	28832.3	31291.4	34074.5
河北	15189.6	16647.4	18118.1	19725.4

数据来源：http：//www. stats. gov. cn/tjsj/ndsj/2017/indexch. htm。

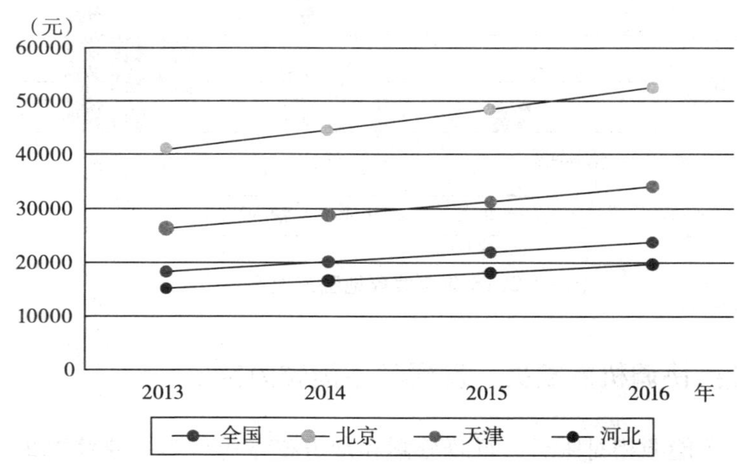

图2 全国与京津冀地区居民人均可支配收入

（三）绿色空间不足，生态环境建设滞后

在京津冀发展进程中，疏于对生态环境的有效治理与保护，为了追求

GDP 增长而选择以消耗资源、牺牲环境为代价的粗放型城镇化道路，加快了城市资源能源耗竭和生态环境污染，降低城市资源环境承载力。缺乏有效的生态保护与环境治理，失序的工业化、城镇化行为带来了严重的环境问题与后果，这些后果在不同的空间规模上具有不平衡的社会影响。大量农村和农业用地转化为城市用地，资本和利益主导下的空间盲目扩张和产业粗放发展，过度开发资源、砍伐森林、开垦土地、低效能燃煤的使用、机动车尾气污染、工业高污染高排放等，这些行为降低了城市环境承载力，城市绿色空间严重不足，生态环境建设严重滞后，引发生态安全与环境危机。如表4 所示，从京、津、冀三地废水中主要污染物排放情况来看，京、津、冀废水排放总量分别为 166419 万吨、91534 万吨、288796 万吨，其中河北省最高。而在废水中主要污染物排放量中，化学需氧量、氨氮、总氮、总磷、石油类、挥发酚等指标中河北省均最高。如表5 所示，从京、津、冀三地废气中的主要污染物排放情况来看，京、津、冀二氧化硫、氮氧化物、烟（粉）尘三项指标中河北省也为最高。

表 4　分地区废水中主要污染物排放情况（2016 年）

地区	废水排放总量（万吨）	废水中主要污染物排放量					
		化学需氧量（万吨）	氨氮（万吨）	总氮（万吨）	总磷（万吨）	石油类（吨）	挥发酚（吨）
北京	166419	8.71	0.56	1.86	0.07	20.8	0.1
天津	91534	10.33	1.56	2.39	0.16	38.5	0.1
河北	288796	41.12	6.15	8.31	0.55	554.5	11.7

数据来源：http：//www.stats.gov.cn/tjsj/ndsj/2017/indexch.htm。

表 5　分地区废气中主要污染物排放情况（2016 年）

单位：万吨

地区	二氧化硫	氮氧化物	烟（粉）尘
北京	3.32	9.61	3.45
天津	7.06	14.47	7.81
河北	78.94	112.66	125.68

数据来源：http：//www.stats.gov.cn/tjsj/ndsj/2017/indexch.htm。

（四）区域开放不够，要素流动不够顺畅

京津冀地区的开放性不够，不仅区域内部，还包括京津冀地区与区域外部之间缺乏足够的开放和交流，资源要素流动不够顺畅，导致经济发展与社会、生态、文化等发展不够开放。北京等地对周边地区不仅没有形成更好的产业波及和辐射带动作用，相反在人才、资金、技术等方面形成“虹吸效应”，进一步扩大区域差距，河北高端人才更多的是往北京走，而北京高端的科技资源、人才资源和创新资源对周边地区并没有形成很好的辐射带动作用，疏解非首都功能，因此加快京津冀地区的环境治理与低碳发展，加快开放融合发展尤为迫切。

（五）共享不够充分，生态补偿机制缺失

在京津冀协同发展和生态文明建设中，存在诸多方面的共享不足、不充分现象，如环境治理、生态建设、人才、政策、基础设施等多个方面。以京津冀地区生态补偿为例，为了给京、津阻风沙、护水源，承德市多年来实施了退耕还林、京、津风沙源治理等生态建设重点工程。一方面，尽管河北省承德市近年来与北京、天津探索开展跨区域碳排放交易、滦河跨界流域补偿等横向补偿机制，但生态补偿多以支持和补助一些项目来体现，临时性政策诸多，缺乏稳定的长效的生态补偿机制。另一方面，生态补偿收益太低难以支撑自身发展。目前生态补偿标准不科学，没有充分考虑生态系统恢复或保护需要的各类成本，补偿标准偏低，投入资金与实际成本差距较大。此外，京津冀地区只在林业、农业、水利、环保等领域开展“部门主导”的专项生态补偿，存在规模小、进展慢、补偿少等问题，低碳发展的共建共享未能形成合力。

三、基于新发展理念的京津冀世界级城市低碳发展路径

2018 年 3 月 5 日，李克强总理在政府工作报告中指出，树立绿水青山就是金山银山的理念，以前所未有的决心和力度加强生态环境保护。推进

京津冀低碳发展进入新时代，必须贯彻新发展理念，正确处理经济发展和生态环境保护的关系，把生态文明建设、低碳发展放在更加突出的位置，积极发展生态环境友好型的发展新动能，不断创新和完善城市群低碳发展的新机制新路径。推进京津冀世界级城市群低碳发展，全面贯彻新发展理念，就是要尊重生态发展规律，加快构建创新驱动、统筹协调、绿色发展、开放融合、共建共享等新路径，切实推动京津冀协同发展，共同推进美丽首都、美丽中国建设，加快构建国际一流的和谐宜居之都和绿色低碳世界级城市群。

（一）加快推进创新驱动战略，打造京津冀低碳创新体系

习近平总书记指出，要实施创新驱动发展战略，构建市场导向的绿色技术创新体系。要加强面向生态文明建设的理念创新、文化创新、绿色技术创新，构建京津冀面向低碳发展的创新驱动机制，打造市场导向的京津冀低碳创新体系。改变传统的简单加工、模仿复制、资源消耗型的创新模式和创新路径，以绿色、生态、低碳为基本导向和重要原则推进技术创新，发挥绿色低碳的技术创新在稳增长、调结构、促改革、惠民生中的引领作用。要将京津的优质创新资源和科技资源吸引到河北的创新发展中，重点提高河北的创新能力和水平，打造京津冀绿色创新体系，大力发展京津冀绿色金融，壮大节能环保产业、清洁生产产业、清洁能源产业。要加强面向低碳发展的体制机制创新，加强对低碳发展的总体设计和组织领导，形成促进创新驱动、生态建设的体制架构，加快形成有利于低碳发展和创新发展的市场环境、产权制度、投融资体制、分配制度、人才培养引进使用的协同创新机制，提高污染排放标准，强化排污者责任，健全环保信用评价、信息强制性披露、严惩重罚等制度，改革生态环境监管体制，构建和创新出面向生态文明建设的综合型、协同型政绩考核机制，以更加科学、全面、协同、绿色的政绩考核机制促进发展方式转变，加快创新驱动，进而推进京津冀绿色低碳发展。

（二）加快统筹城乡协调发展，推进京津冀污染联防联控

习近平总书记指出，要着力加大对协同发展的推动，自觉打破自家“一亩三分地”的思维定式，抱成团朝着顶层设计的目标一起做。充分发挥环渤海地区经济合作发展协调机制的作用，进一步推进京津冀地区大气污染、水体污染、土壤污染等的联防联控。加快构建京津冀统筹协调机制，要通过利益协调、统筹发展与制度改革，不断提高京津冀地区全要素生产率，促进城乡区域、经济社会统筹协调发展，破解发展不平衡、不充分问题，破解京津冀地区大面积雾霾频现、生态恶化等难题。要建立京津冀地区的生态文明跨域统筹协调机构和联防联控机制，促进区域生态系统修复维护、资源保护、环境治理等的一体化规划、综合化建设、协调化管理。要重视产业等领域的协调机制构建，以产业协同促进资源能源的集约化利用和循环利用，减少重复建设和资源浪费，通过供给侧改革，培育面向绿色低碳发展的新动能，紧紧抓住疏解北京非首都功能这个“牛鼻子”加快推动京津冀协同发展，积极发挥京津冀地区各级政府之间的协同作用，加强区域产业互动，积极引导区域产业梯度转移，实现各地产业结构的优化升级与低碳发展。

（三）构建绿色发展机制，形成京津冀无烟空间结构

绿色发展是生态文明建设的重要抓手。习近平总书记指出，要着力扩大环境容量生态空间，加强生态环境保护合作，在已经启动大气污染防治协作机制的基础上，完善防护林建设、水资源保护、水环境治理、清洁能源使用等领域合作机制。绿色发展，就是要摒弃旧发展方式的弊端，从根本上改变经济与环境对立的关系，推进经济与环境协调共进，实现更高质量、更有效率、更加公平、更可持续发展。一方面，要利用京津冀地区的科技优势和充足的太阳能等新能源优势，加快建立绿色、低碳、无烟的产业体系和空间结构。转变发展方式，淘汰落后产能、消除“僵尸企业”，必须构建绿色低碳的发展机制，京津冀地区应加快发展无烟工厂，形成无

烟的绿色区域空间结构。特别是要充分利用京津冀地区充足的太阳能、地热能、风能等资源，利用绿色金融、财政补助、政策扶持等多种手段，吸引更多的企业、社会组织参与到京津冀无烟产业、新能源产业发展中来，在屋顶、建筑物、空地、荒漠等广泛建立分布式光伏发电站，创新光电风电等新能源入网体制机制，鼓励居民特别是偏远农村地区安装和使用太阳能发电和太阳能供暖，破解“气荒”和雾霾治理等难题。另一方面，要加快京津冀地区生态空间拓展，积极加快低碳城市、低碳建筑、低碳交通、低碳社区等建设。京津冀地区需要全面实施山水林田湖一体化生态保护和修复，提高京津冀地区森林覆盖率，加强园林绿化建设和绿色基础设施建设。

（四）加快区域开放融合发展，打造京津冀低碳合作平台

要面向生态文明建设扩大国外绿色技术、绿色投资、绿色产品的国际合作，加强对外开放和融合发展，重点以绿色低碳技术、产品、碳交易等为新型贸易内容，建立清洁发展机制吸引更多的国际企业到京津冀地区开展碳交易，增加京津冀地区碳汇交易规模，加强国际间在生态文明建设和绿色发展中的互利合作，协同推进生态文明建设和绿色低碳发展的战略互信、经贸合作、人文交流。要加强京津冀地区内部各区域、各部门、各要素之间的开放融合与合作治理，打造面向生态文明建设的跨区域合作治理平台，以区域之间大气环境污染联动治理为关键，加强生态文明建设的深度融合与互利合作，对现行的不符合生态文明要求的跨区域行政制度、体制、机制进行改革与创新，加强跨区域生态文明制度建设，促进跨区域生态建设合作，实现跨区域的融合发展和低碳合作发展。要将京津冀地区的传统落后产能转型与发展新能源、构建高精尖经济结构紧密结合起来，将传统能源转型与发展绿色新能源结合起来，通过开放、融合发展来实现京津冀地区的污染治理、新能源转型、高科技产业发展等领域协同，推进区域内外低碳发展合作。

（五）坚持共建共享共治，提升京津冀低碳发展获得感

习近平总书记指出，要着力解决突出环境问题，坚持全民共治、源头防治，持续实施大气污染防治行动，打赢“蓝天保卫战”。要以共享发展为重要理念，加快构建人民参与生态文明建设的机制和渠道，以共建共治促进共享，构建政府为主导、企业为主体、社会组织和公众共同参与的生态治理体系，从解决人民最关心、最直接、最现实的雾霾天气、水污染等重大环境利益问题入手，增加大气治理、生态修复、环境保护的公共产品供给，提高包括生态文明建设的公共服务共建能力和共享水平，提升京津冀地区人民群众在生态建设中的获得感和幸福感。习近平总书记指出，推动形成绿色发展方式和生活方式，是发展观的一场深刻革命。要倡导简约适度、绿色低碳的生活方式，反对奢侈浪费和不合理消费，开展创建节约型机关、绿色家庭、绿色学校、绿色社区和绿色出行等行动。2018 年 3 月 5 日，李克强总理在政府工作报告中指出，要改革完善生态环境管理制度，加强自然生态空间用途管制，推行生态环境损害赔偿制度，完善生态补偿机制，以更加有效的制度保护生态环境。要建立市场化、多元化生态补偿机制，鼓励企业、社会组织、社会公众积极参与京津冀生态补偿工作，不断扩大京津冀生态补偿规模，实现共建共享，消除环京津贫困带。要加强在环境治理、生态建设、人才、政策、基础设施等多个方面建立资源共享、信息共享、生态补偿的服务平台，扩大生态补偿规模和范围，加快生态补偿项目进展，提高生态补偿标准，

实现真正意义上的低碳发展共建共享，使全体人民在生态文明建设与低碳发展的共建共享共治中得到更多获得感，还自然以宁静、和谐、美丽，实现人与自然和谐共生，努力打造以首都为核心的天更蓝、山更绿、水更清、生态环境更美好的京津冀世界级城市群，实现中华民族伟大复兴的美丽中国梦。

参考文献

杨建军,蒋迪刚,饶传坤,郑碧云. 世界级城市群发展特征与规划动向探析[J]. 上海城市规划,2014(1):1－6.

安树伟,闫程莉. 京津冀与世界级城市群的差距及发展策略[J]. 河北学刊,2016,36(6):143－149.

田智宇,杨晶. 我国城市绿色低碳发展:理论综述及引申[J]. 中国经贸导刊(理论版),2018(2):69－72.

傅钰,任继勤,李广. 我国超大城市绿色低碳发展评价体系的构建及实证研究[J]. 中国商论,2017(2):131－133.

陆小成. 城市低碳发展的空间网络化治理路径研究——基于“兰州蓝”的经验考察[J]. 中国行政管理,2016(8):76－80.

庄贵阳,周枕戈. 城市低碳发展路线图编制:技术要素与改进建议[J]. 中国人口·资源与环境,2016,26(1):16－22.

竹科幸,姚军峰. 生态文明视域下城市群低碳发展模式构建[J]. 特区经济,2015(11):55－56.

宋祺佼,吕斌. 城市低碳发展与新型城镇化耦合协调研究——以中国低碳试点城市为例[J]. 北京理工大学学报(社会科学版),2017,19(2):20－27.

宋德勇,张纪录. 中国城市低碳发展的模式选择[J]. 中国人口·资源与环境,2012,22(1):15－20.

世界级城市群视域下京津冀地热资源开发模式研究

张保建[①]

摘　要：京津冀地区地热资源丰富，但目前开发规模有限。建设京津冀世界级城市群，需要对地热资源进行科学合理开发利用，缓解京津冀地区的减排和能源压力，破解雾霾困局，充分发挥出地热资源在生态文明建设中的作用。应尽快制定政府优惠扶持和市场鼓励政策，加快立法并完善地热开发利用标准体系，建立多元化投资机制，通过地热能的碳市场交易充分挖掘地热能自身的价值。同时，加强地热资源基础理论研究，特别是深部地热资源开发基础研究；加强地热资源开发的一系列新产品新技术研发；加强地热开发规划，探索“地热+”多能互补开发模式，实现地热能的综合梯级利用等。

关键词：世界级城市群　京津冀　生态文明　地热资源 开发

党的十九大报告中指出，要加快生态文明体制改革，建设美丽中国。这就要求构建市场导向的绿色技术创新体系和清洁低碳、安全高效的能源体系，地热等绿色清洁新能源已越来越受到国家和社会的高度重视。地热供暖最大的优势就在于其低碳排放，这决定了其必将在加快调整能源结构、强化雾霾治理、积极应对气候变化挑战的大格局中发挥重要的作用。国家发展改革委、国土资源部及国家能源局共同编制的《地热能开发利用“十三五”规划》明确提出，到2020年，地热供暖（制冷）面积累计要达

---

① 张保建，中地宝联（北京）国土资源勘查技术有限公司地热中心主任，高级工程师，博士后。

到16亿平方米，地热能年利用量达到7000万吨标准煤，地热能供暖年利用量为4000万吨标准煤；其中京津冀地区地热能年利用量达到约2000万吨标准煤。

一、京津冀地热资源概况

（一）京津冀地区地热地质背景

京津冀地区在大地构造上主要位于中朝准地台，西部、北部为太行山隆起和燕山隆起，东部、南部为华北盆地。

华北盆地以太古界、元古界、古生界、中生界为基底，其上沉积了巨厚的新生界。新生界厚度在坳（凹）陷最深处可达数千米。新生界中的新近系明化镇组、馆陶组和古近系东营组砂岩类热储，及古生界寒武系－奥陶系、中元古界蓟县系碳酸盐岩类热储，构成了华北盆地的主要层状热储。这些层状热储的厚度可达数百至数千米，巨厚的渗透性能较好的碳酸盐岩岩溶地层为地下水的深循环创造了条件，加之华北盆地地温梯度高（平均3.5℃/100 m，高于全国2.78℃/100m的均值），使该地区成为我国地热资源最丰富的地区之一，地热井出水口温度一般为40～115℃。另外，在太行山和燕山隆起山地的山间盆地及其边缘，由于深大断裂的控制，也分布有带状或脉状的地热资源，多以温泉的形式出露于地表。华北平原是在华北盆地的基础上由黄河、海河等河流冲积而成，松散沉积物厚度较大，大部分为浅层地热能适宜区和较适宜区。

（二）京津冀地区地热资源量概况

据中国地质调查局统计，京津冀地区每年可开发利用的地热热量折合标准煤3.43亿吨（其中，浅层每年可开采热量折合标准煤9 200万吨；水热型每年可开发量折合2.5亿吨标煤），相当于京津冀2014年燃煤消耗总量的94%，每年可减排二氧化碳8.18亿吨。目前，该地区已有48个地热田，其中，北京市有10个，总面积2760km^2，折合标煤34亿吨；天津市有 8 个，面积 6380km^2，折合标煤 307 亿吨；河北省有 30 个，面积约 19165km^2，折合标煤 1050 亿吨 t。这些地热田在平面上连片分布，为实现地热资源产业化、规模化开发奠定了基础。

二、京津冀城市群面临的节能减排压力

（一）京津冀地区空气污染严重

京津冀地区是我国空气污染最严重的区域之一。2015 年，京津冀地区 SO_2、NO_x 和烟（粉）尘排放量分别为 136.5 万吨、176.5 万吨和 172.5 万吨（表 1），占全国 7.3%、9.5% 和 11.2%，单位面积 SO_2、NO_x 和烟（粉）尘排放量是全国平均水平的 3.3 倍、4.2 倍和 5.0 倍。

表 1　京津冀废气中主要污染物排放情况（2015 年）

单位：万吨

地区	二氧化硫	氮氧化物（万吨）	烟（粉）尘
北京	7.12	13.76	4.94
天津	18.59	27.68	10.07
河北	110.84	135.08	157.54

数据来源：http：//www. stats. gov. cn/tjsj/ndsj/2016/indexch. htm。

2015 年 12 月底，国家发改委发布的《京津冀协同发展生态环境保护规划》提出：到 2017 年，京津冀地区 PM2.5 年平均浓度要控制在 73 微克/立方米左右。到 2020 年，PM2.5 年平均浓度要控制在 64 微克/立方米左右，比 2013 年下降 40% 左右。近两年来，随着京津冀地区实施的《京津冀大气污染防治强化措施（2016—2017 年）》《北京市 2013—2017 清洁空气行动计划》《天津市清新空气行动方案》（2013 年发布）、河北省《关于强力推进大气污染综合治理的意见》和 18 个专项实施方案（“1 + 18”文件）等一系列文件的实施，京津冀地区的空气质量已有明显改善。2018 年 1 月 18 日，环保部发布的 2017 年 1—12 月全国空气质量状况显示：京津冀地区空气质量改善明显，PM2.5 浓度为 64 微克/立方米，同比下降 9.9%。但是

京津冀地区空气质量改善的压力依然较重。2016 年，京津冀地区 SO_2、NOx 和烟（粉）尘排放量分别为 89.3 万吨、136.7 万吨和 136.9 万吨（表2），虽然排放总量有所降低，但仍分别占占全国的 8.1%、9.8% 和 13.5%，单位面积 SO2、NOx 和烟（粉）尘排放量是全国平均水平的 3.7 倍、4.3 倍和 6.0 倍，大气中主要污染物排放仍处于较高水平。

表 2　京津冀废气中主要污染物排放情况（2016 年）

单位：万吨

地区	二氧化硫	氮氧化物	烟（粉）尘
北京	3.32	9.61	3.45
天津	7.06	14.47	7.81
河北	78.94	112.66	125.68

数据来源：http：//www.stats.gov.cn/tjsj/ndsj/2017/indexch.htm。

（二）生态环境是京津冀建设世界级城市群的短板

推进京津冀世界级城市群建设，绿色发展、生态建设、环境保护是关键。但长期以来粗放型的经济增长与环境污染的加剧，资源能源消耗强度大，经济领域的供给侧结构不合理成为当前京津冀地区生态文明建设的重要矛盾。河北省优势行业主要是以钢铁为主的高污染高能耗产业，2016 年，河北省生铁和粗钢产量分别为 18398 万吨、19260 万吨，占全国的比重分别为 26.2%、23.8%，河北省高能耗高污染产业的区域布局在一定程度上对北京和天津形成了“污染围城”的态势。2018 年，全国 74 个城市空气质量相对较差的后 10 位城市大部分处于京津冀及周边地区，后五名均在河北省境内。高能耗、高排放带来的生态环境恶化已成为京津冀建设世界级城市群的短板。

三、地热资源在推动生态文明建设中的作用

地下热水具有清洁能源、矿产资源、旅游资源、理疗资源等多重属性，其在地热发电、采暖、温室、养殖、康复医疗、提取化工原料、旅游

以及瓶装矿泉水等多方面具有很好的利用价值。因此，地热资源的合理利用必将会对生态文明建设起到重要的推动作用，主要表现在以下几个方面。

（一）实现节能减排，改善空气环境

地热资源是一种具备一定可再生能力的清洁能源，分布广（特别是层状热储）、储量大，具有清洁、低碳、环保、用途广泛、稳定性好、可循环利用等特点，与风能、太阳能等相比，不受季节、气候、昼夜变化等外界因素干扰，是一种竞争力优势明显的新能源。根据北京市地矿局对通州副中心采用地热“两能”供暖制冷的能耗模拟，副中心的地热“两能”系统每年节能量为 26759 吨标煤，二氧化碳每年减排相当于 72250 吨标煤，二氧化硫每年减排 535 吨，烟尘每年减排 268 吨，系统每年的环境效益相当于避免 240 公顷森林被砍伐。京津冀地区每年可开发利用的地热热量折合标准煤 3. 43 亿吨，若开发其 1/10，则每年可减排二氧化碳约 3. 23 亿吨，二氧化硫约 264 万吨，氮氧化物 132 万吨，烟尘 0. 238 亿吨，将会从根本上解除京津冀地区的减排压力，并能有效扭转当前京津冀地区的雾霾困局。

（二）以地热为基础，打造绿色生态产业

充分发挥独特的地域地热资源优势和特色，除地热供暖外，还可以发展集温泉疗养、温泉旅游、温泉文化、温室种植养殖为特色的地热开发利用绿色生态产业。如温泉疗养在我国和世界范围内具有悠久的历史，温泉对呼吸系统疾病、风湿性关节疼痛及炎症、消化系统疾病、慢性皮肤病、妇科疾病、心脑血管病等具有较好的辅助疗效，是男女老少皆宜的理疗项目。温泉与森林、冰雪、沙漠、草原、海滩等旅游景观相结合，可打造出别具特色、新鲜刺激的“温泉 +”旅游项目。我国的温泉文化往往与水质特点、神话传说、诗词对联、温泉功效等紧密联系在一起，文化性、科学性强，值得大力培育与弘扬。温室种植养殖不但能产生很好的经济效益，

还可以打造集科普教育、休闲观光、采摘、垂钓、餐饮娱乐、养生健身于一体的一站式服务休闲观光公园。

（三）地热工业利用

地热能在工业领域里可用于烘干和蒸馏过程，用于简单的工艺供热、制冷，或者用于各种采矿和原材料处理工业的加温和除冰，还可用于棉织、麻纺、缫丝、制革、制砖、造纸等工业途。地热流体本身也是一种有用的原料，具有工业利用价值，在某些高矿化地热水中含有的各种盐类和其他化学物质，如溴、碘、硼、锂、铷、铯、锶、镭、氦、重水和钾盐等，是国防工业、原子能工业、化工工业及农业不可缺少的原料。

四、创新地热资源开发利用的几点思考

虽然京津冀地区地热资源的开发利用已有多年的历史，并具备一定规模，但还没有充分发挥出其在生态文明建设中的作用。其原因既有政策、管理机制方面的因素，也有资源禀赋不清，开发技术瓶颈，利用模式单一等方面的原因。

要充分发挥地热资源的优势，切实实现对生态文明建设的推动，就必须在政策机制、基础理论与技术研发、顶层设计规划、开发利用模式、梯级综合利用等方面积极创新，充分做到物尽其用、科学有效利用。

（一）政策扶持，市场鼓励

国内外地热产业发展的经验表明，政策扶持以及管理体制、运行机制的配套改革，是地热产业发展取得成功的前提条件。

（1）加快立法并完善地热开发利用标准体系。目前我国尚无与地热资源开发利用相适应的法规出台，国家应加快制定有利于促进地热发展利用和保护的法规体系，进一步完善、制定有利于地热产业发展的规范标准等，逐步构建统一开放、竞争有序的地热开发市场体系。

（2）制定优惠扶持和市场鼓励政策。加大对地热能开发的政策支持力

度，制定完善的热发电上网电价优惠，供暖（制冷）价格补贴、减税，地热供暖设备、设施的补助及贷款优惠等市场鼓励政策。

（3）完善地热产业管理机制。目前各地对开采地热水的取费规定不一，如水利部门强调需缴纳水资源费，国土部门强调需缴纳采矿权使用费和矿产资源补偿费，这不利于地热市场的规范化，并增加了地热开发企业的负担。地热资源是自然资源的一部分，因此，结合国家即将进行的自然资源资产监督管理和生态环境保护机构改革，将地热资源纳入自然资源资产监督管理和生态环境保护的的范围，在地热资源的勘查、开发利用监督，地热开发环境影响监督等方面统一管理，促进地热资源开发利用的可持续发展。

（4）建立政府、企业、社会多元化投资机制。探索建立地热能开发的政企合作模式（如 PPP 模式）。将地热能供热纳入城镇基础设施建设，在市政工程建设用地、用水、用电价格等方面给予地热能开发利用政策支持，科学合理制定地热能供热价格，促进地热能供热市场调节机制的建立和完善。

（5）探索将地热能纳入碳交易市场。地热能利用降低了化石能源的消耗，减少了污染物和温室气体的排放。因此，应把地热能源替代化石能源所减少的污染物和碳排放，纳入到污染物和碳排放交易体系中。陕西咸阳地热供暖项目成功注册为全球首个地热 CDM（地热集中供暖清洁发展机制）项目，同时注册的“地热取代燃煤锅炉减少二氧化碳排放”方法学，于 2009 年 10 月经联合国执行理事会正式批准，是世界地热供暖领域第一个可应用的方法学。2016 年底，北京环境交易所对电、热、碳三要素进行统筹管理，推出国内首个集电力、热力和碳交易于一体的综合服务。这说明将地热能纳入碳交易市场在理论上和条件上均已成熟。

（二）加强京津冀地区地热资源的协同管理

对位于京津冀省市边界上的地热田要加强协同管理机制，根据地热资源禀赋，统一调度地热资源的开发。并且地热田的边界也不是绝对的，不同地热田间也可能发生一定的水力联系，因此，需要对京津冀地区地热资源的开采实行总量控制、分散开采，切忌集中式开采，应该在空间上、时间上合理分布，避免加重目前已经存在的地面沉降灾害。为确保地下热水资源的可持续利用，应建设京津冀地区地热资源开采动态监测网，根据监测结果及时调整开采量和开采布局，为地热资源的开发管理提供依据。

（三）加强地热资源基础理论研究，特别是深部地热资源开发基础研究

要实现地热资源“绿色、低碳、清洁、高效和可持续发展”的创新开发模式，必须从源头上提供物质基础和理论支撑，要求首先要查清地热资源禀赋特征。否则，盲目开发地热资源必然会产生地下水位持续下降、地层骨架应力破坏等新的环境问题。就京津冀地区而言，主要应在以下几个方面加强研究。

（1）进一步开展地热资源形成机理研究。进一步加强地热资源赋存规律的基础研究，增加人才、资金、实验设备等方面的研发投入，加强地球物理、地球化学探测等地热田探测与评价技术。查清地下热水的形成条件、成因机制与富集规律，建立区域地下热水形成的概念模型，为地热资源的开发利用提供地质依据。

（2）加强深部地热资源的探测研究。加强区域温度场分布与深部热结构研究；加强深部水热型及干热岩地热资源的热源机理、控热构造及其空间分布特征研究；加强油田区石油开采伴生地下热水资源评价等。目前中国地调局组织实施的雄安新区深层地热资源探测技术示范项目，将会构建5000m以浅地温场空间结构，综合评价5000m深度地热资源潜力；将会建立雄安新区深部地热资源蕴藏模式，完善深部地热探测技术与资源潜力评价体系。将来雄安新区的地热资源勘查经验宜向京津冀及周边重点地区推广。同时，应当加强干热岩地热能勘探开发关键技术研究，推进干热岩在勘探、钻探、测试、评价及示范等方面技术研发，尤其是在干热岩勘钻探、定向压裂、高效换热等方面的研究，不断推出新的研发成果，突破干

热岩开发与利用的技术瓶颈。

（3）加强地热储层回灌研究。除地热水尾水回灌外，研究利用浅层地下水、地表水等多源回灌，特别是尽快解决砂岩热储回灌难的问题和回灌堵塞等技术难题，研究探索经济环保回灌方式。通过地热水的采补平衡，控制地热水资源衰减，抑制地面沉降，减少地热水排放对环境造成损害和热污染。

（4）加强地热资源开发的新产品新技术。按照“地热能资源开发与环境保护并重”的原则，进一步研发推广地热资源开发的新技术、新产品，探索“只取热不取水”的中深层地热井内换热供热技术（图 1、图 2），目前该技术已经取得了一定突破，但还需要提高换热效率，降低换热成本。另外，还需要进一步研发中温地热资源发电技术。地热发电比重将是地热能产业发展水平的核心指标，其关键在于突破针对不同类型地热资源的多种地热发电技术。京津冀地区主要赋存中低温地热资源，研究中温地热资源发电不仅是全国也是京津冀地区需要重点攻关的课题。当然，地热发电还需要国家给予电价补贴等政策财政支持。井－储结合的增强换热，也是未来需要发展的关键技术。单纯利用浅层地温能供暖，必然存在热不平衡问题，地层需要补热，一个直接的办法就是用中深层热来补充浅层热，实现深、浅层地热能的联合科学应用，保障地热能稳定、可持续供热。

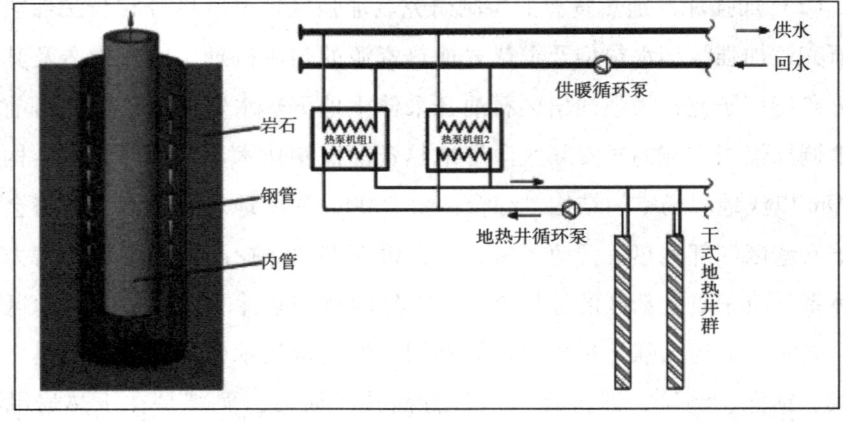

图 1　井内换热器构造示意图　　图 2　中深层地热井内换热供热系统原理图

（四）加强地热开发规划，实现地热能的综合梯级利用

编制地热资源开发利用规划和地热能供热专项规划，与经济社会发展总体规划、能源规划相衔接，统筹安排、科学布局，积极发展地热能集中供热，推动新建居住小区地热能分布式供热，加快提升地热能在建筑供暖中的应用比例。

建设完善地热监管信息化系统研发，推动地热精细化管理，提高地热资源的节约集约利用水平。根据“品位对口，梯级利用”的用能思想，实现地热能的梯级利用，大幅度提高地热能的转化与利用重点研发地热能梯级高效利用技术，降低地热尾水排放温度，提高地热利用率。地热资源理想的梯级利用模式是按照水温的高低，依次用于地热发电、干燥、制冷、地热水采暖、温室种植、水产品养殖、游泳、洗浴、理疗、灌溉及融雪等（图3）。随着地热利用多元化路线渐趋形成，地热将对煤炭等高碳能源形成强有力的替代，并有力推动能源绿色革命。利用地热资源打造现代服务业，加快发展地热采暖、养殖、旅游休闲、健康养老等新兴产业，促进产业转型升级。

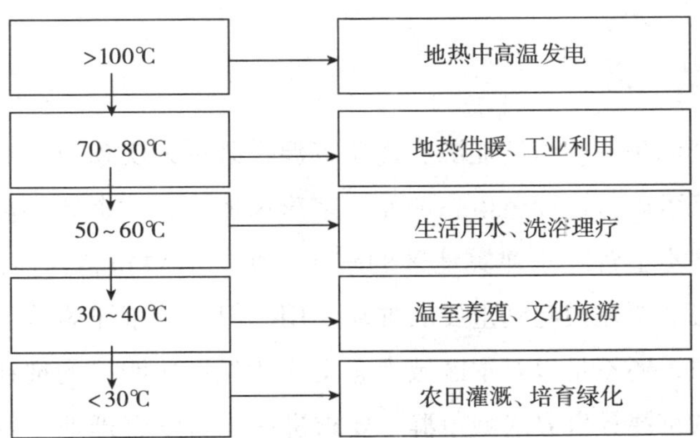

图3　地热能梯级利用开发典型模式

（五）探索“地热+”多能互补开发模式

按照“地热+多种清洁能源集成利用”的发展思路，因地制宜、多能互补，发展新能源集成项目，打造城市综合用能总体供应体系。地热学家汪集旸院士近年来提出了“地热+”多能互补发展思路，即“天（太阳能）地（地热能）合一、动（风能）静（地热能）结合”。除了与太阳能、风能结合，还可与工业余热、油田污水余热、生物质能等相结合，打造以地热能为主的分布式可再生能源系统。

在热泵技术开发方面，应该利用热泵技术和其他供能技术相结合，打造复合能源系统。如用友软件园地源热泵项目实施了首个复合能源系统，通过实施土壤源热泵+冰蓄冷+水蓄能复合能源解决方案，集热泵技术、变频技术、夏季蓄冰、冬季蓄热技术和地下土壤的换热技术有机结合为一体的复合式能源系统，是暖通空调领域内的一次革命性的技术创新。同时，应该加强提高地源热泵系统的效率和减少运作成本的地源热泵技术研发，如降低维修和养护成本、使用更有效的液体工质、提高辅助设备（如泵和风扇）的工作效率等。

五、结　论

地热资源是一种清洁能源和优质资源，既可以实现节能减排、改善空气环境，又可以打造绿色生态产业。京津冀地区地热资源丰富，其合理利用将会从根本上解除京津冀地区的减排压力，有效扭转当前的雾霾困局，对区域生态文明建设起到重要的推动作用。但目前京津冀地区地热资源开发规模有限，还不足以对本区域生态文明建设形成明显的推动。建设生态环境优美的京津冀世界级城市群，要求进一步科学合理地开发区内的地热资源，需要在地热资源开发的政策、机制、技术、模式等方面进行规范、创新。

为充分发挥出地热资源在生态文明建设中的作用，应该尽快制定政府优惠扶持和市场鼓励政策，加快立法并完善地热开发利用标准体系，建立政府、企业、社会多元化投资机制，通过将地热能纳入碳交易市场，充分挖掘地热能自身的价值。加强京津冀地区地热资源的协同管理，合理调整开采量和开采布局，确保地下热水资源的可持续利用。

同时，在技术层面，加强地热资源基础理论研究，特别是深部地热资源开发基础研究；加强干热岩地热能勘探开发关键技术和地热储层多源回灌研究；加强中深层地热井内换热供热技术、中温地热资源发电技术、井－储结合增强换热技术等地热资源开发的新产品新技术；加强地热开发规划，探索“地热＋”多能互补开发模式，实现地热能的综合梯级利用等。

参考文献

张保建，高宗军，张凤禹，等．华北盆地地下热水的水动力条件及水化学响应[J]．地学前缘，2015，22(6)：217－226.

邱楠生，左银辉，常健，等．中国东西部典型盆地中—新生代热体制对比[J]．地学前缘，2015，22(1)：157－168.

姜光政，高堋，饶松，等．中国大陆地区大地热流数据汇编（第四版）[J]．地球物理学报，2016，59(8)：2892－2910.

中国地质调查局．支撑服务京津冀协同发展地质调查报告[R]．2015.

王志刚．地热将成为我国非化石能源增量的主力——京津冀地区地热资源潜力及开发利用设想[J]．石油石化绿色低碳，2016，1(6)：1－5.

李宁波，杨俊伟，于湲，等．开放与创新结合促进京津冀地热“两能”发展[J]．城市地质，2017，12(1)：1－4，10.

世界级城市群视域下首都国家公园建设路径

骆慧菊　李义志　资武成　陆小成[①]

摘　要： 构建以首都为核心的世界级城市群，必须加快生态文明建设，推进环首都国家公园建设。首都国家公园建设存在的主要问题，主要包括重数量轻质量，资源没有得到合理化利用、区划不合理，体制不够完善，公园建设资金投入不够等。打好污染防治攻坚战，扩大首都生态空间，推进首都生态文明建设，迫切需要加快首都国家公园建设，要强化公益性原则，促进资源综合利用，避免过度开发；整合现有公园管理体制，避免部门利益化，实现权责对等；创新国家公园建设投入机制，充分引入PPP模式鼓励社会资本参与；拓展城市生态空间，规划更多的环首都国家公园；制订国家公园建设行动计划，构建首都国家公园体系，推进首都生态文明建设，打造世界级城市群的生态典范。

关键词： 世界级城市群　首都国家公园　建设路径

2017 年 9 月 27 日，中共中央国务院关于对《北京城市总体规划(2016—2035 年)》的批复提出，深入推进京津冀协同发展，发挥北京的辐射带动作用，打造以首都为核心的世界级城市群。中共十八届三中全会创造性提出建立国家公园体制。国家公园是基于国家层面，为对某些具有完整生态系统和生态旅游、生态研究、环境教育等功能的区域进行必要性保

① 骆慧菊，中国教育科学院朝阳实验学校体育教研中心主任，北京世界城市研究基地特约研究员。李义志，中南林业科技大学副教授、硕士生导师。资武成，湖南师范大学教授、硕士生导师、博士后。陆小成，北京市社会科学院市情调查研究中心副主任、研究员、博士，北京世界城市研究基地副秘书长。

护和治理。首都国家公园则是首都北京区域范围内的国家公园。京津冀地区长期以来生态建设极不平衡，产业结构不够合理，污染排放强度大，生态恶化现象严重。构建以首都为核心的世界级城市群，必须加快生态文明建设，推进环首都国家公园建设。首都地区作为资源能源十分匮乏、环境污染非常严重、自然生态比较脆弱的区域，进一步保护首都区域空间生态系统的完整性，强化对区域资源的有效保护和合理利用，减缓或避免过度的土地开发、人口膨胀、产业集聚所带来的资源能源环境承载力问题，打好污染防治攻坚战，扩大首都生态空间，推进首都生态文明建设，迫切需要加快首都国家公园建设，加快构建国际一流的和谐宜居之都，打造世界级城市群可持续发展的典范。

一、世界级城市群与国家公园的提出

（一）世界级城市群的提出

世界级城市群是现代超大城市集群发展的高阶空间结构，是以世界城市为核心支撑，依托高铁、高速公路集聚多个大中城市形成密切关联的高度同城化的城市群落。20 世纪初期，英国城市规划思想家帕特里克·格迪斯指出了人口向城市集中和城市团块的现象，并称之为城市群区域。1961 年，法国地理学家简·戈特曼提出世界级城市群应具有总体规模大、城市密集、都市区连绵等特征。Timothy A. Gibson（2004）研究世界级城市群的土地利用与城市发展纠纷问题。Jayne M. Rogerson（2014）研究了世界级城市群产业定位与空间利用问题。György Csomós（2017）考察了发展中国家的世界级城市成长及对全球经济的影响。杨建军（2014）认为世界城市群将主导经济社会的发展趋势。肖金成（2014）、张军扩（2015）、宋文新（2015）、尹德挺、史毅（2016）、朱晓青（2016）、刘广平（2016）、安树伟、闫程莉（2016）、王亮、石晓冬（2018）等从不同角度研究世界级城市群的协同发展问题。也有学者比较研究京津冀世界级城市群与国际上世界级城市群的差距及其人口分布特征，认为：典型世界级城市群的孵化过程具有显著的阶段性特征，核心城区人口占比经历了“先升后降”的过程，人口空间分布存在由单核向多极转变的趋势，核心区域的产业结构调整对于城市群的空间协作发展具有引导作用①。以上学者主要从经济影响力、区域协同等视角考察了世界级城市群发展的规律及其重点，但如何从城市病治理特别是污染防治、生态建设的角度研究世界级城市群问题的不多，如何通过加强国家公园建设推进世界级城市群发展的研究不足。基于此，构建以首都为核心的京津冀世界级城市群，特别是破解长期以来困扰京津冀地区的环境污染、生态恶化等顽疾，迫切需要通过体制机制创新加快环首都的国家公园建设。

（二）国家公园的内涵及其标准

国家公园首创于美国。美国学者乔治·卡特林（George Catlin）最先提出了“国家公园”概念。1832 年，卡特林深入研究了美国西部草原的美洲野牛遭到拓荒者杀戮现象，发现密西西比河上游原始的自然景观、生态系统正遭遇到史无前例的破坏。针对此现象，卡特林认为必须采取有效措施进行政府干预，政府应该承担保护自然生态系统、保护生态环境平衡的基本职责，加强保护并建立原住民文化及原始自然景观的自然基质公园。早在 1872 年，美国国会通过成立全球第一个国家公园，即黄石国家公园。到 2013 年，美国共设了 50 多个国家公园和 300 多个国家观光与游憩区、国家纪念地等。美国国家公园主要用于自然文化保护、公民教育、科学研究、观光旅游、休闲健身等。建立国家公园体制，这在一定程度上有效地保护了自然生态区域，维护原生态的自然景观和人文景观，预防人为侵占和破坏。许多国家效仿美国模式，从自身国情出发，建立了不同特色的国家公园体制。1958 年，世界自然保护联盟（IUCN）成立了世界国家公园委员会，该委员会在 1969 年订立了《世界国家公园标准》，该标准指出，

① 尹德挺，史毅．人口分布、增长极与世界级城市群孵化——基于美国东北部城市群和京津冀城市群的比较［J］．人口研究，2016，40（6）：87－98.

国家公园设立须达到三项标准：一是政府主导标准。由国家层面的行政机构负责，出台规定禁止狩猎、农耕、放牧、采矿与伐木。二是人口和面积标准。该标准提出了两个基本条件，每平方千米人口少于50人者，最小面积为50平方千米；每平公里人口多于50人者，最小面积12.5平方千米。三是，人事和预算标准。要求提供一定的人员编制和财政预算对国家公园给予保护和支撑。

（三）国家公园的基本属性与重要意义

从国际经验来看，国家公园应强调公益性、国家主导性和科学性等三大特性[①]。一是公益性。国家公园体制的设立从根本上是为了保护具有公共产品属性的自然生态区域，国家公园应坚持公益导向，即追求公共利益的最大化，免费或低廉地向社会公众开放，国家公园要承担环境教育、科学研究、休闲健身等公共服务功能，国家公园是面向广大社会公众，因而也需要社会公众、社会组织积极参与，共建共享，共同维护良好的国家公园环境。二是国家主导性。即为中央政府批准和认可的自然或历史文化保护区，国家公园一般由国家批准设立，体现国家层面的战略构想，并由国家投入一定的经费和人员编制进行管理，国家立法进行合法性保护，国家承担国家公园的建设与管理职能等。1930年，加拿大国会出台《国家公园法案》，确立了国家公园的国家主导属性，指出国家公园设立的宗旨是为了加拿大人民的利益、教育和娱乐而服务，国家应该确保国家公园的合理利用、管理以及确保未来下一代持续使用，免遭各种破坏[②]。1992年，美国国家公园管理局在《美国国家公园21世纪议程》中明确规定，国家公园管理局的核心目标在于，国家对历史遗迹、文化特征和自然环境进行保

① 陈耀华，黄丹，颜思琦．论国家公园的公益性、国家主导性和科学性［J］．地理科学，2014，(3)：257－264.

② 刘鸿雁．加拿大国家公园的建设与管理及其对中国的启示［J］．生态学杂志，2001（6）:50－55.

护，提升人们形成共同国家意识的能力①。三是科学研究性。即国家公园不是一般意义上的自然生态区域，一般由一定的科研机构可对其进行科学研究，对国家公园必须以科学为基本原则加强合理规划、科学分区、有效保护与开发利用。

加快建设国家公园，对于树立绿水青山就是金山银山的发展理念，推进生态文明建设、实现可持续发展等具有重要意义。中办、国办联合印发的《建立国家公园体制总体方案》中指出，建立国家公园的目的是保护自然生态系统的原真性、完整性，始终突出自然生态系统的严格保护、整体保护、系统保护，把最应该保护的地方保护起来。国家公园的首要功能是重要自然生态系统的原真性、完整性保护，同时兼具科研、教育、游憩等综合功能。因此国家公园的设立与建设，从人与自然和谐的战略高度实现自然生态系统的自我净化和自我平衡功能。国家公园有利于加快以制度保障生态文明建设的目标实现，通过国家公园的设立来落实《全国主体功能区规划》，划定生态保护红线，重新整合和确立中国的自然保护体系，完善中国的自然保护管理体制，对保护地事业、国家经济发展、历史文化传承、社会秩序稳定和国民生活健康都有着重要的价值和意义②。可以说，国家公园是中国自然保护地体系、生态文明建设的重要组成部分，是实现可持续发展的重要保障，是拓展生态空间，提升生态承载力、推进生态文明建设的重要抓手。加强首都国家公园建设，对于加快建设生态宜居的世界级城市群具有重要的推动作用，为京津冀世界级城市群建设与发展夯实生态基础。

二、首都国家公园建设的主要问题

国家公园在中国最早可以说是自然保护区。第一个自然保护区是在1956年建立的。截至2013年，我国建立国家级自然保护区407个、国家地质公园240个、国家级风景名胜区225个、国家级森林公园779个、国

① National Park Service of USA. Rethinking the National Parks for the 21st Century. www. nps. gov/policy/futurereport. htm，2001.

② 吴承照，刘广宁．中国建立国家公园的意义［J］．旅游学刊，2015，30（06）：14－16.

家湿地公园 429 个[①]。首都北京作为历史文化名城，拥有多个国家公园，建立了由不同政府职能部门管辖的多层级复合管理体制。国务院对国家级自然保护区、国家级风景名胜区进行设立审批，其他自然保护区、风景名胜区、公园等均由地方政府进行审批、建设和管理，这些公园的建设和管理经费纳入各主管部门财政负责。目前，不同层级的国家公园由于多方面的原因，导致体制不顺、管理粗放等诸多问题，主要表现为以下几个方面：

（一）盲目追求规模和数量的扩张，降低公园管理质量和效益

首都地区特别是北京近些年来重视公园建设和园林绿化，如表 1 所示，公园绿地面积、城市绿化率、林木绿化率等数据均呈现逐年递增，但总体上说，重数量轻质量，资源没有得到合理化利用。经过多年的改革开放和经济深化快速发展，国家公园在数量上不断增多，国家公园面积不断扩大，但盲目追求规模和数量，导致在管理质量、配套设施建设、公共服务等方面还存在许多的不足，有数量无质量，公园资源没有得到优化配置与合理开发，导致资源限制、重复建设、监管乏力多方面的治理难题。就首都北京市而言，地方政府积极申报和建设各类自然保护区、风景区和公园，积极性高，但这些公园的建设、维护、管理等严重滞后，管理水平不高，服务效益差是重要难题，特别是在加强资源保护、合理开发、科学研究、生态环境教育等方面的工作严重滞后。

表 1　北京园林绿化及森林情况（1978—2016 年）

年份	年末公园绿地面积（公顷）	人均公园绿地面积（平方米/人）	城市绿化覆盖率（%）	林木绿化率（%）
1978	2693	5.07	22.30	
1988	4074	5.80	25.00	16.6
1998	6351	9.00	35.60	36.3

① 李渤生．国家公园体制之我见［J］．森林与人类，2014，(5)：78－81.

续表

年份	年末公园绿地面积（公顷）	人均公园绿地面积（平方米/人）	城市绿化覆盖率（%）	林木绿化率（%）
2011	19728	15.30	45.60	54.0
2012	21178	15.50	46.20	55.5
2013	22215	15.70	46.80	57.4
2014	28798	15.90	47.40	58.4
2015	29503	16.00	48.40	59.0
2016	30069	16.10	48.40	59.3

（二）存在发展与保护的博弈，多头管理和部门利益导致管理失序

国家公园建设在我国尚属新鲜事物，面临发展与保护的博弈，部分地区借助国家公园名义实行大开发、大发展，形成了多头管理和部门利益倾向。对于各类国家公园的体制设计不够完善，运行机制不顺畅，权责不对等，多龙治水引发管理混乱，部门利益化现象严重。一方面，由于我国对国家公园的认识和管理严重滞后，在土地规划、组织机构、配套设施建设、资金来源等相关国家公园发展还处于初级阶段，土地规划、机构设置和其他支持系统管理体制都不完善。首都北京没有制定明确的国家公园规划和管理体制机制，缺乏明确的管理机构，关于国家公园建设的土地规划缺乏。生态红线规划没有考虑国家公园建设，首都国家公园数量、面积、投资与建设等方面缺乏详细规划和规定。由于经济利益和部门利益化导向，引发逐利倾向严重，降低了公园的管理和服务水平，影响了国家公园的诸多功能发挥①。另一方面，多头管理、画地为牢、地方保护主义等问题引发逐利冲动。由于不同保护地存在着毗邻、交叉、重叠等区域，不同保护地由不同部门进行管理，机构设置重叠问题明显，导致管理部门之间管理职责不明晰，趋向部门利益最大化，严重影响了管理效率和保护成

① 高大伟．积极发挥公园在首都社会治理体系创新中的作用［J］．前线，2014（9）．

效。与此同时，国家公园管理机制与其他自然保护管理体系没有进行严格区分，形成了“九龙管园”的“多龙治水”的格局，不免导致利益之争和内在的矛盾与冲突，影响了整体的国家公园管理质量和效益。新中国成立至今，中国已经建立了九个涉及自然遗产保护管理体系，如图 1 所示，大概分类归纳为文物保护单位（含考古遗址公园）、自然保护区、风景名胜区、森林公园、地质公园、湿地公园、城市公园、水利风景区、A 级旅游景区等，被戏称为“九龙管园”的管理体系。不同的名称、不同的管理区域属于不同的管理部门，因此导致了部门之间的利益之争和管理失序。

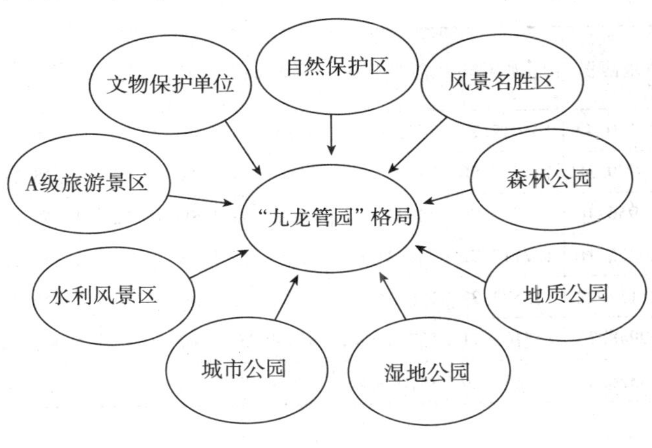

图 1　“九龙管园”格局

（三）因利益驱使，导致公园的过度开发和公益性缺失

从表 2 可以看出，北京的耕地与园林面积在逐渐减少。因部门利益驱使引发过度开发、破坏性建设，特别是原生态系统的人为破坏，森林滥伐、私搭乱建、重复建设等导致公园生态功能弱化，背离了国家公园的公益性服务功能。由于人为破坏大于保护，土地资源没有得到集约化利用，降低了国家公园的生态承载力，许多公园以旅游开发的名义进行房地产开发，产生生态边缘效应。对这些现象监管缺位，监控不严，严重制约了国家公园的可持续发展。由于部分公园过于强调开发，并将观光、休闲养生、娱乐游览、体育健身等诸多功能不断累积和叠加，导致公园负荷增

大，游客数量在节假日或旅游旺季难以有效控制。而对部分公园过度开发，对郊野公园或社区公园重视不足，配套设施建设与服务跟不上，公园利用率比较低，公益性功能不断弱化。由于公园管理体制不顺，特别是计划经济体制遗留下来的政府包办代替和过度集权管理，降低了公园建设的积极性和主动性，难以整合各方面的资源，特别是各管理和服务主体的积极性。

表2　北京主要土地利用状况（2009—2015年）

单位：公顷

年　份	耕地面积	园地面积	林地面积	草地面积	城镇村及工矿用地面积	交通运输用地面积	水域及水利设施用地面积
2009	227170.43	141617.22	743696.19	84843.14	284791.79	44446.42	80235.85
2010	223779.38	139298.50	742018.50	85827.05	290782.01	45335.78	79774.99
2011	221956.16	138072.99	740730.87	85651.69	295116.72	45452.68	79380.05
2012	220856.16	137117.72	739633.48	85491.29	297758.79	46327.98	79088.32
2013	221157.28	135573.37	738036.45	85348.82	300847.83	46626.41	78739.52
2014	219948.76	135103.71	737542.89	85139.49	302939.17	47006.28	78378.65
2015	219326.49	134857.89	737078.88	85066.77	304393.05	47062.78	78304.28

（四）资金投入不足，导致公园建设缺乏动力

国家公园建设是一项正外部性较强的系统工程，在开发建设、配套设施建设、维护管理等多方面需要投入较多的人力、物力、财力。有研究指出，我国在国家公园的资金保障上严重不足，财政投入严重滞后，对国家级风景名胜区、国家森林公园、国家地质公园基本是“只给帽子，不给票子”①。这种缺乏政府足够投入的现实问题导致了国家公园的建设、管理、运行不畅。一方面，政府自身财力有限，难以对公园建设等公益性功能服务提供足够的资金支持。我国自然保护区的有关法律条例中规定，自然保

① 田世政，杨桂华．中国国家公园发展的路径选择：国际经验与案例研究［J］．中国软科学，2011，(12)：6－14.

护区的管理经费主要由县级以上财政予以解决，而国家仅对国家级自然保护区给予适当的财政补助。这就意味着大部分的自然保护区均只能由地方财政支撑，中央财政没有承担应有的责任。而地方政府因分税制带来的财权与事权严重不对等，导致在对自然保护区等的建设、管理、维护中财政投入过少，地方政府基于 GDP 为主导的政绩考核导向，往往对自然保护区等国家公园投入少，要么违背国家公园的公益属性，追求经济利益的回报而对自然保护区进行过度开发，导致生态环境的严重破坏。另一方面，社会公众、社会组织对国家公园的参与建设不足，缺乏有效的政策保障难以吸引社会资本、社会公众、企业参与到公园的建设与管理中，引发公园建设动力不足，管理资金缺乏，服务质量差。在西方发达国家和城市，对公园的相关资金筹措、建设、管理、维护等相关制度比较完善，资金来源畅通，对公园规划、建设、资金筹措的方式等均有明文规定，这对国家公园的建设与管理提供法律支撑和制度保障。对北京而言，尽管各级政府对公园的经费投入比较大，但在后续建设、管理、维护、服务等方面存在许多的资金缺口，特别是在吸引人才、人员薪酬提升、基础设施后续维护等方面缺乏足够的资金来源。

三、基于世界级城市群的首都国家公园建设路径选择

破解京津冀地区比较严重的环境污染问题，必须重视环首都国家公园建设，以更多的生态建设提升该区域的生态承载力，提升生态环境的自我修复能力。环境污染严重的城市群不可能成为具有国际影响力的世界级城市群。建设以首都为核心的世界级城市群，必须加快首都国家公园建设，以国家公园建设不断改善京津冀地区的生态环境，加快构建国际一流的和谐宜居之都。

（一）强化公益性原则，促进资源综合利用，避免过度开发

加强首都国家公园建设，要加快理念转变与创新，坚持公益性原则，促进资源综合利用与优化整合，提高首都国家公园建设质量和内涵。国家

公园体制必须突出公益性，以统一、规范、公益为管理特征。要转变国家公园建设与服务理念，改变传统的追求经济利益为主导的开发冲动，转变为管理好自然资源，为社会提供生态服务、环境教育、休闲养生等社会公益性服务功能，确保国家公园得到有效开发、合理利用、和谐发展。不断提高首都国家公园的质量和内涵，提高管理和服务水平，更加关注和提升国家公园的生态修复、环境治理、资源保护、科学研究、环境教育等诸多的公益性功能。要以公益性功能为主导，构建国家公园的第三方资源评价制度，合理规划旅游资源开发，促进集约化利用，避免过度开发和对原生态的破坏，加强对生态环境脆弱区游客流量的有效控制。

（二）整合现有公园管理体制，避免部门利益化，实现权责对等

加强国家公园的合理区划设置，实现权、责、利统一，防止部门利益化，建立统一的首都国家公园管理体系。整合各类自然保护地的管理职能，加快建立包括国家公园在内的各类自然保护地统一管理和监管机构，统一行使自然保护地内国土空间用途管制、生态保护修复及相关监管职能。要从首都发展和公益性的高度加强对首都国家公园土地规划、机构设置和其他支持系统的整合，完善科学考察和总体规划工作。国家公园区划设置，应该根据国家生态红线的划定进行规划，贯彻落实国家资源有偿使用制度，完善生态补偿制度，整合林业部门、发改、规划、国土、文物、宗教、旅游等多个部门力量，建立统一的首都国家公园管理体系，避免多头管理和交叉管理等问题。重视国家公园区域的生态与环境资源的综合管理及附近用地的集约化利用，加强国家公园管理的规划、监测、评估等环节，打破部门和地方保护主义藩篱，构建高效运行、权责对等的国家公园资源管理与运行机制，明确国土部门、建设部门、公园管理部门等多方面的职责，避免交叉管理、多头管理、多龙治水等管理混乱现象。在加强分级分类管理的基础上，要加强资源整合与统筹协调，避免不同层级的国家公园管理部门之间的利益之争，确保公益性原则的基础上进行协同管理、

合作开发、共建共享。

（三）充分引入PPP模式创新公园建设投入机制，鼓励社会力量参与

增加政府投入，鼓励社会资本、社会力量积极参与国家公园建设，创新国家公园建设与运营的多元化融资机制，提高国家公园运行效率和社会效益。将公园基本建设投资和人员经费纳入财政预算，增加政府投入，在保护的基础上鼓励社会资本、社会力量参与国家公园建设中来，鼓励企业主动承担社会责任，通过慈善、赞助、认养等多种方式以及PPP模式等吸引社会资本、社会组织、社会力量的多元化参与，建立和创新国家公园的社会资本筹措、社会力量参与、政府部门主导的多元化合作模式，增强国家公园的投融资灵活性和创造性，以政府财政兜底和保障运行的基础上，确保公园的公益性功能基础上，完善生态补偿机制，创新投融资和建设机制，吸引社会资本进入，吸引优秀的管理、金融、服务等人才加盟，增强国家公园基础设施配套建设的实力和动力，不断完善和提升国家公园的各项功能。

（四）拓展城市生态空间，规划更多的环首都国家公园

拓展城市生态空间，增加城市生态面积，是首都生态文明建设的重要内容。坚持生态优先、自然保护、资源整合的基本原则，增加首都包括京津冀区域范围内的国家公园数量和面积，以拓展首都城市生态用地和生态空间，缓解首都资源能源环境压力，提高首都生态承载力，为未来发展留下空间。一方面，要增加中心城区特别是首都城市功能核心区的公园和城市绿化面积，不断拓展城市生态空间，为市民营造更加生态宜居的人居环境，对疏解腾退空间更多的用于“留白增绿”。当前大面积的建设用地，吸纳更多的企业、人口膨胀，导致首都生态承载力不断下降，应该进一步控制建筑用地，将留存未开发的各类用地划为生态用地，特别是对大红门、动批等大型物流批发市场进行非首都功能疏解，疏解地尽可能规划为

首都国家公园建设用地，禁止或减少产业用地，进而提升首都北京的生态承载力，缓解和治理交通拥堵、人口膨胀、产业过度集聚等城市病。以故宫、中山公园、景山公园、北海公园、天坛公园等为重要支撑，规划建设首都中央公园，减少产业用地，疏解过多非首都功能的产业和企业，带动人口疏解，降低交通压力，让首都城市功能核心区真正静下来、绿起来、美起来。另一方面，要在京津冀交界区域建立环首都国家公园，如河北省的张家口市、承德市、保定市以及北京市的房山区、大兴、通州、平谷、延庆等地规划建设环首都国家公园，不断整合京津冀现有的自然保护区、风景名胜区、森林公园等各类自然保护地，构建环首都国家公园体系。要加强资源整合，拓展生态空间，建立多个首都国家公园，加强多首都范围内各类自然资源的保护，要按照“国家所有、市级管理、实体保护”的公园管理与建设原则，重视国家公园对自然环境、森林资源、野生动物资源等的保护和发展，防止自然资源受到破坏或侵袭。

（五）制订国家公园建设行动计划，完善首都国家公园体系

制定和完善首都国家公园规划，制订和实施首都国家公园建设行动计划，加强首都生态文明制度建设和体制改革，建立和完善首都国家公园体制。一方面，在北京范围内，由北京市发改委牵头，联合林业、环保、土地、规划、公园管理中心等相关部门，共同制定《首都国家公园建设行动计划》。另一方面，将京津冀地区更多的生态区域纳入首都国家公园体系。构建以首都为核心的世界级城市群，应该在京津冀协同发展的国家战略背景下，加快构建科学合理的绿色生态空间结构布局。如雾灵山、海坨山等地的生态环境跨越了京津冀的行政区划，依托这一周边丰富的自然生态和历史人文资源，整合京津冀现有自然保护区、风景名胜区、森林公园等各类自然保护地，共同构建环首都国家公园环。在雾灵山区域，可依托河北省雾灵山国家级自然保护区、北京雾灵山市级自然保护区建立国家公园；在海坨山区域，可依托河北省大海坨国家级自然保护区、北京松山国家级自然保护区建立国家公园；在百花山区域，可依托河北野三坡、北京百花

山国家级自然保护区，建立国家公园，形成环首都国家公园环。要加强对首都地区特别是京津冀整个区域的生态系统修复、自然资源保护，提高生态效益①。要以自然地理单元为整体实现跨区域联合共建，加强舆论引导，建立社区共管机制，打造“共建-共管-共享”型国家公园。制定和完善以首都为核心的世界级城市群国家公园管理的组织架构、准入标准、建设目标、服务要求及配套设施建设等规章制度及规划，明确责权利，突出协同治理和综合施策，构建和完善首都国家公园体系，加快构建以首都为核心的世界级城市群，提升京津冀世界级城市群在国际上的绿色形象和生态竞争力。

参考文献

陈耀华，黄丹，颜思琦．论国家公园的公益性、国家主导性和科学性[J]. 地理科学，2014，(3)：257-264.

刘鸿雁．加拿大国家公园的建设与管理及其对中国的启示[J]. 生态学杂志，2001，(6)：50-55.

National Park Service of USA. Rethinking the National Parks for the 21st Century. www. nps. gov/policy/futurereport. htm，2001.

李渤生．国家公园体制之我见[J]. 森林与人类，2014，(5)：78-81.

高大伟．积极发挥公园在首都社会治理体系创新中的作用[J]. 前线，2014(9).

田世政，杨桂华．中国国家公园发展的路径选择：国际经验与案例研究[J]. 中国软科学，2011，(12)：6-14.

京津冀将协同建设世界级城市群生态体系[N]. 京华时报，2015-07-22.

肖练练，钟林生，周睿，虞虎．近30年来国外国家公园研究进展与启示[J]. 地理科学进展，2017，36(02)：244-255.

① 京津冀将协同建设世界级城市群生态体系［N］. 京华时报，2015-07-22.

周睿,钟林生,刘家明,唐承财,孙雷刚．中国国家公园体系构建方法研究——以自然保护区为例[J]．资源科学,2016,38(4):577-587.

吴承照,刘广宁．中国建立国家公园的意义[J]．旅游学刊,2015,30(6):14-16.

王连勇,霍伦贺斯特·斯蒂芬．创建统一的中华国家公园体系——美国历史经验的启示[J]．地理研究,2014,33(12):2407-2417.

唐小平．中国国家公园体制及发展思路探析[J]．生物多样性,2014,22(4):427-431.

唐芳林．国家公园属性分析和建立国家公园体制的路径初探[J]．林业建设,2014(3):1-8.

程绍文,张捷,胡静,XU Fei-fei. 中英国家公园旅游可持续性比较研究——以中国九寨沟和英国新森林国家公园为例[J]．人文地理,2013,28(2):20-26.

陈为毅．以国家公园的理念建设海南国际旅游岛[J]．特区经济,2010(10):139-141.

周英．浅谈城市湿地公园的保护和利用——以临海市三江国家城市湿地公园为例[J]．技术与市场,2010,17(4):40-41.

张海霞,汪宇明．可持续自然旅游发展的国家公园模式及其启示——以优胜美地国家公园和科里国家公园为例[J]．经济地理,2010,30(1):156-161.

京津冀地区乡村就业非农化对耕地利用效率的影响

方　方　何仁伟[①]

摘　要： 基于京津冀地区147个区县的面板数据，将其划分为优化开发区（I）、重点开发区（II）、农产品主产区（III）与生态保护区（IV）四大地域类型区，运用随机前沿生产函数模型，测算了2000—2015年京津冀县域及四大地域类型区的耕地利用效率，探讨了京津冀地区乡村就业非农化对耕地利用效率的影响。研究结果表明：①2000—2015年，京津冀地区乡村就业非农化率由0.385增至0.559，四大地域类型区乡村就业非农化率依次为II > I > III > IV；耕地利用效率由0.144增长至0.476，四大地域类型区耕地利用效率呈线性增长趋势，不同时期耕地利用效率值及其增速各异；②京津冀地区乡村就业非农化与耕地利用效率之间存在显著的正向关系，乡村就业非农化率每增加1%，耕地利用效率提升0.0026%，优化开发区（I）、重点开发区（II）与农产品主产区（III）耕地利用效率对乡村就业非农化率的弹性系数分别为0.0111、-0.0061、0.0032，生态保护区（IV）乡村就业非农化率与耕地利用效率之间的关系不显著；③京津冀地区农村人口持续非农化促使农业劳动力采取更为高效的农业生产方式，提升了耕地利用效率，资源禀赋与经济社会环境导致乡村就业非农化对耕地利用效率的影响具有显著的地域差异性；④从培育农村新产业、新业态与新模式，建立健全土地流转机制，实施差异化的耕地可持续利用路

① 方方，北京市社会科学院经济研究所助理研究员，博士。何仁伟，北京市社会科学院市情调研中心副研究员，博士，北京世界城市研究基地专职研究员。

径等方面探讨了提升耕地利用效率的对策建议。

关键词： 乡村就业非农化　耕地利用效率　随机前沿生产函数　固定效应模型地域类型　京津冀地区

耕地是农业生产的空间载体，对我国国民经济发展具有不可替代的基础性作用。优质耕地少、耕地后备资源少、人均占有量低、空间分布不均是我国耕地资源面临的基本国情，成为制约我国农业生产与经济可持续发展的重要瓶颈因素，保护耕地数量与质量对提升中国农业综合生产能力、保障国家粮食安全具有重要的战略意义。针对耕地资源的基本现实，我国政府坚持实行最严格的耕地保护制度与最严格的节约用地制度。根据土地利用变更调查数据显示，我国耕地总面积由 2000 年的 $1.28\times10^4hm^2$ 变化为 2008 年的 $1.22\times10^4hm^2$，耕地数量呈持续减少态势；据全国第二次土地调查数据显示，2009—2015 年耕地总面积控制在 $1.35\times10^4hm^2$ 左右，耕地数量减少的态势得以遏制，耕地总量基本保持动态平衡。但是，在农业生产过程中导致的耕地质量退化、土壤污染、耕地非粮化、耕地撂荒与粗放经营等问题日益严重，如何更为有效地利用耕地，提升耕地投入产出能力，成为当前我国农业生产和乡村产业发展需迫切解决的关键问题。

劳动力是影响耕地投入产出的生产要素，与资本、土地等要素相比，对农业生产具有更高的产出弹性。农民作为理性经济人，追求家庭效用最大化，在通过务工获取非农收入的同时，减少了对耕地利用的人力投入，必将带来耕地资源的重新配置。近年来，工业化与城镇化带来了乡村劳动力要素加速流动，乡村劳动力外流对耕地资源重组的作用日益凸显，科学评估农村劳动力非农就业转移对耕地利用的影响，对于优化我国耕地资源配置，提升农业综合生产能力，推进农村劳动力有序转移具有重要的参考意义。学界围绕农村劳动力就非农化对耕地利用效率的影响这一主题开展了大量研究，一些学者认为，当前我国农业生产要素处于规模报酬递减状态，机械、农药、化肥等要素替代作用降低了耕地利用对人力资本的依赖，农村剩余劳动力非农化对耕地利用总体未产生负面影响；一些学者分析了农民分化对耕地利用效率的影响，认为农户分化有利于耕地利用效率提升；也有学者从宏观区域视角测度农业劳动力与耕地利用效率之间的数量关系，在各研究区域存在不同的相关性。总体来看，揭示乡村就业非农化与耕地利用效率之间的数量关系，需结合研究时期、研究区域、地域类型进行科学判断。

京津冀地区是我国重要的农业生产基地，当前农业发展面临着生产要素流动不畅、农产品市场不均衡、资源利用效率低、农业生态安全问题突出等诸多困境。随着京津冀协同发展上升为国家战略，京津冀农业协同发展对区域间耕地资源优化配置、农业多样化与生态协同发展提出了更高的要求。本研究拟从乡村就业非农化视角切入，科学评估京津冀地区乡村就业非农化对耕地利用效率的影响，揭示乡村就业非农化对耕地利用效率的作用机制，探寻适宜于不同乡村就业转型特征、不同地域类型的耕地资源优化利用对策，为构建有序高效的耕地利用与农业生产格局提供决策参考。

一、数据与方法

（一）研究区概况与类型划分

1. 研究区概况与数据来源

京津冀地区行政区总面积约 $21.8 \times 10^4 km^2$，地理跨度较大，地貌类型多样，地势西北高、东南低，平原面积约占44%。2015 年，全区常住人口 11142.4 万人，城镇化率 62.5%，是我国重要的外来人口集聚地。京津冀经济社会发展较不均衡，京津经济发展位居全国前列，2015 年，京津人均地区生产总值突破 10 万元，一产比重均低于 1.5%，农村居民人均纯收入 2 万元左右；河北省经济社会发展相对滞后，人均地区生产总值约为全区平均水平的 64.5%，一产比重约 11.5%，农村居民人均纯收入 11051 元，环绕京津的 25 个县域仍存在 200 万的贫困人口。近年来，全区乡村就业非农化显著，乡村非农就业人员由 2000 年的 1043.7 万人增至 2015 年的

2022.6 万人，非农就业转移比重由 38.5% 增至 55.8%，增长了近 17 个百分点。全区耕地总面积 864.2 × $10^4 hm^2$，人均耕地面积 1.2 亩，耕地数量南多北少，河北省约占全区耕地总量的 80% 左右，中低产田约占耕地总面积的 2/3，优质耕地主要集中于平原地带，北部山区有大量中低产田[25-26]；农业类型多样，包括粮食、棉花、油料等传统农业，以及观光农业、休闲农业等现代农业类型，全区农作物播种面积 933.8 × $10^4 hm^2$，约占全国总播种面积的 5.6%，其中，粮食播种面积 682.6 × $10^4 hm^2$，人均粮食产量 0.3t，河北省粮食产量约占全区的 93.2%，是全国重要的粮食生产功能区。

本研究采用平衡面板数据，以县域为单元，搜集了 2000—2015 年京津冀各区县经济社会统计数据。依据 2000 年的行政区划对指标数据进行调整，为确保不同研究单元之间具有可比性，剔除了河北省各地级市的市辖区以及京津农业产业比重过小的主城区，最终确定了 147 个县域单元，其中，北京保留了昌平、大兴、平谷、怀柔、密云、延庆 6 个区县，天津保留了武清、宝坻、宁河、静海、蓟县 5 个区县。京津冀县域耕地利用、农业生产与经济社

会数据主要来源于对应年份的北京、天津和河北统计年鉴、中国县域经济社会统计年鉴、中国农村统计年鉴以及部分区县的统计公报；京津冀县域矢量数据来源于国家基础地理信息中心提供的行政区划空间数据。

2. 地域类型划分

为深入分析京津冀地区乡村就业非农化影响耕地利用效率的区域差异，遵循地域综合性与主导功能性相结合、农业生产现状与未来发展方向相结合等原则，对京津冀地区进行地域类型划分。基于区域资源环境条件与社会经济基础进行地域划分的主体功能区规划，能在较大程度上综合反映京津冀地区地理分异特征与人类经济社会活动差异，不同主导功能的地区受自然资源禀赋、生态基础、产业发展定位的影响，提供农产品类型不同，进而形成在空间上基本连续、区内相对一致与区间显著异质的农业生产与耕地利用格局特征。

依据《河北主体功能区规划》《天津市主体功能区规划》《北京市主体功能区规划》划定的优化开发区、重点开发区、限制开发区及其各类型区所涉及的县（区、市），结合各主体功能区提出的农业发展定位，将京津冀县域划分为四种地域类型：①优化开发区（I）。对应主体功能区划中的优化开发区域，分布于环渤海中部、燕山山前平原、冀中平原北部地区，以特色农业、都市农业与农产品加工业为主，涉及天津 3 个区县与河北 21 个县域。②重点开发区（II）。对应主体功能区划中的重点开发区，分布于太行山山前平原地带、黑龙港中北部部分地区、张承盆谷地区，其定位为现代农业与粮食生产基地，包括北京 2 个区县[①]与河北 22 个县域。③农产品主产区（III）。对应主体功能区划中限制开发区域的黄淮海平原

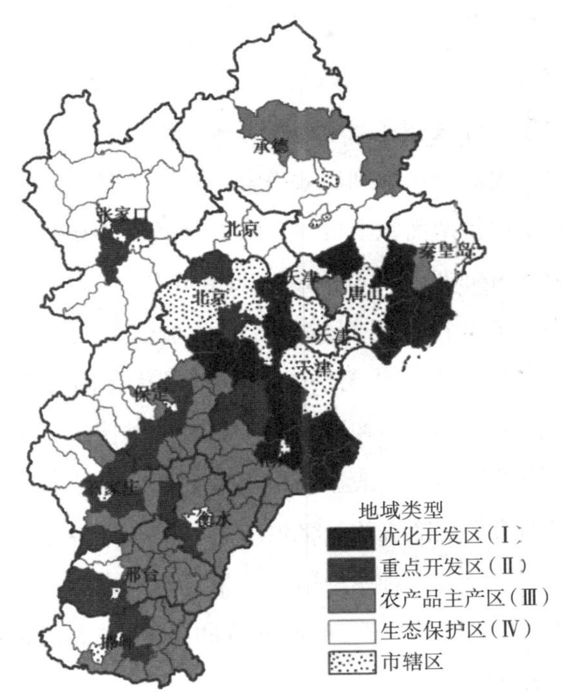

图 1　京津冀县域地域类型划分

① 《北京市主体功能区规划》将昌平和大兴列入城市发展新区，主体功能是重点开发，因此，本研究将其划分为重点开发区。

农产品主产区，分布于太行山燕山山前平原、丘陵地区和黑龙港低平原地区，涉及河北省 58 个区县。④生态保护区（Ⅳ）。对应主体功能区划中的重点生态功能区，分布在坝上高原地区、冀北燕山山区、冀西太行山山区，以特色农业为主，禁止有污染的农业开发活动，包括北京 4 个区县、天津 2 个区县与河北 35 个县域。

（二）模型与方法

本研究测算京津冀地区乡村就业非农化对耕地利用效率的影响，基本思路为，首先运用计量模型测算耕地利用效率，然后运用回归分析方法计算模拟乡村就业非农化对耕地利用的影响程度。

1. 效率评价模型

一般而言，耕地产出的增长取决于生产要素投入的增长与要素生产率的提高，受要素边际效益递减效应的影响，耕地产出的持续增长更依赖于要素利用效率的提高。耕地利用效率是对耕地资源配置合理程度的定量测度，反映了在单位耕地面积上资本、劳动力等要素的投入产出效率。随机前沿生产函数（Stochastic Frontier Production Function）通过建立不同要素投入组合与耕地最大产出之间的函数关系来衡量地区耕地利用的技术效率，由于实际农业生产活动无法达到技术最优，即存在技术无效率，因此，耕地利用效率可表达为在要素投入不变的情况下，单位面积耕地实际产出与最优产出的比例。一般运用最小二乘法或最大似然法进行估算，由于估计的生产前沿面是随机的，将生产边界的差异界定为随机误差与技术非效率共同作用的结果，对模型估计结果进行假设检验，能够相对有效反映样本计算的真实性。依据 Battese 和 Coelli 提出的方法模型，随机前沿生产函数模型可表达为

$$Y_{ij} = A_{ij} M^{\beta_1}{}_{ij} E^{\beta_2}{}_{ij} F^{\beta_3}{}_{ij} e^{v_{ij} - u_{ij}}$$

$$u_{ij} = e^{-\eta(t-T)} u_i$$

$$u_i \sim N^+ (\mu, \delta_u{}^2)$$

$$v_{ij} \sim N(0, \delta_v{}^2)$$

耕地利用效率可表示为

$$TE_{ij} = e^{-u_{ij}}$$

其中，i 代表地区（$i=1$，2，3，…147），j 代表年份（$j=2000$，2001，…，2015），Yij 为地均第一产业增加值，反映耕地产出能力①；其中，Aij 为农业生产技术水平，M_{ij}为农业机械总动力，E_{ij}为农林牧渔从业人员数量，F_{ij}为化肥使用量，e 为随机扰动项，服从正态分布，u_{ij}表示 i 地区 j 年的生产无效率项，u_i 服从非负的单侧正态分布；TE_{ij}表示 i 地区 j 年的耕地利用效率，β、μ、δ^2、η 为待估参数。令 $\gamma = \delta^2{}_u / (\delta^2{}_u + \delta^2{}_v)$，若接受原假设 H_0：$\gamma = 0$，则表示模型采用普通最小二乘法估计更为合适，若拒绝原假设，则采用随机前沿生产函数模型估计更为有效。

2000—2015 年京津冀地区耕地投入产出要素变量描述性统计如表 1 所示。

表 1　变量描述性统计分析

变量			单位	计算方法	平均值	标准差	最小值	最大值
耕地利用效率	耕地产出	第一产业增加值（Y）	万元	第一产业增加值/耕地面积	0.234	0.166	0.008	1.625
		农用机械总动力（M）	kW	农用机械总动力/耕地面积	1.026	0.660	0.027	5.533
	耕地投入	农林牧渔从业人员（E）	人	农林牧渔从业人员/耕地面积	0.345	0.190	0.048	2.849
		化肥使用量（F）	t	化肥使用量/耕地面积	0.035	0.018	0.001	0.213
解释变量	乡村就业非农化率（RL）		—	（乡村从业人员－农林牧渔从业人员）/乡村从业人员[32]	0.466	0.155	0.118	0.920

① 学者们测算耕地利用效率时，主要选取地均种植业产值、农业产值等指标为产出要素，一般以省份或地级市作为研究单元。本研究设计生产函数时，投入要素主要包括劳动力、资本等最初投入，而不包含中间投入品，其次，2000—2015 年京津冀县级单位的农业总产值获取存在较大的困难，因此，本研究使用第一产业增加值作为产出值。

续表

变量			单位	计算方法	平均值	标准差	最小值	最大值
控制变量	经济发展	人均 GDP（*PG*）	万元	地区生产总值/总人口	1.947	1.726	0.189	22.222
		农村居民人均纯收入（*PI*）	万元	来源于统计年鉴	0.551	0.338	0.085	2.015
		非农产业比重（*NI*）	—	二三产业产值/地区生产总值	0.789	0.102	0.210	0.988
	农业生产	耕地资源禀赋（*PA*）	亩	耕地面积/总人口	1.614	1.008	0.081	8.930
		复种指数（*MI*）	—	农作物总播种面积/耕地面积	1.403	0.326	0.375	2.421
		有效灌溉率（*R*）	—	有效灌溉面积/农作物播种面积	0.521	0.145	0.031	1.802

2. 影响因素研究方法

为分析乡村就业非农化对耕地利用效率的作用机制，本研究构建了乡村就业非农化与耕地利用效率之间的回归模型。具体变量选取与模型测算如下：

（1）变量选取。本研究被解释变量为耕地利用效率，解释变量为乡村就业非农化。借鉴曹广忠等和张佰林等对“非农化”的定义，将乡村就业非农化界定为乡村人口由农业部门向非农产业部门就业转移的趋势，以乡村就业非农化率（*RL*）来衡量，即乡村非农就业人员占乡村全部就业人员的比重，计算公式如表 1 所示，数值越大，表明乡村非农就业程度越高。在现实中，耕地利用效率不仅受到劳动力要素投入的影响，还受到其他多重因素的影响，本研究从经济发展与农业生产角度选取了 6 项指标作为控制变量，如表 1 所示。具体说明如下：①经济发展。主要选取了人均 GDP、农村居民人均纯收入与非农产业比重三个指标，反映地区经济发展及非农产业发展水平。地区经济发展水平、非农产业发展水平与耕地利用效率之间可能存在着反向的关系，二三产业越发达的地区，对农业生产的依赖程度越低，越不利于耕地利用效率的提升，反之亦然。②农业生产。选取了人均耕地面积、复种指数与有效灌溉率三项指标，反映地区农业生产结构特征与要素投入特征，一般复种指数越高、有效灌溉率越高的地区，耕地利用效率也应越高。各变量描述性统计分析如表 1 所示。

（2）回归模型。为揭示京津冀地区乡村就业非农化与耕地利用效率之间的定量关系，分别从整体区域层面与地域类型层面构建回归模型：

①总体回归模型。计算公式如式 6 所示：

$$TE_{ij} = \alpha_0 + \alpha_1 TE_{ij-1} + \alpha_2 RL_{ij} + \alpha_3 PG_{ij} + \alpha_4 PI_{ij} + \alpha_5 GI_{ij} + \alpha_6 PA_{ij} + \alpha_7 MI_{ij} + \alpha_8 R_{ij} + \mu_{ij}$$

其中，TE_{ij}为被解释变量，数值为（0，1），α_0 为常数项；为了减少内生性问题，将 TE_{ij}滞后一期，以 TE_{ij-1}表示，系数为 α_1；RL_{ij}为乡村就业非农化率，作为解释变量；PG_{ij}、PI_{ij}、GI_{ij}、PA_{ij}、MI_{ij}、R_{ij}分别为纳入模型的 6 个控制变量，系数分别为 $\alpha_3 \sim \alpha_8$；μ_{ij} 为随机扰动项。

②区域回归模型。为进一步分析不同主导功能下乡村就业非农化对耕地利用效率影响的地域差异，构建京津冀地区不同地域类型的分区域回归模型，见式 7。其中，N = I、II、III、IV，分别代表四类地域类型。

$$TE_{Nij} = \alpha_{N0} + \alpha_1 TE_{Nij-1} + \alpha_2 RL_{Nij} + \alpha_3 PG_{Nij} + \alpha_4 PI_{Nij} + \alpha_5 GI_{Nij} + \alpha_6 PA_{Nij} + \alpha_7 MI_{Nij} + \alpha_8 R_{Nij} + \mu_{Nij}$$

（3）回归分析检验。为避免回归模型出现“伪回归”现象，首先对面板数据进行多重共线性检验，若 VIF < 10，则认为变量之间不存在明显的多重共线性；然后，对面板数据进行回归分析，具体步骤如下：①采用 Hausman 检验来确定模型为固定效应或随机效应模型；②采用似然比（LR）检验确定面板数据是否存在异方差，采用 Wooldridge 检验确定面板数据是否存在自相关，采用 Pearson's 检验确定面板数据是否存在截面相关；③若面板数据存在异方差，将选取“OLS + 稳健标准误”、WLS（加权最小二乘法）或 FGLS（可行广义最小二乘法）等方法加以修正；若面板数据同时存在异方差、自相关或截面相关，将采用 Driscoll 估计方法加以修正，反之，若不存在截面相关，则采取 Rogers[36-37] 估计方法加以修正。

上述回归分析借助 Stata14 实现。

针对回归分析中可能存在的遗漏变量或双向因果等问题，本文做出如下处理：①由于研究区域及各地域类型回归结果的拟合度较高，均超过 90%，表明遗漏变量的机率相对较小；②采用 Davidson - MacKinnon 方法对面板数据进行内生性检验[38]，检验结果 F 值为 2. 3687，p 值为 0. 1239，表明双向因果关系造成的内生性问题对回归模型设定的影响较小。此外，本文采用解释变量滞后一期等方法，也能够在一定程度上减少内生性的影响，提高估计结果的可信度。

三、结果与分析

（一）乡村就业非农化与耕地利用效率特征

1. 乡村就业非农化特征

2000—2015 年，京津冀地区乡村就业非农化率呈现线性波动增长趋势，由 0. 385 增至 0. 559（图 2），乡村从业人员与农林牧渔从业人员数量呈反向变化趋势，乡村从业人员共增长 376. 337 万人，农林牧渔从业人员共减少 307. 050 万人。2000—2015 年，京津冀四大地域类型区乡村就业非农化规模与空间差异显著。四大类型区乡村就业非农化率均呈波动增长趋势，其规模由高到低依次为重点开发区（II）＞优化开发区（I）＞农产品主产区（III）＞生态保护区（IV）（图 3）；从空间分布上看，乡村就业非农化率低值区主要分布于生态保护区（IV），以冀北与太行山沿线地区为主，16 年间增长趋势较不显著；乡村就业非农化率高值区与次高值区在四大地域类型区均有分布，空间上相对集中连片，以京津、冀中与冀南地区为主，16 年间增长趋势明显（图 4）。

2. 耕地利用效率特征

采用随机前沿生产函数方法测算了 2000—2015 年京津冀地区及四大地域类型区耕地利用效率，各项参数估计值如表 2 所示。计算结果中，γ 均显

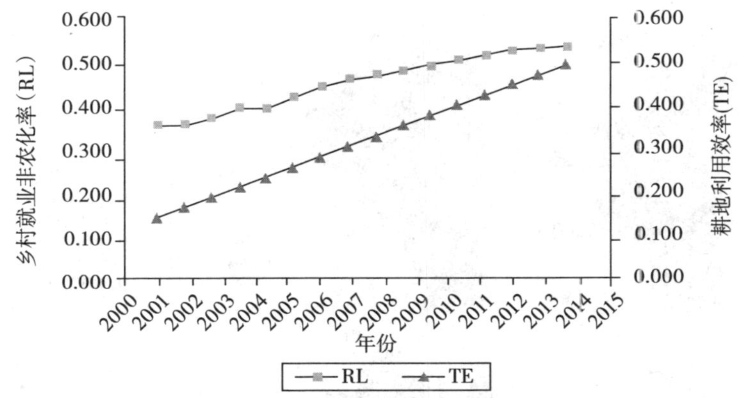

图2　2000—2015 年京津冀地区乡村就业非农化与耕地利用效率变化趋势

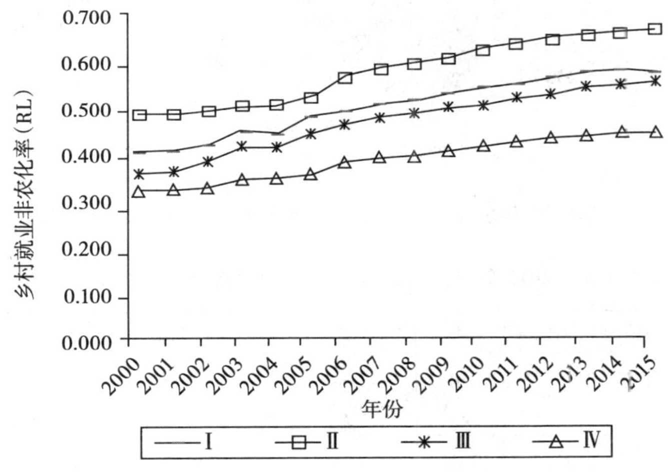

图3　2000 -2015 年四大地域类型区乡村就业非农化趋势

著大于0，单边似然比检验值（LR）均较大，且统计检验在1%的水平下显著，符合混合卡方分布，误差项是随机的，模型设定合理。京津冀地区及四大地域类型的随机前沿生产函数误差中分别有 58.0%、57.3%、70.8%、42.1%、48.8%源于技术无效率，表明技术效率损失是导致京津冀地区耕地实际产出与最优产出之间存在差距的主要原因。

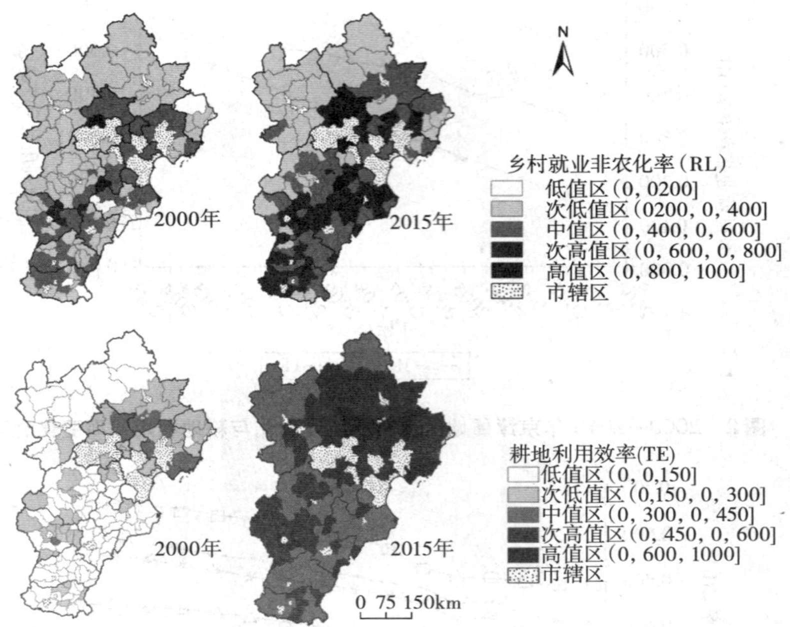

图4　2000 年和 2015 年京津冀县域乡村就业非农化与耕地利用效率空间分布

表 2　2000—2015 年京津冀地区随机前沿生产函数方程估计结果

	β_0	β_1	β_2	β_3	δ^2	γ	μ	η
京津冀地区	0.611*** (8.423)	0.195*** (8.697)	0.161*** (8.818)	0.184*** (8.950)	0.133*** (20.262)	0.580*** (61.198)	0.555*** (21.778)	0.067*** (37.220)
优化开发区（I）	-0.027 (-0.146)	0.519*** (9.179)	0.048 (0.808)	0.064 (1.078)	0.088*** (9.264)	0.573*** (23.664)	0.448*** (7.326)	0.059*** (15.550)
重点开发区（II）	1.045*** (3.876)	0.222*** (4.289)	0.049 (0.701)	0.336*** (4.964)	0.127*** (12.621)	0.708*** (30.439)	0.600*** (10.378)	0.054*** (20.021)
农产品主产区（III）	0.458* (1.704)	0.227*** (3.853)	0.067* (1.687)	0.341*** (5.827)	0.072*** (7.511)	0.421*** (15.957)	0.349*** (5.635)	0.080*** (23.991)
生态保护区（IV）	0.590*** (5.636)	0.164*** (4.477)	0.239*** (6.931)	0.159*** (4.417)	0.128*** (11.553)	0.488*** (26.278)	0.500*** (9.250)	0.078*** (18.256)

注：括号外为参数估计值，括号内为 t 检验值；*、**、***分别表示在10%、5%、1%水平下显著。

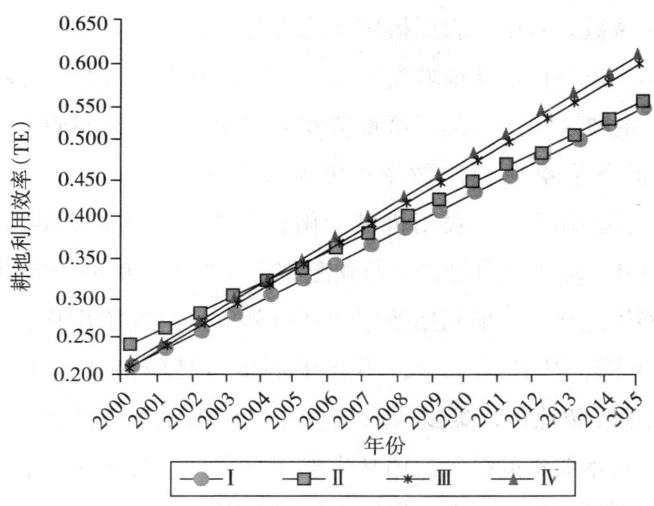

图 5　2000—2015 年四大地域类型耕地利用效率变化趋势

2000—2015 年，京津冀地区耕地利用效率呈线性增长趋势，数值由 0. 144 增长至 0. 476（图 2）。从空间上看，2000 年，京津冀耕地利用效率总体水平较低，约 90% 的县域 *TE* 值低于 0. 300，*TE* 中值区仅在京津唐地区周围的生态开发区（IV）与优化开发区（I）有零散分布；2015 年，京津冀耕地利用效率增长明显，分别形成了以京唐的部分县域、石家庄下辖县域为核心、呈集中连片分布的两大空间集聚区域，*TE* 高值区与次高值区在四大地域类型区均有分布，*TE* 中值区在农产品主产区（III）与生态保护区（IV）分布相对较广，*TE* 次低值区与低值区缺失（图 4）。从地域类型来看，2000—2015 年，四大地域类型耕地利用效率呈线性增长趋势（图 5），不同时期耕地利用效率值及其增速各异。早期（2000—2004 年），四大地域耕地利用效率处于较低水平，且增速差异较小；后期（2004—2015 年），随着种粮补贴、农业税取消等支农惠农政策的落实，以及一系列耕地保护政策的出台，以农业为农户主要生计来源的生态保护区（IV）和农产品主产区（III）耕地利用效率得以迅速提升。

京津冀地区各生产要素对耕地利用效率具有不同的贡献率（表 2），$\beta_1 \sim \beta_3$分别为农用机械总动力、农林牧渔从业人员、化肥使用量对耕地利用效率的弹性系数，其中，农用机械总动力与农林牧渔从业人员对耕地产出具有较高的产出弹性。从地域类型来看，优化开发区（I）、重点开发区（II）、农产品主产区（III）类型区地势相对平坦，利于机械耕作，机械替代作用有效提升了耕地利用效率；重点开发区（II）与农产品主产区（III）耕地利用效率增长与农用机械、化肥等要素投入密切相关，但是，重点开发区（II）较高的机械投入与化肥施用并未带来耕地产出快速增长，耕地呈粗放利用态势，耕地利用效率增速较低，且过度施用化肥可能会导致土壤肥力下降，从长远来看，不利于耕地可持续利用；生态保护区（IV）位于山地丘陵地带，难以采取规模化、机械化种植模式，耕地产出更依赖于人力资本要素的投入，但从生态保护角度，过度耕作影响耕地资源承载能力，不利于生态安全与资源可持续利用。

依据要素边际递减规律判断，当前京津冀地区劳动力要素的边际报酬效应为正，增加劳动力要素投入有利于耕地投入产出能力的提升，在不同地域类型区其贡献程度有所不同，因此，有必要进一步分析耕地效率损失的影响因素，以揭示劳动力要素投入与耕地利用效率之间的关系。

（二）乡村就业非农化对耕地利用效率的影响

1. 计算结果

依据 2. 2. 2 节提出的方法分析检验，京津冀及各地域类型区变量的 VIF 平均值均低于 10，表明不存在显著的多重共线性（表 3）；接着，构建京津冀地区乡村就业非农化与耕地利用效率之间的回归方程模型（表 3），计算结果如下：

（1）京津冀地区回归结果。Hausman 检验中 p 值为 0，宜采用固定效应模型；Wooldridge 检验、Pearson's 检验、LR 异方差检验结果中，p 值均为 0，在 1% 的显著性水平下拒绝原假设，即面板数据同时存在序列相关、截面相关与异方差，应用 Driscoll and Kraay[30] 方法加以修正，原回归系数与修正后结果如表 3 所示。

（2）分区域回归结果。Hausman 检验结果表明，四大地域类型均宜采用固定效应模型；Wooldridge 检验中，在 1% 的显著性水平下，I、II、III 和 IV 类型区的 p 值分别为 0.0003、0.0012、0.0009、0，均拒绝不存在序列相关的原假设；Pearson's 检验中，I 类型区 p 值为 0.0156，在 1% 的显著性水平下接受原假设，即 I 区域不存在截面相关，II、III 和 IV 类型区 p 值均趋近于 0，存在截面相关；LR 异方差检验中，四类区域 p 值为 0，均存在异方差。对于 I 类型区存在的序列相关与异方差问题，采用"异方差 - 序列相关"稳健型标准误进行调整；对于 II、III 和 IV 类型区存在的序列相关、截面相关与异方差问题，采用"异方差—序列相关—截面相关"稳健型标准误进行调整，修正后的结果如表 3 所示。

表 3　京津冀地区及四大地域类型耕地利用效率影响因素估计结果

变量	京津冀地区		优化开发区（I）	重点开发区（II）	农产品主产区（III）	生态保护区（IV）
上一年耕地利用效率（*TE*）	1.0383*** (932.47)	1.0383*** (306.72)	1.0241*** (117.78)	1.0423*** (246.64)	1.0422** (297.53)	1.0375*** (246.00)
乡村就业非农化率（*RL*）	0.0026*** (3.30)	0.0026** (2.30)	0.0111** (2.07)	-0.0061** (-2.29)	0.0032*** (4.87)	-0.0025 (-1.09)
人均 GDP（*PG*）	-0.0005*** (-8.76)	-0.0005*** (-4.68)	-0.0005** (-3.66)	-0.0002 (-0.92)	-0.0009** (-10.21)	-0.0004*** (-4.76)
农村居民人均纯收入（*PI*）	-0.0071*** (-18.35)	-0.0071*** (-8.20)	-0.0042 (-1.61)	-0.0091*** (-7.37)	-0.0069*** (-6.50)	-0.0077*** (-7.50)
非农产业比重（*NI*）	-0.0046*** (-4.11)	-0.0046** (-2.38)	-0.0066 (-1.08)	-0.0111*** (-4.39)	-0.0052** (-2.20)	-0.0027 (-0.48)
耕地资源禀赋（*PA*）	0.0004*** (2.81)	0.0004 (1.19)	-0.0018 (-0.86)	-0.0011 (-1.15)	-0.0022*** (-3.11)	0.0009*** (2.62)
复种指数（*MI*）	0.0012 (3.43)	0.0012* (1.87)	-0.0012 (-0.35)	-0.0032* (-1.79)	0.0002 (0.25)	0.0021*** (3.39)
有效灌溉率（*R*）	0.0023*** (3.35)	0.0023** (2.47)	-0.0001 (-0.04)	-0.0029 (-1.31)	0.0030* (1.91)	0.0044*** (3.12)
常数项	0.0148*** (13.01)	0.0148*** (8.68)	0.0235** (2.15)	0.0359*** (7.12)	0.0199*** (7.00)	0.0124*** (3.80)
样本数量	2205	2205	384	384	923	656

续表

变 量	京津冀地区		优化开发区（I）	重点开发区（II）	农产品主产区（III）	生态保护区（IV）
Mean VIF	2.30	2.30	2.66	3.29	2.99	2.74
时间区间	2000—2015	2000—2015	2000—2015	2000—2015	2000—2015	2000—2015
R^2_ within	0.9997	0.9997	0.9996	0.9997	0.9998	0.9996
估计方法	FE	Driscoll & Kraay	OLS + 稳健标准误	Driscoll & Kraay	Driscoll & Kraay	Driscoll & Kraay

注：括号外为参数估计值，括号内为 t 检验值；*、**、*** 分别表示在 10%、5%、1% 水平下显著。

2. 结果分析

根据表 3 提供的回归模型及修正模型估计结果，对京津冀地区及其不同地域类型区耕地利用效率的影响因素分析如下：

（1）解释变量对耕地利用效率的影响。京津冀地区以及优化开发区（I）、重点开发区（II）、农产品主产区（III）乡村就业非农化率均在 10% 水平上显著，表明乡村就业非农化与耕地利用效率之间存在相关性。从区域整体来看，京津冀地区乡村发展水平相对较低，农村剩余劳动力非农就业转移不充分，乡村就业非农化有利于耕地投入产出能力的提升，京津冀地区乡村就业非农化率每增加 1%，耕地利用效率将提升 0.0026%，优化开发区耕地利用效率提升 0.0111%，农产品主产区提升 0.0032%，重点开发区下降 0.0061%，而生态保护区乡村就业非农化对耕地利用效率的影响不显著。

受资源禀赋与经济社会发展环境的制约，不同类型区乡村就业非农化对耕地利用效率提升的贡献各不相同。乡村就业非农化对优化开发区耕地利用效率具有较强的带动作用，农产品主产区次之，在重点开发区，乡村就业非农化对耕地利用效率产生了负面影响。具体体现在：①优化开发区（I）农民非农就业程度相对较高，对耕地利用效率提升具有明显的促进作用，乡村就业非农化率每增加 1%，耕地利用效率将提升 0.0111%，高于京津冀地区平均水平。优化人口分布、优化产业结构、优化发展方式是优化开发区的主要发展方向。在城镇非农产业发展与城镇化的双重带动下，乡村就业非农化一方面疏解了在单位面积耕地上过密的劳动力，缓解了耕地人口压力；另一方面，为满足都市地区对优质安全稳定农产品的需求，农业经营者加大了耕地的资本和科技投入力度，驱使着该区域耕地利用朝着规模化与集约化经营方向发展。近年来，该类型区重点依托于京津两大城市，发展都市型现代农业，积极促进农业产业结构优化升级，已形成良好的现代农业与耕地利用格局。②重点开发区（II）快速的乡村就业非农化制约了耕地利用效率增长，乡村就业非农化率每增加 1%，耕地利用效率下降 0.0061%。该区域主要集中于冀中南地区部分市辖区的周围，由图 3 和图 5 可知，在四类区域中，该类型区乡村就业非农化程度最高，耕地利用效率却最低。该类型区在城镇化快速推进和农村人口加速聚集的过程中，农民获得了较多的非农就业机会，在职业选择上更倾向于高收入的非农产业。由于农业比较效益低，农户对农业的生计依赖程度也较低，土地流转机制不健全，乡村劳动力流失导致耕地利用效率呈下降趋势。在这一背景下，大量农业劳动力向非农产业转移，势必引发耕地资源粗放利用与无序开发，制约了耕地利用效率的提升。③农产品主产区（III）乡村就业非农化有效带动了耕地利用效率的提升，乡村就业非农化率每增长 1%，耕地利用效率提升 0.0032%。农产品主产区（III）以平原为主，耕地资源禀赋好，水土资源匹配合理，耕地产出能力较强，促进农民增收是该类型农区发展面临的重要任务。相对较高的农业效益驱使耕地的高效流转，乡村就业非农化程度的提高，有利于耕地机械化与规模化经营，从而带动了耕地利用效率的提升。

京津冀地区的生态保护区（IV）乡村就业非农化与耕地利用效率数据经过序列相关处理、截面相关处理与异方差处理后，仍未通过显著性检验（表 3）。提供生态产品是生态保护区的主体功能，可适度发展生态经济和特色农业。乡村就业非农化水平的提高有利于减轻人口对生态环境的压力，在生态保护区建设初期，京津冀地区将生态恢复和生态环境治理放在首位，特色农业的培育和产业化尚处于起步阶段，因此，该类型区乡村就业非农化与耕地利用效率的关系较不显著。

（2）主要控制变量对耕地利用效率的影响。人均 GDP 与非农产业比重是反映地区经济发展阶段的重要指标。从经济发展的控制变量来看，京津冀地区非农产业比重、人均 GDP 与农村居民人均纯收入对耕地利用效率影响显著，四大地域类型区表现各不相同。具体体现在：①京津冀地区及其重点开发区、农产品主产区非农产业比重在 5% 水平上显著，除重点开发区（II）外，京津冀地区及其他类型区人均 GDP 也在 5% 水平上显著，且非农产业比重、人均 GDP 与耕地利用效率均为负相关，验证了前述理论假设。但是，地区经济发展依赖非农产业，二三产业与农业发展之间的矛盾依然存在，不利于耕地保护与可持续利用。②除优化开发区（I）外，京津冀及其他三类区域农村居民人均纯收入与耕地利用效率之间的相关性均呈负相关，在 1% 水平上显著。2000—2015 年，三大类型区农民收入水平持续增长，但增加的农民收入未用于投资农业生产，不能有效带动耕地利用效率提升。

从农业生产的控制变量来看，耕地资源禀赋、复种指数与有效灌溉率对耕地利用效率产生了不同程度的影响。农产品主产区（III）与生态保护区（IV）耕地资源禀赋与耕地利用效率之间相关性显著，均通过了 1% 水平的显著性检验。2000—2015 年，农产品主产区（III）与生态保护区（IV）人均耕地面积均为减少态势，分别由 1.700 亩减至 1.436 亩，由 2.083 亩减至 1.559 亩。这两类地域农民生计较依赖于农业生产，人均耕地面积减少使农民更倾向于精耕细作，农民对耕地的要素投入相对增加，对耕地利用效率具有一定的提升作用。此外，复种指数、有效灌溉率对京津冀地区具有显著的正向影响，在农产品主产区（III）与生态保护区（IV）表现较为明显，验证了前述理论假设。

四、结论与讨论

（一）主要结论

（1）研究时段内，京津冀地区乡村就业非农化与耕地利用效率呈持续增长态势。2000—2015 年，京津冀地区乡村就业非农化率由 0.385 增至 0.559，四大地域类型区乡村就业非农化率均呈波动增长态势，其规模大小依次为重点开发区（II）＞优化开发区（I）＞农产品主产区（III）＞生态保护区（IV），其中，低值区主要分布于生态保护区，高值区与次高值区相对集中连片地分布于京津、冀中与冀南地区；2000—2015 年，京津冀地区耕地利用效率由 0.144 增长至 0.476，高值区与次高值区以京唐的部分县域与石家庄下辖县域为核心呈集中连片分布；随着时间的推移，四大地域类型耕地利用效率呈线性增长趋势，且不同地域之间的增速差异不断扩大，其中，生态保护区和农产品主产区增速相对较高。

要素投入差异是导致四大地域类型耕地利用效率存在差距的主要原因。其中，劳动力要素投入对耕地投入产出能力具有显著的正向影响；机械替代作用是影响优化开发区、重点开发区、农产品主产区耕地产出能力的主导因素，重点开发区耕地利用相对粗放，不合理的机械投入与化肥施用导致耕地利用效率增速较低，生态保护区受地形影响，耕地产出较依赖于人力资本要素的投入。

（2）在工业化、城镇化与农业现代化等外部驱动下，京津冀乡村就业非农化并未直接导致耕地产出能力的下降，反而促使农民通过增加资本投入、应用新型农业技术，带动耕地利用效率的提升。从深层次来看，耕地利用效率的提升源于技术进步，而乡村就业非农化过程通过带动农业经营主体的演变，改变了原有的耕地经营方式，进而对耕地利用效率产生影响。研究时段内，京津冀乡村就业非农化与耕地利用效率之间呈显著正向关系，乡村就业非农化率每增加 1%，京津冀地区耕地利用效率将提升 0.0026%，优化开发区耕地利用效率提升 0.0111%，农产品主产区提升

0.0032%，重点开发区下降0.0061%，生态保护区乡村就业非农化与耕地利用效率之间不显著。该结论与王良健等[21]的研究具有一定的相似性，他认为，第一产业从业人员的增加并未带来耕地利用效率的提升，以中部与西部地区表现显著。

资源禀赋与经济社会环境是导致乡村就业非农化与耕地利用存在差异的主要原因。其中，光热、土水资源、气候、地形等自然因素是耕地利用差异的根本因素，同时，由工业化、城镇化与农业现代化构成的经济社会环境，其外部驱动作用在空间上具有强弱之分，导致不同地域乡村就业非农化的规模、结构等就业特征存在较大的差别，进而使乡村就业非农化对耕地利用效率的影响具有显著的地域差异特征，在各区域表现出差异化的作用机制。若经济社会的外部驱动作用有利于农业生产，则乡村就业非农化将促进耕地利用效率提升，反之，则不利于耕地利用效率提升。具体来看，优化开发区经济发展水平较高，随着城乡一体化进程不断加快，地区经济发展对农业生产的支持力度加大，耕地资源趋于合理有序与高效利用，乡村就业非农化对耕地利用效率提升具有较强的促进作用；重点开发区人口快速非农化激化了二三产业与农业生产之间的矛盾，单位耕地投入的劳动力要素减少导致农业生产趋于无序状态，从而降低了耕地利用效率；农产品主产区农业资源禀赋条件较好，农业劳动力外流能够促使农户调整农业生产要素投入结构，采用农用机械替代、增加化肥投入等省工省时的耕作方式，就业非农化缓解了耕地相对过剩的农业劳动力，促进了耕地利用效率的提升；生态保护区乡村就业非农化与耕地利用效率的关系不显著，需加强政策引导作用，促进农村人口转移朝有利于生态安全与耕地可持续利用的方向发展。

（二）讨论

根据研究结论，结合我国乡村振兴战略的背景与不同主体功能区农业发展需求，提出如下对策建议。

（1）统筹规划农村发展，培育农村新产业、新业态与新模式。新世纪以来，工业化与城镇化带来了乡村就业非农化，优化了劳动力资源在不同产业部门之间的配置，技术进步与农业组织模式创新促使农业劳动力采取更为高效的农业生产方式，进而提升了耕地利用效率，但是，京津冀部分地区非农产业的发展在一定程度上弱化了地区对传统农业生产的支持力度，对农业生产产生了一定的制约作用。依据中央对乡村振兴的总体战略设计，协调区域不同产业之间的矛盾以及农区人地矛盾，需结合区域农村发展实际，对农村经济发展进行统筹规划，进一步推进农业供给侧改革，积极发展农村新产业新业态，构建不同类型农区发展的新模式，引导乡村外流人口的合理回归，实现乡村全面振兴。

（2）建立健全土地流转机制，促进农业劳动力资源与耕地资源优化配置。在快速城镇化背景下，小农经济的农业生产组织方式已不能适应时代潮流，亟须重新整合包括耕地资源在内的乡村生产要素。规模经营是未来我国农业生产的重要趋向，也是农村劳动力持续外流背景下实现农业现代化、提升耕地利用效率与农业综合生产能力的根本途径。因地制宜地构建土地流转机制，重构农业生产关系，是推进农村土地的适度规模经营与农业现代化，实现乡村资源优化配置的重要举措。京津冀地区作为我国经济发展的先行区，可积极探索对新时期中国农地制度改革的顶层设计，创新农业规模经营与土地规模流转的多元化模式，实现耕地集约利用与标准化种植，提升现代农业水平。同时，健全与完善农村人口就业转移的户籍、农村养老、留守人员生活保障等配套政策与保障机制。

（3）针对不同地域各自农业生产与耕地资源优化配置的需求，实施差异化的耕地可持续利用路径。具体包括：①优化开发区应积极推进农村城镇化进程，培育新型农民，引进农业人才，探索资源入股、股份合作等多种农业资源资本化途径，实现现代都市农业跨越式发展；②重点开发区是未来培育集约高效耕地利用格局的重要潜力区，亟待从农业产业结构调整、培育现代农业、农业经营模式等角度科学引导，重塑现代农业生产关系，缓解人地矛盾；③农产品主产区作为国家保障粮食安全与农产品质量安全的重要功能区，应培育专业型农户，引导农村人口适度转移，推进农产品供给侧改革，提升农地产出能力与农产品品质，探索适度的耕地规模经营模式；④生态保护区资源环境承载能力较弱，不适宜于大规模农业开发，需加大地方政府对农业农村的扶持力度与生态补偿力度，与农村人口的异地搬迁扶贫相结合，适度开发绿色农业、特色产业、生态旅游等项目，促进农民增收与农业增效。

耕地利用效率提升受多重因素的影响，技术进步是主要动力，伴随着人口城镇化步伐加快，劳动力非农化态势对耕地利用效率的影响也将日益加深。在此基础上，应进一步探索适宜于不同地域类型区、满足不同农业生产需求的最优农村人口转移规模，作为地方政府制定不同发展阶段农村人口流动政策与农业发展政策的参考依据。本研究仅从机械动力、从业人员、化肥等要素投入测度耕地利用效率，在现实中，耕地要素投入不仅受到各时期国家农业生产政策、科技进步等外部因素的影响，也受到农村劳动力素质等微观个体因素的影响，这些因素在本研究未能体现，在未来研究中有待进一步完善。

参考文献

蔡运龙，傅泽强，戴尔阜．区域最小人均耕地面积与耕地资源调控[J]. 地理学报，2002，57(2)：27－134.

李秀彬．中国近20年来耕地面积的变化及其政策启示[J]. 自然资源学报，1999，14(4)：329－333.

宋小青，黄元，吴志峰，等．1949年以来中国耕地功能变化[J]. 地理学报，2015，69(7)：435－447.

傅泽强，蔡运龙，杨友孝，等．中国粮食安全与耕地资源变化的相关分析[J]. 自然资源学报，2001，16(4)：313－319.

刘彦随，李裕瑞．中国县域耕地与农业劳动力变化的时空耦合关系[J]. 地理学报，2010，65(12)：1602－1612.

蔡运龙，蒙吉军．退化土地的生态重建：社会工程途径[J]. 地理科学，1999，19(3)：198－204.

封志明，刘宝勤，杨艳昭．中国耕地资源数量变化的趋势分析与数据重建：1949—2003 年[J]．自然资源学报，2005，20(1)：35 –43.

谭永忠，何巨，岳文泽，等．全国第二次土地调查前后中国耕地面积变化的空间格局[J]．自然资源学报，2017，32(2):186 –197.

程名望，阮青松．资本投入、耕地保护、技术进步与农村剩余劳动力转移[J]．中国人口·资源与环境，2010，20(8)：27 –32.

李文辉，戴中亮．一个基于农户家庭特征的耕地抛荒假说[J]．中国人口·资源与环境，2014，24(10)：145 –151.

吴玉鸣．中国区域农业生产要素的投入产出弹性测算——基于空间计量经济模型的实证[J]．中国农村经济，2010，(6):25 –37.

李庆，林光华，何军．农民兼业化与农业生产要素投入的相关性研究——基于农村固定观察点农户数据的分析[J]．南京农业大学学报(社会科学版)，2013，13(3)：27 –32.

陈治国，辛冲冲，刘向晖，等．新疆农业生产要素产出弹性、替代弹性及其技术进步差异分析——基于超越对数生产函数模型[J]．石家庄经济学院学报，2015，38(6)：7 –12.

许恒周，郭玉燕，吴冠岑．农民分化对耕地利用效率的影响——基于农户调查数据的实证分析[J]．中国农村经济，2012，(6)：31 –39.

刘涛，曲福田，金晶，等．土地细碎化、土地流转对农户土地利用效率的影响[J]．资源科学，2008，30(10)：1511 –1516.

周曙东，王艳，朱思柱．中国花生种植户生产技术效率及影响因素分析——基于全国 19 个省份的农户微观数据[J]．中国农村经济，2013，(3)：27 –36.

王良健，李辉．中国耕地利用效率及其影响因素的区域差异——基于 281 个市的面板数据与随机前沿生产函数方法[J]．地理研究，2014，33(11)：1995 –2004.

杨勇，邓祥征，李志慧，等．2000—2015 年华北平原土地利用变化对粮食生产效率的影响[J]．地理研究，2017，36(11)：1 –13.

封永刚，彭珏，邓宗兵，等. 面源污染、碳排放双重视角下中国耕地利用效率的时空分异[J]. 中国人口·资源与环境，2015，25(8)：18－25.

刘彦随，张紫雯，王介勇. 中国农业地域分异与现代农业区划方案[J]. 地理学报，2018，73(2)：203－218.

张立新，朱道林，谢保鹏，等. 中国粮食主产区耕地利用效率时空格局演变及影响因素——基于180个地级市的实证研究[J]. 资源科学，2017，39(4)：608－619.

陈秧分，刘彦随，杨忍. 基于生计转型的中国农村居民点用地整治适宜区域[J]. 地理学报，2012，67(3)：420－427.

曹广忠，马嘉文. 中国城镇化与非农化的空间分异、相互关系和形成机制[J]. 地理研究，2016，35(12)：2249－2260.

张佰林，张凤荣，曲宝德，等. 山东省沂水县农村非农化程度差异及驱动力[J]. 地理学报，2015，70(6)：1008－1021.

丁冬，郑风田. 撤点并校：整合教育资源还是减少教育投入？——基于1996—2009年的省级面板数据分析[J]. 经济学：季刊，2015，14(1)：603－622.

后 记

2017年9月27日，中共中央国务院批复同意《北京城市总体规划(2016—2035年)》，强调深入推进京津冀协同发展，发挥北京的辐射带动作用，打造以首都为核心的世界级城市群。以习近平新时代中国特色社会主义思想和视察北京重要讲话精神为指引，更加奋发有为地推进京津冀协同发展，加快构建以首都为核心的世界级城市群，我们组织编写了《世界级城市群与京津冀协同发展研究》一书。本书是北京市社科院市情调研中心、北京世界城市研究基地的研究人员及院外兄弟单位的专家、学者研究成果的集成。该成果为我院市情研究论丛（第2辑）。

本书共分为经济建设篇、社会治理篇、文化发展篇、生态环境篇等四个板块。每个板块按所涉及的领域进行专门研究，总括和研判世界级城市群与京津冀协同发展的主要工作与成就、主要问题及发展展望，注重以京津冀协同发展为主题深入系统地研究世界级城市群演化特征及其未来趋势。

本书由北京市社会科学院市情调查研究中心主任、北京世界城市研究基地秘书长唐鑫任执行主编，负责市情研究论丛的总体设计和结构安排、总体研究报告撰写。市情调研中心副主任陆小成任执行副主编，负责全书稿篇章设计、各板块的汇总和整理以及书稿修改等工作。李茂博士负责经济建设篇的组稿及修订工作。刘小敏博士负责社会治理篇的组稿及修订工作。田蕾负责社会发展篇的组稿及修订工作。何仁伟博士负责生态环境篇的组稿及修订工作。任超博士参与序言撰写与修改工作。

本书的出版要感谢北京市社会科学院王学勤院长、鲁亚副院长、田淑芳副院长、赵弘副院长、杨奎副院长等院领导对本书的指导和关心。

感谢北京市社会科学院科研组织处处长朱霞辉、朱庆华老师、俞音老师、马京莎老师等对本书出版的指导和帮助。感谢北京市社会科学院社科文库出版资助。感谢北京市社会科学院各研究所、职能处室以及院外高校科研机构和政府部门等领导专家对本研究论丛的大力支持。

书中引用和参考了许多专家学者的观点，一并表示感谢。有的引用或参考没有进行及时的注释，对可能存在的疏忽请专家批评和指正。由于水平和能力有限，不妥之处在所难免，也许还有部分观点值得进一步商榷和论证。敬请供给侧结构性改革等领域的研究专家、学者、读者提出批评意见或建议。

2018 年 5 月 22 日